POGGYÁSZFELVÉTEL

Aucun guide de voyage n'est parfait. Des erreurs, des coquilles se sont certainement glissées dans celui-ci, malgré toutes nos vérifications. Les informations pratiques, adresses, numéros de téléphone, heures d'ouverture, peuvent avoir été modifiés ; certains établissements cités peuvent avoir disparu. Nous serions très reconnaissants à nos lecteurs de nous faire part de leurs commentaires, de nous suggérer des corrections ou des compléments qui pourront être intégrés dans la prochaine édition.

1er dépôt légal : octobre 1990
Dépôt légal : février 2004
N° d'édition : 128028
ISBN : 2-74-241287-5

Imprimé à Singapour

BIBLIOTHÈQUE DU VOYAGEUR

HONGRIE

Traduit de l'allemand et adapté
par Jeanne-Marie Gaillard-Paquet,
Pierre de Laubier et Hélène Charles

GALLIMARD

CEUX QUI ONT FAIT CE GUIDE

Libal

Les éditions Apa caressaient le projet de réaliser un guide sur la Hongrie lorsque, à la fin du mois de décembre 1987, elles ont été contactées par **Marton Radkai**, un Américain qui venait de s'installer avec sa femme sur les rives du lac Starnberg. Auteur et traducteur, il venait de terminer la partie historique d'un guide sur Paris et souhaitait participer à un nouveau projet. Celui d'un guide sur la Hongrie ne manqua pas de lui sourire.

M. Radkai est né à New York d'un père hongrois et d'une mère bavaroise, et son prénom lui vient de son grand-père, acteur qui avait mérité le titre de «Charles Chaplin de la Hongrie». Élevé en France, en Grande-Bretagne et en Suisse, il a fait des études d'allemand, d'histoire et de communication aux États-Unis, et il a vécu en Allemagne jusqu'en 1985. Il a été speaker à la radio, professeur, traducteur et… guide touristique.

L'une des premières personnes à être recrutées pour ce projet ne fut autre que son père, **Paul László Radkai**, qui s'était retiré dans le Berry. Il ressortit son appareil photographique et reprit le chemin de la Hongrie, où il n'était pas retourné depuis 1934. Avec son fils, il parcourut 8 500 km en un mois.

M. Radkai

Bollweg

Le principal photographe de ce guide reste cependant **Hans Horst Skupi**, qui, assisté d'**Helene Hartl**, infatigable voyageuse qui a visité quatre continents, a rapporté de Hongrie plus de dix mille clichés. H. H. Skupi est né à Bratislava (Presbourg), ville qui a été la capitale de la Hongrie de 1563 à 1830, et il a vécu trente ans en Allemagne. Il n'hésite pas à prendre la plume à l'occasion, puisqu'il a écrit des livres de voyage sur le Mexique et la Hongrie, rassemblé des recueils de proverbes et rédigé des articles sur M. Mikhaïl Gorbatchev.

Des clichés sont aussi dus à deux jeunes photographes, **Jürgen Zilla** et **Heidi Malten**.

Topf

Décrire un pays aussi varié et pittoresque demandait beaucoup de finesse. Le **Dr Wolfgang Libal**, qui habite à Vienne, a fait part non seulement de plusieurs décennies d'expérience comme reporter, mais aussi d'un sens aigu de la poésie du pays. Il était déjà auteur d'un livre sur la Hongrie et de deux autres sur les Balkans. Il a aussi collaboré à un guide sur Budapest.

P.L. Radkai

Un autre habitant de Vienne, le **Dr Günter Treffer**, a profité d'un voyage à Budapest pour arpenter les régions de l'Ouest et visiter quelques-uns des grands châteaux et palais, sur lesquels il a porté le regard qui donne tant de charme à ses articles et à ses livres.

Coston

Artru

Szász

Bodor

Skupy

Le riche patrimoine naturel et culturel de la fameuse Grande Plaine hongroise est décrit par **Erika Bollweg**, qui vit à Tutzing avec son mari écrivain. Au bout de vingt ans sur les planches des théâtres et des opéras, elle a eu l'idée d'apprendre le hongrois et a entrepris une carrière de traductrice et d'écrivain.

Le défi de décrire en quelques pages Budapest et ses environs a été relevé par le **Dr Cornelia Topf**, diplômée en économie de l'université de Giessen. Elle a travaillé de nombreuses années dans la presse et l'édition avant de s'établir sur les rives du lac Starnberg comme consultant.

Grace Coston, qui a porté sur la cuisine hongroise le regard plein d'humour d'une Virginienne, n'est pas une inconnue pour les éditions Apa, puisqu'elle a collaboré aux guides sur Paris et l'Alsace. Elle vit d'ailleurs à Paris.

Philippe Artru vit lui aussi en France, à Brunoy. Il s'est intéressé aux établissements thermaux. Son parcours universitaire a commencé avec les sciences économiques pour dévier vers l'art et l'archéologie via les lettres, et c'est finalement l'hydrothérapie qui est devenue son sujet de prédilection; il collabore à plusieurs revues sur le sujet.

Décrire un peuple et sa culture requiert une culture étendue et un sens aigu de l'observation. **Judit Szász** était donc on ne peut plus qualifiée pour traiter de sujets aussi divers que la religion, les Tziganes, la population et la ville de Pécs. Elle est née dans une ville typiquement triculturelle de Transylvanie roumaine: Tirgu Mures, aussi appelée Marosvasarhely ou Neumarkt. Elle a appris l'anglais, l'allemand et le polonais durant ses études de sociologie à Bucarest, à Varsovie, à Munich et en Grande-Bretagne. Elle a aussi habité et travaillé en Hongrie, et son domicile actuel — pour combien de temps? — se trouve à Munich, où elle est à la fois journaliste et traductrice.

Pour parler de la musique hongroise, J. Szasz a fait appel au Budapestois **István Balász**, enfant terrible de la musique contemporaine.

Enfin, **Ferenc Bodor** a fait part de sa connaissance de l'art populaire et des cafés. Né à Budapest en 1941, il est bibliothécaire du collège d'Arts créatifs de cette même ville.

La bibliothèque et les archives de l'institut hongrois de Munich ont été d'une aide précieuse. Nous devons aussi des remerciements à Olga Zobel, qui a porté un regard critique sur le projet tout au long de son évolution. La touche finale a été portée par Ulrike Segal, Hans Horst Skupi et Heinz Vestner.

TABLE

HISTOIRE

SOCIÉTÉ

TABLE

ITINÉRAIRES

TABLE

INFORMATIONS PRATIQUES

CARTES

BIENVENUE EN HONGRIE

Il n'y a aucune commune mesure entre la Hongrie et la population hongroise actuelles, et ce qu'elles étaient autrefois. Cernée de frontières naturelles, la vaste plaine fertile qui constituait le pays dans les temps reculés servait de territoire à un grand nombre de tribus avant que les Magyars y trouvent refuge en l'an 896.

Cette date marque la naissance de la Hongrie proprement dite, dont l'histoire relativement brève n'en est que plus dense. Pour s'imposer comme nation indépendante, à la fois entre l'Europe de l'Est et l'Europe de l'Ouest et au milieu des Balkans, elle n'avait qu'un moyen : pratiquer une politique étrangère habile, ce qui malheureusement ne fut pas toujours le cas.

En l'an 1001, la Hongrie est officiellement, et avec la bénédiction du pape, élevée au rang de royaume, et par la suite elle a servi de bastion à l'Europe occidentale; cependant, dès que survenaient des périodes difficiles, elle restait livrée à ses seules forces. En outre, des troubles internes entre de puissants magnats, des nobles, des rois et toute une horde de politiques ambitieux se chargèrent souvent de l'affaiblir.

Sans cesse ballottée par les remous de l'histoire, elle réussit périodiquement à s'épanouir jusqu'à l'opulence, une opulence démesurée que lui envièrent ses voisins. Ainsi, sous le roi Louis Ier d'Anjou, le royaume s'étendait de l'Adriatique à la mer Noire et, au nord, il atteignait la mer Baltique. En revanche, après la Première Guerre mondiale, les trois cinquièmes du territoire furent partagés entre la Roumanie, la Tchécoslovaquie et la Yougoslavie, et bien entendu le pays perdit également les trois cinquièmes de sa population d'avant guerre.

Malgré son histoire agitée, le peuple hongrois a su conserver sa gentillesse et son sens de l'humour, sa tolérance et sa sérénité. Durant les époques de tempête, il attend placidement le retour du doux zéphyr. Plutôt qu'un amour aveugle pour un petit coin de terre, son patriotisme se définit par un idéal inconcevable et peut-être aussi inaccessible.

Dans son serment de fidélité paru à Pest en 1847 et intitulé *Je suis hongrois*, Sándor Petöfi, le grand poète populaire, décrit en quelques phrases émouvantes ces qualités qui font le parfait Hongrois — mélange de courtoisie et de sentiment chevaleresque, d'esprit, de charme et de mélancolie :

Je suis hongrois ! Profonde est ma nature,
Comme le sont les notes graves de nos violons.
Si parfois un léger sourire détend mes lèvres,
Jamais je ne m'abandonne au fou rire.
Le plaisir suprême qui se lit dans mes yeux brillants
S'accompagne souvent d'une larme silencieuse.
Avec sérénité, je supporte toute peine
Et ne veux pas, surtout pas, que l'on me plaigne.

Pages précédentes : parachute aux couleurs de la Hongrie le jour de la fête nationale; grille d'un hôtel à Pécs; troupeau de chevaux nonius dans la puszta; troupe de danseurs germano-hongrois du Sud du pays; masque du carnaval de Buso, à Mohács. Ci-contre, le dôme du Parlement à Budapest.

PREMIÈRES PAGES D'HISTOIRE

Bien avant que les Magyars s'y installent, quantité de tribus occupaient le territoire de la future Hongrie. Grâce à leurs trouvailles et au carbone 14, les archéologues ont réussi à prouver que la présence de l'homme en Hongrie remontait approximativement à 500 000 ans av. J.-C.

Lorsque, vers 35 av. J.-C., les Romains arrivèrent à l'ouest du Danube, le pays était habité par les Illyriens, appelés Pannons, les Thraces, les Iazyges, les Scythes et les Celtes, entre autres. En l'an 14 av. J.-C., la Transdanubie devint officiellement une province de l'empire romain sous le nom de Pannonie.

En l'an 6 apr. J.-C., les Pannoniens, excédés par les levées de troupes et les taxes excessives, s'unirent aux Dalmatiens pour fomenter une rébellion qu'il fallut trois ans aux Romains pour écraser. L'empereur Tibère sut tirer la leçon de cette résistance acharnée; il fit ériger des bastions et fonda des *municipae,* villes indépendantes, telles Scarbantia (Sopron), Sopianae (Pécs), Aquincum (Buda) et Arrabona (Györ), pour ne citer que les principales.

Mais, au fil du temps, l'empire romain se mit à chanceler sous les coups des invasions barbares. Il avait épuisé ses forces humaines et financières. Lorsque les Huns atteignirent le bassin du Danube au cours de la seconde moitié du IVe siècle, les Romains, rebutés par les obstacles que représentaient la largeur du fleuve et le massif des Carpates, n'avaient pas fait un pas vers l'est.

Puis les Huns tombèrent en décadence et s'effondrèrent à leur tour; la Transdanubie et la Grande Plaine, la Nagyalföld (région située à l'est du Danube), furent occupées par les peuplades barbares les plus diverses: Avars, Ostrogoths, Slaves, Bulgares et plusieurs tribus franques. L'heure des Magyars n'allait pas tarder à sonner.

Les armoiries de la Hongrie et de ses provinces.

La longue marche

La polémique agite toujours les milieux universitaires au sujet de l'origine exacte du peuple hongrois. Il est rare de pouvoir se fier aux chroniques, souvent rédigées plusieurs siècles après les événements. Certaines font des Avars les ancêtres des Hongrois, d'autres parlent de tribus turques. Les dérivations les plus répandues du terme «hongrois» rappellent l'époque à laquelle les Magyars étaient vraisemblablement unis à une association tribale turque portant le nom d'Onogoure. Le terme «magyar» apparaît pour la première fois au début du IXe siècle.

Au cours du XIXe siècle, le linguiste hongrois Antal Reguly (1819-1858) étudia la langue des tribus établies à proximité de l'Oural, au centre de la Russie. Il fut suivi par plusieurs générations de linguistes et une pléiade de savants, archéologues, ethnographes, ethno-biologistes et anthropologues. A présent, fort de cent trente années de travaux, on peut conclure que les Hongrois appartiennent à une peuplade qui vécut longtemps dans la région de l'Oural et parlait le finno-ougrien.

Cette communauté finit par se dissoudre au cours du IIIe millénaire et un groupe de tribus émigra vers l'ouest. Vers 600 apr. J.-C., ce groupe semble s'être composé de sept tribus qui vivaient entre le Danube, le Don et la mer Noire et s'étaient intégrées au puissant kaganat khazar.

Les Magyars rendirent d'importants services aux Khazars sur le plan militaire, et, en compensation, ils jouissaient d'un statut spécial. Le kagan choisit (ou agréa) un grand chef qui devint une sorte de figure de proue (*kende*), tandis que les tribus purent choisir elles-mêmes leur guide (*gyula*). Néanmoins, la situation se gâta lorsque les Magyars refusèrent d'aider le kagan à réprimer une insurrection et allèrent même jusqu'à accorder l'asile aux rebelles en fuite. Persuadés que le kagan se vengerait un jour ou l'autre, ils se mirent à la recherche d'une nouvelle patrie et partirent vers l'ouest.

La Grande Plaine

Au cours de leurs chevauchées militaires au service de divers monarques européens, les Magyars eurent souvent l'occasion de traverser la Grande Plaine; ils furent séduits par un sol fertile et par la présence de la couronne montagneuse des Carpates qui formait une protection naturelle, car la vie dans la steppe ouverte à tous vents était un danger perpétuel.

A l'est, après avoir creusé une brèche dans le royaume de plus en plus faible des Khazars, une puissante tribu turque, les Pétchenègues, menaçait les lignes arrière des Magyars, faibles elles aussi. Le *gyula* Arpád décida donc d'emmener son peuple vers l'ouest, de l'autre côté des Carpates. Au printemps de l'année 895, il franchit le col de Verecke, et l'année suivante les rescapés de la longue marche se blottirent dans la relative sécurité de la Grande Plaine.

La nouvelle patrie des Magyars était occupée par quelques dizaines de milliers d'individus seulement, un mélange de Slaves, de Bulgares, d'Avars et de Francs. Après y avoir établi leurs troupes, les cavaliers magyars tracèrent les frontières de leur territoire, à l'ouest du Danube. Les Hongrois appellent cette période «l'Aventure», mais les chroniqueurs semblaient d'un avis différent. Car les envahisseurs orientaux pillèrent l'Italie du Nord et la Bavière. Le monde occidental fit une ultime tentative pour se libérer de ce fléau venu de l'est, mais il subit une défaite pitoyable le 4 juillet 907, à la bataille de Bresalauspurc (l'actuelle Bratislava).

Lechfeld, près d'Augsbourg

Les Magyars n'étaient pas pour autant invincibles. Après les avoir assoupis et retardés à coups de tributs, Henri l'Oiseleur leva une division de cavaliers armés jusqu'aux dents et les vainquit en 933. En 955, les armées de l'empereur Otton Ier remportèrent une nouvelle victoire sur les Magyars à Lechfeld, près d'Augsbourg, laquelle cette fois se révéla décisive. Les «barbares» mirent fin à leurs incursions répétées. Ce succès valut à Otton Ier le surnom de «le Grand».

La défaite de Lechfeld ne fut pas un hasard: l'ardeur des cavaliers s'était émoussée sous l'effet d'un sentiment de supériorité excessive. Aussi les Magyars se virent-ils acculés à un choix crucial: fonder un État homogène et solidaire ou disparaître, comme les Huns. En 972, Géza, petit-fils d'Arpád, prit le pouvoir. Pour lui, l'alternative était claire: intégration ou disparition. L'Église d'Orient et l'Église d'Occident se mirent à faire les yeux doux à ces alliés possibles. Géza décida de se tourner vers Rome et fit baptiser toute sa famille en 975. En 996, son fils Étienne épousa Gisèle de Bavière, fille d'Henri II, futur empereur du Saint-Empire.

La conversion

C'est ainsi que Géza réussit, avec un minimum de contrainte, à rapprocher de la foi chrétienne une grande partie de ses sujets. Son fils Étienne, homme pragmatique et fidèle de la nouvelle foi, poursuivit la politique de conversion de son père. Il reçut le prénom de l'évêque de Passau, et l'évêque Adalbert de Prague devint son professeur et son mentor. Étienne essaya de rattacher lança un défi au futur roi. En 997, Étienne vainquit son rival avec l'aide des cavaliers bavarois de son beau-père, aux environs de Veszprém. Il fit écarteler le cadavre de Koppány et envoyer sa tête à son oncle Gyula le Querelleur, qui saisit aussitôt le sens de ce macabre message. Par la suite, Étienne confisqua les propriétés de son rival et fit arrêter toute sa famille.

Le prince Ajtony aussi était un adversaire farouche du catholicisme et d'Étienne, mais, selon la légende, saint Georges révéla à Csanad, général d'Étienne, l'endroit et l'heure auxquels il devait l'attaquer; c'est ainsi qu'il sauva la nation hongroise...

la Hongrie au monde occidental. En l'an 1000, il envoya des légats à Rome pour négocier la reconnaissance du «royaume hongrois», et au début de l'année suivante il fut couronné roi. Il choisit pour résidence la ville de Gran (Esztergom).

Cependant le paganisme survivait dans de vastes régions, et les Arpád, qui formaient une grande famille, ne suivaient pas tous l'exemple d'Étienne. Koppány, prince de Somogy (au sud du lac Balaton),

A gauche, fontaine ornementale romaine de Gorsium, à Tác, près de Székesfehérvár; ci-dessus, la corne de Lehel, en ivoire, pièce maîtresse du musée de Jászberény.

L'Etat hongrois

Étienne Ier ne se contenta pas d'asseoir son pouvoir; il donna aussi à la Hongrie les fondements de sa législation. Il organisa un réseau d'évêchés et confirma l'ordre social. Les magnats, successeurs des premiers chefs de tribus hongrois, formaient un ordre privilégié; ils possédaient souvent d'immenses domaines et devaient au roi fidélité et service militaire. Ils formèrent une assemblée qui avait vocation de conseil plutôt que de gouvernement. Une autre classe, constituée de nobles privilégiés, servait également dans l'armée; mais la plupart ne possédaient pas de terres.

Étienne Ier découpa le pays en comitats (comtés) dont le gouvernement siégeait dans les forteresses (*vár*). Ces institutions subsistent encore pour l'essentiel. Les représentants de chaque comitat percevaient les impôts de la population «non libre», c'est-à-dire des paysans pauvres, et commandaient une petite armée d'hommes libres.

A l'exception d'une tentative de Conrad II en 1030 pour faire de la Hongrie un vassal de l'empire, le règne d'Étienne Ier fut plutôt pacifique. Son fils unique, Imre, mourut dans un accident de chasse en 1031. Comme il soupçonnait son

cousin Vasoly d'adhérer secrètement au paganisme, il choisit son neveu Péter comme successeur. Il va de soi que Vasoly prit ombrage de cette décision. Essaya-t-il d'assassiner le roi? C'est fort possible. Quoi qu'il en soit, pour assurer sa sécurité, Étienne Ier lui fit crever les yeux et verser du plomb fondu dans les oreilles, et il bannit ses trois fils.

Périodes troublées

La mort d'Étienne Ier en 1038 fut suivie de cinquante années orageuses. Péter se révéla un bon à rien, et il ne tarda pas à être renversé par le beau-père d'Étienne Ier, Samuel Aba. L'empereur Henri III sauta sur l'occasion pour voler au secours de Péter en échange d'un fief. De leur côté, les fils de Vasoly reparurent et exigèrent la part qui leur revenait de droit. Pendant ce temps, les puissantes tribus de l'Est — Pétchenègues, Coumans et Ouzes — tentèrent elles aussi d'annexer le royaume affaibli.

Ce fut Ladislas Ier (1077-1095) qui hérita de la mission difficile de reconstruire le royaume. La lutte qui opposait alors les papes et le Saint-Empire romain germanique lui permit de jouer sur les deux tableaux.

Pour les papes, l'église de Hongrie représentait la «tare orientale», mais ils craignaient tellement de nouveaux ennemis qu'ils étaient prêts à s'en accommoder et à fermer les yeux devant sa soumission au roi. Ils canonisèrent ses premiers saints, parmi lesquels le roi Étienne Ier. D'autre part, Ladislas Ier mena une politique extérieure énergique; il pénétra jusqu'en Transylvanie et en Croatie et écrasa les Coumans.

Bien qu'il eût promis le trône à son neveu Almos, jeune homme d'un tempérament bouillant, Ladislas Ier finit par appeler Kálmán, homme d'un certain âge déjà, affligé d'une bosse dans le dos et qui voulait devenir prêtre. Kálmán fit aussitôt arrêter Almos et son fils Béla, et, pour avoir la paix, il leur fit crever les yeux.

Kálmán, surnommé Könyves (littéralement: le Bibliophile) à cause de sa passion pour la lecture, veilla avant tout à se mettre en bons termes avec ses voisins. Il épousa la fille de Roger de Sicile et donna sa cousine, la fille de Ladislas Ier, en mariage à l'héritier du trône byzantin pour s'assurer des alliés sur les deux flancs de son pays. Il fit également en sorte que les chevaliers de Godefroy de Bouillon ne se comportent pas comme en territoire conquis lorsqu'ils traversèrent le pays au cours de la première croisade. En outre, il poursuivit l'extension de la Hongrie en Dalmatie et en Bosnie.

A gauche, le légendaire oiseau de Turul, qui a conduit les Hongrois jusqu'à leur «terre promise»; à droite, la défaite hongroise de Lechfeld (955), d'après une miniature nettement postérieure à l'événement.

So ich nun auff die zeÿtt Otto des kaÿsers pin ko
men· so wil ich von den dingen sagen· die zů sei
nen zeÿtten zů augspurg geschechen send Do sich d
kaÿser otto beraÿttet wider berengarium den kinig vo
lamparden· als wider ain wietrich vnd geitigen· vn
der alle gerechtikait vmb gelt gab Doch so forcht
im der selb wietrich· wan er die machtikait des kaÿ
sers wol wisset· vnd durch ratt des herzogen vo Luth
tringen· kam er zů dem kaÿser vnd begeret frid Do

De coronatione sancti regis Ladislai primi: fratris Geyse fi/
lij Bele similiter primi: ꝛ de exercitijs eiusdem.

Audita vo morte regis magni: ꝯuenit vniuersa mul
titudo nobiliū hungarie ad fratrē eius Ladislaum
Et eū cōmuni cōsensu parili voto ꝛ cōsona volūta
te ad suscipiēdū regni gubernacula cōcorditer ele/
gerūt: imo fere magis affectuosissimis ꝑcibꝰ cōpule
rūt. Oēs enī nouerāt ipsum esse vestitū ꝯsumatiōe

LES ARPAD ET LES ANJOU

Au Moyen Age, la Hongrie était déjà un pays relativement vaste, peuplé d'habitants venus de tous les coins du monde. Outre les autochtones, Slaves, Magyars et Iazyges (autre tribu de Magyars qui s'était établie dans le bassin des Carpates avant 896), des Européens de l'Ouest avaient aussi abandonné leurs pays surpeuplés pour s'installer dans les plaines fertiles de la Hongrie. Nombreux furent les Germains (appelés généralement et à tort Saxons) qui vinrent s'établir en Transylvanie, où ils purent mettre à profit leurs qualités d'architectes, de bâtisseurs et d'urbanistes. Ils furent traités en hommes libres et jouirent de la protection royale.

La magnanimité des rois de Hongrie de l'époque peut paraître assez étrange. Mais la politique colonisatrice de la Hongrie s'est appuyée sur deux réflexions : d'une part, dans ses *Exhortations* à son fils, petit ouvrage dans lequel il explique la conception du gouvernement de l'État, saint Étienne disait clairement ceci : « *Les hôtes et les étrangers sont très utiles; ils apportent avec eux des valeurs et des coutumes nouvelles, des armes et du savoir qui enrichissent et embellissent la cour royale et qui effraient les adversaires pleins de morgue et de superbe.* » D'autre part, cette invitation constante faite aux étrangers à venir s'installer dans le royaume s'appuyait sur un motif moins apparent; d'après d'anciennes lois tribales, le pouvoir appartenait à celui dont le pays possédait la plus importante population active. Aussi le roi avait-il tout intérêt à entretenir de vastes domaines et un grand nombre de travailleurs chargés de les gérer et de produire des bénéfices.

Période de détente

Tant que le roi pratiqua une politique extérieure efficace et qu'il fit preuve d'énergie face aux magnats et à la noblesse, la Hongrie demeura un pays uni. Dans le cas contraire, les propriétaires terriens mettaient à profit la faiblesse des monarques pour accroître leur propre pouvoir. Malheureusement, les querelles de famille coûtaient au roi beaucoup de temps et d'énergie : oncles, neveux et frères ne cessaient de se disputer le trône.

L'histoire hongroise a retenu le règne de Béla III (1172-1196) comme un âge d'or. Béla III avait passé son enfance à Constantinople. Ferme et sévère de nature, il n'avait pourtant rien d'un tyran. Sous sa sage houlette, l'État continua de s'organiser : il mit de l'ordre dans les finances,

garda le contrôle sur les magnats et sur les nobles et mena une politique extérieure pertinente. La double croix byzantine vint s'ajouter à l'emblème hongrois, et le roi assouplit la mainmise du trône sur l'Église. Il épousa tout d'abord Anne de Châtillon, qui était alliée au royaume, et en secondes noces Marguerite Capet, veuve de l'héritier du trône d'Angleterre.

La bulle d'Or

Il ne fallut que quelques années aux successeurs de Béla III pour mener le pays au bord de la ruine. André II (1205-1235), par exemple, passa la plus grande partie de son

A gauche, Ladislas Ier, roi législateur du Moyen Age; à droite, statue d'Étienne Ier, fondateur de l'État et premier roi catholique, à Székesfehérvár.

règne à mener l'existence oisive, belliqueuse et adonnée aux plaisirs d'un *«roi fainéant»* (en français dans le texte). Il attribua aux chevaliers et aux nobles des propriétés qui revenaient à la couronne, augmenta les impôts et les taxes, concéda la terre et distribua des privilèges aux plus offrants. Ce fut l'époque dorée du favoritisme, mais cette situation désastreuse pour l'État finit par se gâter lorsque ceux qui n'en profitaient pas, les magnats insatisfaits, les nobles expropriés, les hommes libres qui servaient dans l'armée, et finalement l'Église, se rebellèrent. En 1222, André II se vit obligé de donner son adhésion à la «bulle d'Or», charte qui définissait les droits de l'aristocratie et ses rapports avec le monarque. C'est ainsi que les nobles acquirent le droit de s'opposer aux actions et décisions du roi quand ils les jugeaient illégales. A partir de ce moment, l'aristocratie ne fut plus obligée de participer aux guerres qui se déroulaient au-delà des frontières.

Les effets de la bulle d'Or ne se limitèrent pas au présent: désormais, tous les rois de Hongrie durent lui prêter serment au moment de monter sur le trône. Elle permit la constitution d'une solide classe d'hommes libres et de nobles qui allait jouer par la suite un rôle éminent dans la vie politique. Néanmoins, la bulle se révéla incapable de rétablir l'ordre établi par Béla III.

Les Mongols

La nouvelle d'une invasion mongole dans les steppes russes commença à filtrer à l'ouest vers 1220, par l'intermédiaire des fugitifs russes et coumans. Tout en sachant pertinemment ce qui l'attendait, Béla IV (1235-1270) se prépara à la résistance. Les Coumans lui offrirent 40 000 cavaliers, et il espéra que les puissances occidentales et le pape seraient en mesure de lui en fournir davantage encore avant le déferlement de la «horde d'Or».

Cependant, au lieu de former un front uni contre l'envahisseur oriental, l'Europe s'émietta. L'empereur Frédéric II essaya mollement de former une armée unie, mais ses desseins furent contrecarrés par le pape Grégoire IX. Aux yeux de ce dernier, l'Antéchrist n'était pas le général mongol Batou Khan, mais l'empereur lui-même!

Sur ces entrefaites, une guerre civile éclata chez les Coumans. En l'an 1241, les Mongols attaquèrent à cinq endroits différents. Le 9 avril, Henri II, duc de Basse-Silésie, suivi de 10 000 chevaliers, se jeta contre eux dans une bataille suicidaire, à

Liegnitz. Deux jours plus tard, une armée hongroise fut exterminée à Muhi, au confluent de la Hernad et du Sajo. Le roi s'enfuit vers l'ouest en franchissant le Danube; quant aux Mongols, ils attendirent pour l'imiter que le fleuve fût pris par les glaces, en février 1242. Ils poursuivirent alors leurs mises à sac, n'épargnant que les places fortes inaccessibles, telles Pannonhalma et Székesfehérvár, protégées par des marécages. Bien des régions moins favorisées furent saccagées et vidées de leurs habitants.

Capturer le roi de Hongrie, tel était l'objectif des envahisseurs, car les lois de la guerre (auxquelles la Hongrie aussi était soumise) précisaient qu'un pays n'était véritablement vaincu que lorsque son roi avait été fait prisonnier. C'est la raison pour laquelle Béla IV avait été conduit sur une île, le long de la côte dalmatienne.

En 1242, les Mongols disparurent aussi vite qu'ils étaient arrivés. Après la mort de leur chef, le khan Ögödei, le général Batou Khan se vit forcé de repartir vers l'est pour régler la question de la succession. A ce moment-là, personne ne se doutait que les Mongols ne reviendraient plus jamais, et l'on voulait surtout ne pas prendre de risque. Béla IV se lança dans une vaste opération de fortifications. Pest, entièrement détruite en 1241, fut reconstruite sur les collines de la rive occidentale du Danube, là où se trouve actuellement Buda. En même temps Frédéric d'Autriche, tablant sur l'effondrement de sa voisine, tenta de s'approprier des portions de sol hongrois. La Hongrie ne manquera pas d'ailleurs de lui rendre la pareille plus tard. Enfin, Béla IV dut se résigner à faire des concessions aux magnats et aux nobles.

A gauche, la statue du «chroniqueur anonyme» dans le parc de Pest; ci-dessus, les insignes royaux de saint Étienne.

Les derniers Arpád

La Hongrie se releva, mais elle avait été abandonnée de tous; elle n'oublia jamais qu'elle avait dû lutter seule et en garda une profonde amertume. Après bien des hésitations, Béla IV finit par marier deux de ses filles à des princes ruthènes et une autre à un Polonais pour se ménager des sources d'informations et des alliés à l'Est. Dans une lettre adressée au pape Vincent IV en 1253, il commence par déplorer l'influence croissante des païens coumans; puis il ajoute: *«Pour le reste, nous avons marié notre fils aîné à une jeune Coumane, afin de protéger le chris-*

tianisme et de tenter de convertir ce peuple à la religion chrétienne.»

Ce fils aîné, nommé Étienne, mourut peu de temps après avoir succédé à son père sur le trône. Puis vint Ladislas, petit-fils de Béla IV, que l'on finit par couronner au terme d'une période d'intérim agitée, et qui fut l'un des rois les plus étranges de la dynastie des Arpád. Il épousa Isabelle de Naples, mais ne tarda pas à manifester une véritable passion pour la civilisation du peuple dont sa mère était originaire. Il menaça de décapiter l'évêque de Hongrie, enferma sa femme, s'habilla à la manière coumane et prit une maîtresse dans cette tribu; il adopta les coutumes mongoles, au point qu'on le surnomma «le Couman», et il mourut assassiné… par un Couman, avec sans doute l'approbation des magnats.

La monarchie élective

Ce meurtre sonna le glas de la dynastie des Arpád. Pour autant que l'on sache, Ladislas mourut sans héritier. Sa sœur, la reine de Naples, plaça sur le trône son propre fils André III, qui n'eut qu'une fille. C'est ainsi que la branche mâle des Arpád s'éteignit en 1301.

Après l'effondrement de l'autorité centrale, le pouvoir passa aux mains des magnats. L'heure était venue pour eux de trouver une personnalité apte à se charger des affaires de l'État, de la mettre à l'épreuve et enfin de l'élire. A l'époque, ce système électoral était unique en Europe. Le choix était limité aux hommes ayant du sang Arpád dans les veines et possédant un titre de noblesse et des compétences suffisantes. De leur côté, les candidats devaient réussir à influencer les magnats en faisant intervenir leurs amis et leur argent, ou en manifestant une soumission réelle aux exigences des grands. Il se passa ainsi sept ans pendant lesquels les magnats mirent à l'épreuve plusieurs prétendants au trône. Wenceslas de Bohême régna quatre ans seulement, Otton de Bavière trois ans. Ce fut en fin de compte Charles-Robert d'Anjou qui remporta la couronne, grâce aux bons offices du pape.

Affranchis de tout contrôle, les magnats, entre-temps, s'étaient accoutumés à diverses libertés. Cela n'empêcha pas Charles Ier de leur montrer, en 1312, qui était le maître en Hongrie, et c'est lui qui centralisa le pouvoir. Il choisit lui-même ses ministres, qui lui furent dévoués corps et âme et ne tardèrent pas à former une classe supérieure. A partir de 1323, on cessa de convoquer le parlement, de sorte que les nobles n'avaient de comptes à rendre à personne et pouvaient administrer leurs comitats comme bon leur semblait. Ce qui les rendit encore plus indépendants qu'ils ne l'étaient.

Grâce à une législation libérale relative à l'exploitation minière et à l'introduction d'une monnaie d'or et d'argent, la Hongrie put nouer de nouvelles relations commerciales avec l'étranger. Les mines de Hongrie septentrionale et de Transylvanie fournissaient 3000 livres d'or par an, de sorte que la Hongrie devint le premier fournisseur de métal jaune de l'Europe et l'une des nations européennes les plus riches. La prospérité attira des artistes, des érudits et de nouveaux colons. La majorité de ces nouveaux venus étaient des Ruthènes, des Roumains et des Valaques.

Politique extérieure

Si le trésor du royaume servit à organiser des entreprises comme l'université de Pécs (1367), il servit aussi à lever une armée qui devint l'atout de la diplomatie de Charles Ier, et plus tard de Louis Ier. Les Anjou s'efforcèrent de maintenir leur base principale à Naples. Les Hongrois essayèrent à trois reprises, mais sans succès, d'occuper la ville. La résistance vint en premier lieu du pape, soutenu par Venise. Venise, soucieuse de sa prépondérance commerciale, voyait d'un mauvais œil les progrès hongrois en Dalmatie.

Dans le Nord, la Pologne devint aussi territoire hongrois lorsque Louis Ier, sur la foi d'un ancien traité, monta sur le trône polonais en 1370. Mais il lui fut difficile de consacrer beaucoup de temps à cette province lointaine, car les Balkans accaparaient son attention.

La politique matrimoniale hongroise lui avait donné la Bosnie, mais la Serbie finit par perdre le sens de la mesure après une période florissante sous Étienne Dusan (1331-1335). Des troubles éclatèrent entre les nationalités, et la souveraineté hongroise s'en trouva menacée. Toutefois le plus grand danger vint d'ailleurs, de l'empire ottoman. En 1350, il atteignait le sol européen et c'est alors qu'il commença à s'immiscer dans les affaires des États balkaniques.

En 1377, Louis Ier vainquit le sultan Mourad; or, à la même époque, les Habsbourg atteignaient le flanc occidental de la Hongrie.

A gauche, l'arrivée des Tatars (1241) sème la terreur et la désolation; ci-dessus, le château de Diósgyör fait partie du dispositif mis en place contre les Mongols.

Budapest Hilton

LES TURCS ET LES HABSBOURG

La mort de Louis Ier d'Anjou (Lajos Ier de Hongrie), en 1382, accéléra le déclenchement de la crise. Il avait promis sa fille et la couronne à Sigismond de Luxembourg, élevé à la cour de Hongrie depuis son enfance. Mais les nobles lui préféraient les Anjou napolitains, et la reine mère, de son côté, avait pour favori Louis d'Orléans, avec le soutien du palatin de la cour, Miklós Garai. Sigismond finit par s'imposer.

La brutalité avec laquelle il réprima la révolte des hussites, qui avait éclaté en Bohême et gagné ensuite la Hongrie, lui valut de nombreux ennemis. Malgré l'amélioration générale de l'économie, le niveau de vie des paysans ne s'éleva guère; ainsi les idées des hussites trouvèrent-elles chez eux un terrain favorable. Il fallut attendre 1437 et l'alliance des Saxons, des Transylvains et de l'aristocratie hongroise pour que soit réprimée définitivement la révolte des paysans.

Une puissance européenne

Sigismond mena une politique active en Europe; il fut élu roi de Bohême et même empereur du Saint-Empire romain germanique. Pendant ses longues absences, violemment critiquées dans son entourage d'ailleurs, il abandonnait à ses fidèles la charge de régler les affaires internes. Les responsabilités du parlement dans le gouvernement ne firent que croître, et les magnats se virent obligés de fournir des contingents.

En 1396, Sigismond partit en croisade contre les infidèles de l'islam; mais cette fois, la chance ne lui souriait pas, et il subit un échec cuisant à la bataille de Nicopolis. Les troupes ottomanes atteignirent les frontières de la Valachie en 1417, et vers la fin du règne de Sigismond elles multiplièrent les incursions.

Au sommet de la colline de Buda, l'église Notre-Dame, plus connue sous le nom d'église Mathias; à droite, buste du roi Mathias Corvin (1458-1490).

Durant ses deux années de règne (1437-1439), Albert de Habsbourg entreprit la construction de places fortes. Mais il mourut bientôt, ne laissant qu'une veuve enceinte. Les factions se mirent à la recherche d'un allié puissant; elles choisirent un roi polonais, Vladislas Ier Jagellon, qui se lança courageusement dans le combat contre les Turcs et périt à la bataille de Varna; il n'avait que dix-neuf ans.

La menace turque

Entre-temps, la veuve d'Albert de Habsbourg avait mis au monde un fils,

Ladislas, qui monta sur le trône dès sa plus tendre enfance. Pendant la minorité de l'enfant roi, un homme à l'enthousiasme communicatif, magnat et soldat à la fois, Jean Hunyadi, assura la régence. Malgré deux lourdes défaites, à Varna et sur l'Amselfeld, en 1448, il réussit tant bien que mal à arrêter la progression des Ottomans.

Mais derrière son dos, d'autres magnats bouillaient d'envie. L'oncle du petit Ladislas, le comte de Styrie, se lança dans des intrigues, tant il craignait pour la couronne de son neveu. Il fallut aussi repousser les attaques des Habsbourg. Lorsqu'en 1456 Hunyadi succomba des suites d'une maladie qu'il avait contractée pendant le siège de Nándorfehérvár (Belgrade), il laissa un pays déchiré par des querelles intestines. L'oncle de Ladislas fut assassiné; de leur côté, les partisans de ce dernier firent tuer l'un des fils de Hunyadi et incarcérer l'autre, Mathias, à Prague. Ladislas mourut en 1457 — empoisonné? — sans avoir eu le temps d'agir. Les magnats se virent alors acculés: force leur fut de libérer Mathias Hunyadi et de le faire revenir de Prague.

Peut-être les magnats s'imaginèrent-ils qu'il serait aisé de manipuler un jeune homme de seize ans. Frédéric III de Habsbourg en tout cas en était certainement convaincu lorsqu'il s'accorda à lui-même la couronne, avec le soutien de quelques nobles hongrois. Ils se trompaient tous.

Grandeur et décadence

Mathias Corvin (de *corvinus*, en latin corbeau, à cause de la présence de cet oiseau sur son blason) se révéla tenace et autocrate, mais juste et loyal. Entre son retour de Prague et 1463, il réussit à reprendre la couronne à Frédéric III et à négocier avec lui une paix provisoire. En 1466, tous deux s'allièrent pour déclarer la guerre au roi de Bohême Georges Podiebrad, ardent partisan des hussites. Quelques années plus tard, il lutta de nouveau contre Frédéric III, et à la fin de son règne, en 1490, la Basse-Autriche, la Moravie et la Silésie étaient rattachées au royaume de Hongrie. En outre, il mena en 1476 une campagne victorieuse contre les Turcs.

La politique extérieure n'empêcha pas Mathias Corvin de venir à bout des difficultés intérieures qui agitaient son pays. Pour cela, il mit à contribution des parlementaires qu'il avait choisis lui-même et excita les villes libres, les grandes communes de paysans et les nobles contre les magnats. Mathias rassembla également autour de lui une armée permanente, il fit construire une série de places fortes le long des frontières les plus vulnérables; mais il envoya aussi les armées des magnats en campagne et, dans ce cas, n'intervenait que si cela était indispensable.

A l'instar de François Ier en France un siècle plus tard, Mathias avait déjà l'étoffe d'un homme de la Renaissance et il se tourna vers l'Italie. Il consacra des sommes importantes au développement des arts et des lettres, ainsi qu'à l'embellissement des châteaux (celui de Buda, par exemple) et des églises.

Les Hongrois, plutôt économes de tempérament, éprouvèrent une sorte de malaise devant ces dépenses somptuaires, mais l'éclat de la cour de Hongrie rayonna sur toute l'Europe, et l'héritage littéraire de cette époque est des plus impressionnants.

Hélas, tout cet édifice s'écroula dès la disparition de Mathias Corvin! Pour lui succéder, les factions aristocratiques voulaient en effet cette fois un roi malléable, et elles se prononcèrent en faveur de Vladislas Jagellon de Bohême. Pendant que les magnats et la petite noblesse se disputaient les places, les privilèges et les bénéfices, on abandonna le soin des affaires publiques à cet «apprenti» versatile et incapable.

Le Tripartium

En 1514, un noble, István Verböczy, juge de son état, prépara le Tripartium, code législatif qui définissait une fois de plus les privilèges de la noblesse et confirmait les droits et obligations des serfs. En fait, le Tripartium renouvelait la bulle d'Or de 1222; il resta en vigueur — sans jamais avoir été ratifié par le parlement — jusqu'à l'abolition définitive de la féodalité, en 1848.

A l'époque du Tripartium de Verböczy, la plupart des territoires conquis par Mathias avaient été perdus, les fortifications en ruine et les bonnes relations entre les élites et les serfs, qui avaient marqué l'ère de Corvin, s'étaient détériorées. Comme dans toute l'Europe occidentale, la Réforme s'imposa, ce qui déclencha une rébellion en Transylvanie, fomentée par György Dózsa. Un voïvode transylvain, propriétaire terrien très influent, János Zapolya, se distingua par la brutalité avec laquelle il écrasa la révolte. A la suite de cette défaite, le parlement condamna les paysans miséreux *«au servage réel et éternel»*, qui allait se prolonger longtemps.

Ci-contre à gauche, plaque à la mémoire de Gabriel Bethlen à Nyireghaza; à droite, statue du chef de la révolte paysanne, Dosza. Ci-dessus, le monument aux réformateurs Zwingli et Calvin à Debrecen.

Mohács

Tous les aspects de la vie politique et sociale en Europe furent marqués par la Réforme, qui provoqua partout une sorte de désagrégation. Elle correspondait à l'apogée de la puissance turque sous le règne de Soliman le Magnifique. Louis II d'Anjou (devenu Lajos II de Hongrie) avait épousé une princesse Habsbourg; il essaya désespérément de convaincre le parlement divisé qu'il y avait urgence à reconstituer l'armée nationale de Mathias Corvin afin d'opposer une force effective aux ambitions des Turcs.

Il chercha aide et appui auprès de tous les monarques chrétiens d'Europe, y compris auprès de François Ier qui — ironie du sort — faisait précisément cause commune à ce moment-là avec les Turcs afin d'encercler les Habsbourg. Quant aux magnats de Transylvanie et de Croatie, ils lui tournèrent le dos: une telle demande arrivait trop tard. Aussi Louis II prit-il lui-même la tête d'un petit bataillon qu'il avait levé à la hâte pour repousser l'offensive turque de l'été 1526.

Les deux armées s'affrontèrent le 29 août à Mohács; ce fut un véritable désastre. Le roi se noya au cours de la retraite, en voulant franchir un fleuve en crue, et la plupart des rescapés furent décapités.

Double influence

Les Turcs auraient peut-être poursuivi leur avance cette année-là, mais ils craignaient que les Européens ne tinssent en réserve une armée beaucoup plus forte que la pitoyable troupe de Louis II. En réalité, après la défaite de Mohács, les Hongrois n'avaient plus rien, ni armée, ni souverain. Ils élurent en hâte Frédéric Ier de Habsbourg dans l'espoir que les Autrichiens prendraient part à la lutte contre les Turcs, mais à part quelques escarmouches, victorieuses il est vrai, il ne se passa rien. En 1541, les Turcs avaient envahi un immense territoire au centre de la Hongrie et pris la ville de Buda. Le royaume n'était plus constitué que d'une étroite bande de terre à l'ouest, dont la capitale était Pozsony (l'actuelle Bratislava, en allemand Presbourg).

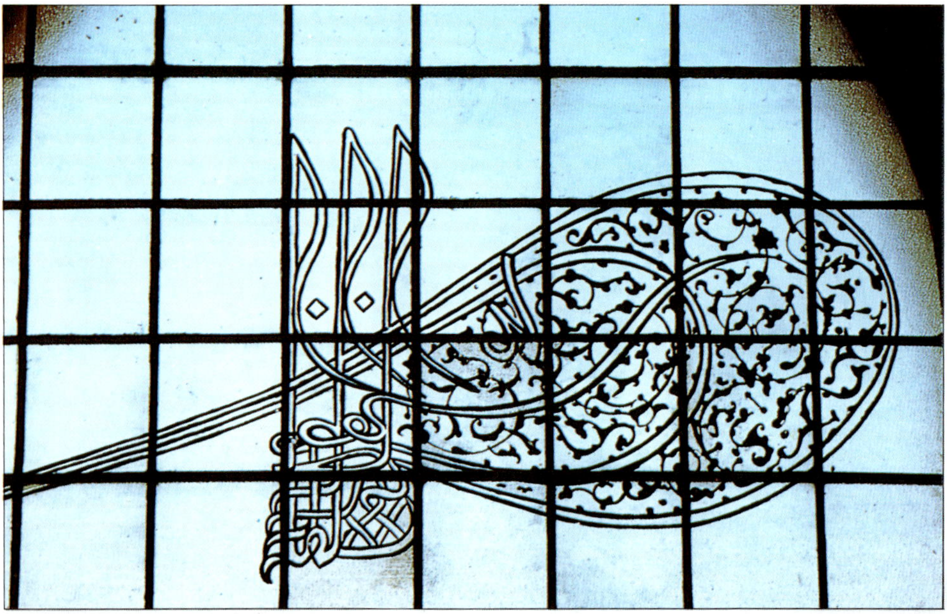

Au sud-est, la noblesse élut Zapolya, qui se déclara vassal du sultan afin d'obtenir des conditions clémentes pour la Transylvanie.

Georges Martinuzzi, personnage changeant mais plutôt désintéressé, joua un rôle assez mystérieux à cette époque: ce moine dominicain, qui reçut par la suite le chapeau de cardinal, s'entendait aussi bien avec Zapolya qu'avec Frédéric Ier. En 1538, il réussit à obtenir un accord secret entre les deux souverains, accord en vertu duquel Frédéric Ier serait couronné roi de Transylvanie au cas où Zapolya, qui à ce moment-là n'avait pas d'héritier, mourrait le premier. Deux ans plus tard, Zapolya rendait son âme à Dieu, mais il laissait un enfant en bas âge : Jean-Sigismond. Ce fut le frère Georges Martinuzzi qui assura la régence.

En 1551, au cours d'une trêve avec les Turcs, une petite armée habsbourgeoise occupa la Transylvanie. Le cardinal Martinuzzi s'employa à apaiser la fureur du sultan à force d'habileté diplomatique et de complaisance financière, mais le général autrichien Castaldo se méfiait du prélat italien et il le fit assassiner, en conséquence de quoi l'armée ottomane se mit en marche et plaça le petit Jean-Sigismond sur le trône.

Les Saxons s'orientent vers le luthéranisme, les Magyars restent fidèles au catholicisme, la noblesse hongroise embrasse le calvinisme, tandis que les Roumains conservent leur foi grecque orthodoxe. Ère d'agitation aussi, cependant, parce que les minorités — en particulier les Magyars, dont l'étoile pâlit au cours des siècles — ne sont guère satisfaites. En 1569, Jean-Sigismond voit se dresser devant lui une dangereuse révolte des Hongrois, qu'il réprime il est vrai de façon tellement exemplaire que les vaincus se soulevèrent encore, des siècles plus tard, par esprit de vengeance.

La principauté de Transylvanie

En attendant, les magnats et les nobles commencent à gronder et le protestantisme, qui équivaut alors à une rébellion politique, s'impose sans peine. En revanche, la Transylvanie traverse une ère d'agitation et se fait remarquer par ses nombreuses minorités et la cohabitation de plusieurs religions, situation unique à cette époque en Europe.

A gauche, le monogramme de Soliman le Magnifique sur une fenêtre de l'hôtel de ville de Mohács; ci-dessus, l'émouvant mémorial de Sátorhely, près de Mohács.

La Transylvanie obtient une certaine indépendance en payant tribut au sultan; par ailleurs, aucun voïvode ne peut être nommé sans l'agrément du souverain turc. Bien entendu, il arrive qu'une guerre éclate ici ou là, mais la noblesse transylvaine reconnaît officiellement les Habsbourg par le traité de Spire (1570), qui, par ailleurs, omet de fixer un délai pour l'unification politique qui était son objectif.

La Transylvanie engendrera de nombreux princes de valeur. En 1571, Étienne Báthory, futur roi de Pologne — où son règne sera exemplaire —, prend le pouvoir tandis que son frère Christophe règne en son absence. Puis le fils d'Étienne Báthory,

Sigismond, se distinguera par plusieurs victoires sur les Turcs.

En 1595, il conclut une alliance avec Rodolphe Ier de Habsbourg, et son armée remporte une éclatante victoire à Giurgiu sous les ordres d'Étienne Bocskai. L'année suivante, ce sont les Turcs qui remporteront à leur tour une victoire — de moindre importance celle-là, il est vrai — à Mezökeresztes.

Les Haïdouks

La guerre se ranime sans cesse, avec des escarmouches isolées et de brutales opérations de représailles qui dévastent les régions frontalières de Transylvanie. Sigismond semble perdre le contrôle de lui-même. Il livre la principauté à Rodolphe de Habsbourg, qui y envoie une armée sous les ordres d'un homme brutal, le général Basta. Brusquement, les magnats locaux et les nobles doivent rendre hommage à l'empereur tandis que Basta impose le catholicisme aux Transylvains.

La tension ne tarde pas à devenir insupportable. Étienne Bocskai, le héros de Giurgiu, se met à la tête d'une troupe hétérogène de paysans — parmi lesquels les fameux Haïdouks —, de nobles, de bourgeois et de mercenaires démobilisés. A la tête de cette armée, il bat les Habsbourg et monte sur le trône transylvain en 1606. Bocskai accorde la liberté religieuse et rétablit les relations diplomatiques avec les Turcs.

A sa mort, le sultan propose Gabriel Bethlen (1613-1629) pour lui succéder. Celui-ci essaie de se gagner des alliés en Hongrie royale en élargissant sa protection à tous les protestants hongrois et en maintenant sans cesse les Habsbourg sur le qui-vive par une série de petites guerres. Le traité de Nikolsbourg, en Moravie — l'un des nombreux traités qui seront conclus au

cours de la guerre de Trente Ans —, lui confère le titre de prince de Hongrie et lui accorde une partie de la Silésie. Son successeur Georges Ier Rákóczi poursuit à son tour une politique d'expansion territoriale; il réussit même à faire reconnaître la Transylvanie comme un État indépendant par le traité de Westphalie, qui est signé en 1648.

La force de la principauté de Transylvanie vient en partie de la faiblesse des Habsbourg et des Turcs; ces derniers sont pour ainsi dire privés de souverain depuis la mort de Soliman le Magnifique. Bethlen n'a aucun mal à trouver des oreilles complaisantes auprès de la noblesse hongroise, qui a eu beaucoup à souffrir sous la domination autrichienne et à cause de la brutalité des soldats autrichiens au cours de leurs campagnes. Cependant ses efforts s'opposent à ceux du cardinal Pázmány (1570-1637), homme d'une rare intelligence et d'une grande perspicacité qui s'emploie avec énergie et succès à ramener de nombreux nobles à la religion catholique.

En outre, Gabriel Bethlen souffre d'un préjugé difficile à porter : c'est en effet sous sa conduite que la principauté de Transylvanie a fait cause commune avec les infidèles turcs.

La fin de la domination ottomane

La seconde moitié du XVIIe siècle est marquée par un grand nombre d'événements. En 1657, le prince Rákóczi fait alliance avec Charles-Gustave de Suède, roi protestant, et tente d'étendre son pouvoir en attaquant la Pologne. Aussitôt, le sultan envoie une armée qui met fin à cette expédition. Cette défaite sonne le glas de l'âge d'or de la Transylvanie.

A gauche, la statue de François II Rákóczi, prince de Hongrie, dans le parc du château de Sarospatak; ci-dessus, plan du siège de Temesvár (Timisoara, en Roumanie).

Dans cette situation, Léopold Ier de Habsbourg aperçoit une chance de se saisir de la Transylvanie et, dans ce but, de prendre l'initiative dans la lutte contre la domination ottomane.

La guerre qui s'ensuit se prolongera jusqu'en 1663, date à laquelle le général autrichien Montecuccoli inflige une défaite définitive aux Turcs à Szentgotthárd. Du reste, à peine les affaires orientales sont-elles réglées que Léopold Ier reprend les hostilités contre le jeune Louis XIV. Le traité de Vasvár n'infligera aucune cession de territoire aux Turcs; il leur accordera même 30 000 florins en échange d'une simple promesse : qu'ils laissent l'Europe en paix !

Les magnats sont outrés. Une insurrection fomentée par les nobles contre les Habsbourg, avec la bénédiction de Louis XIV, est réprimée avec brutalité. Les officiers hongrois sont chassés de l'armée, dépossédés de leurs biens ou exécutés, et la Hongrie royale est soumise à la domination directe de Léopold Ier. Le prince Thököly de Transylvanie, général enthousiaste mais sans grande expérience politique, rassemble le reste des soldats et les nobles déçus afin de former une armée (les fameux Kouroutz) et de forcer Léopold Ier à revenir s'asseoir à la table des négociations.

La dernière bataille

Le pape Innocent XI accorde enfin l'appui et les subsides du Vatican : l'heure est venue à ses yeux de financer une opération d'envergure contre les Ottomans. Dans l'espoir d'être soutenu par les Kouroutz contre les Habsbourg, le sultan lance lui aussi une offensive en 1683. Cependant, l'alliance s'effondre lorsque les Turcs sont vaincus aux portes de Vienne. Si Thököly devient roi, son armée, elle, passe à l'Autriche.

En 1686 enfin, la ville de Buda est reconquise. Une grande partie du pays, y compris la Transylvanie, est libérée en l'espace de quelques années seulement. La paix de Karlowitz, en 1699, met fin (provisoirement) à la guerre, et seul un petit territoire au sud, entre la Maros et la Tisza, demeure entre les mains du sultan de Constantinople; il sera du reste restitué par la suite à la Hongrie.

L'ÉGLISE ET LA RELIGION

Il ne faudrait pas croire que, lorsqu'elles ont envahi le bassin intérieur des Carpates au IXe siècle, les tribus magyares aient trouvé un pays vide ou païen. Le christianisme s'était implanté en Pannonie dès le IVe siècle. Cependant, la majorité des églises, ainsi que des communautés de croyants, furent balayées par les migrations. Dès que sembla s'instaurer une période pacifique, les Églises d'Occident et d'Orient envoyèrent leurs missionnaires dans la Grande Plaine de Pannonie.

Au cours de leurs campagnes militaires et de leurs invasions, les Magyars apprirent à connaître de plus près le christianisme; d'aucuns se firent baptiser. Mais la christianisation proprement dite ne commença que sous le règne du prince Géza (vers 971-997) et se poursuivit activement sous celui de son fils, Étienne Ier (997-1038), avec l'aide des missionnaires venus de Bavière, d'Italie, de France, de Pologne, de Bohême et de Flandre. Aussi, cinq cents ans plus tard, la parole des prédicateurs luthériens et calvinistes tomba-t-elle sur un sol fertile.

Une Babel des religions

Mais l'Église la plus puissante a toujours été l'Église catholique, suivie des calvinistes; en troisième position viennent les luthériens. Les membres de l'Église orthodoxe sont, pour la plupart, de souche roumaine ou serbe, tandis que la petite communauté uniate, surtout implantée en Transylvanie (actuellement en Roumanie), est constituée presque exclusivement de Hongrois. Le conseil des Églises libres de Hongrie est une association qui englobe de petites communautés protestantes, tels les adventistes, les baptistes, les méthodistes, etc.

La communauté israélite compte 80000 membres. Au début de l'été 1944, 500000 juifs environ ont été déportés; la plupart étaient des provinciaux. Seul le ghetto de Budapest a paradoxalement survécu sans trop de dommages à la guerre. Il abrite aussi une école rabbinique, la seule en Europe de l'Est.

La république populaire et la «liberté» du culte

Après la Seconde Guerre mondiale, toutes les églises furent malmenées, tant en ce qui concernait leurs biens que leur position dans la société. La séparation de l'Église et de l'État fut proclamée en 1949, et l'enseignement religieux interdit dans les écoles. *«La république populaire de Hongrie garantit à tous les citoyens la liberté de conscience et le droit à la libre pratique de la religion»*, mais à certaines conditions tout de même: en 1948, les prélats et les chefs de toutes les églises furent forcés de

donner leur démission. On vint même arrêter le cardinal József Mindszenty, primat de l'Église catholique. L'Église fut dépossédée de ses biens, les ordres religieux dissous et leurs membres poursuivis, internés et déportés. Seule une congrégation féminine (les sœurs enseignantes de la congrégation de Notre-Dame) et trois ordres masculins (les bénédictins, les piaristes et les franciscains) eurent le droit de subsister.

L'État et l'Église

A partir de 1951, le secrétariat d'État à la Religion, subordonné au conseil des ministres, se consacra aux questions qui relevaient des religions; il se donna également le droit d'intervenir dans l'attribution des postes clefs au sein des églises. Sans l'approbation de ce service, pas un prêtre ne pouvait être ordonné ni un évêque sacré. L'État, en outre, accordait une aide financière aux églises; le montant de la somme annuelle qui leur était accordée était défini pour cinq ans. Un concordat partiel avec le Vatican, en date de 1964, régit les relations entre l'Église catholique et l'État.

Dans les deux grandes communautés religieuses de l'Église protestante, une

thèse théologique fondamentale a été élaborée, en complément des lignes directrices officiellement établies; elle repose sur les idées du théologien suisse Karl Barth (mort en 1968) et insiste sur le refus de toute compromission avec l'État.

Cependant, au sein de l'Église réformée se sont formées des communautés dites de base d'inspiration baptiste ou pentecôtiste; elles tiennent des sessions d'étude de la Bible et des séances de prière, en général sous la direction de laïcs, et se détournent

A gauche, l'évêque serbe orthodoxe de Ráckeve; ci-dessus, détail de la grille de la synagogue d'Eger.

de la réflexion politique ou sociale. L'idée selon laquelle le Christ a adapté son action aux conditions politiques et sociales de son temps remonte à la Bible. Malgré cette interprétation — d'ailleurs controversée parmi les théologiens — du *«Rendez à César ce qui appartient à César»*, l'Église réformée reste un foyer de contestation politique. Les autorités religieuses protestantes voyaient ces groupes d'un mauvais œil en raison de l'aspect «piétiste» de leur théologie. Et l'État s'en méfiait car ils accueillaient à leurs réunions des personnes non déclarées comme chrétiennes.

En revanche, les opérations de secours organisées par l'Église réformée au profit des Hongrois réfugiés de Roumanie étaient non seulement tolérées, mais soutenues.

La vie des Églises

Chaque Église dispose de ses propres presses et édite des livres et des revues. Le mensuel catholique *Vigilia* et son pendant réformé *Confessio*, dans lesquels des écrivains et des intellectuels renommés publient des articles, jouissent d'une excellente réputation et sont de haut niveau. La communauté israélite publie un hebdomadaire, l'*Uj élet* (*Vie nouvelle*), qui, manifestement, ne répond pas à l'attente de ses lecteurs, car depuis l'automne 1987 paraît un journal clandestin intitulé *Magyar Zsido* (*Juif hongrois*), qui consacre des articles aux problèmes des juifs dans le monde, aux questions de l'histoire du mouvement juif en Hongrie et à l'antisémitisme, plutôt qu'à la religion elle-même.

L'Église catholique dispose de cinq séminaires et de huit lycées; l'Église réformée a deux académies de théologie et un lycée à Debrecen; l'Église protestante a essayé ces dernières années d'obtenir l'autorisation d'ouvrir un lycée en plus de son académie de théologie.

On ne dispose pas d'indications précises permettant de connaître le nombre des croyants; pour ce faire on ne peut se fonder que sur des estimations et non sur des statistiques officielles établies par le gouvernement ou par l'Église elle-même. Cependant, il est un fait certain: bien des membres de l'appareil communiste se sont fait enterrer en secret en terre chrétienne malgré l'interdiction du Parti.

LE RÈGNE DES HABSBOURG

En 1723, le parlement hongrois, toujours établi à Presbourg (Bratislava), ratifia la Pragmatique Sanction, qui réglait la question de la succession héréditaire au trône et l'indivisibilité du territoire des Habsbourg. Cet acte entraîna une plus grande centralisation de l'armée et du gouvernement. Vienne attira les Hongrois, du moins les plus ambitieux d'entre eux.

L'impératrice Marie-Thérèse d'Autriche (1740-1780), souveraine *« à la main de fer dans un gant de velours »*, devint la souveraine bien-aimée des Hongrois. En 1741, lorsque plusieurs provinces se détachèrent et que les querelles entre l'Autriche et la Prusse prirent les proportions d'un conflit sérieux, poussée par le désespoir, en habits de deuil, la reine se tourna vers le parlement de Presbourg pour lui demander son aide. Les aristocrates hongrois, chevaleresques, ne purent rester sourds à cet appel, et plus tard Marie-Thérèse sut leur prouver sa reconnaissance.

Néanmoins elle savait aussi faire preuve de fermeté; il lui est arrivé d'ignorer purement et simplement le parlement quand elle prévoyait qu'il repousserait ses désirs. Catholique jusqu'au tréfonds de l'âme, elle empêcha les protestants d'entrer dans la fonction publique. Elle accorda un statut d'indépendance à la Transylvanie et la sépara de la Hongrie par une ligne fortifiée. Les Magyars de cette région se révoltèrent, mais ils subirent une défaite écrasante à Madéfalva en 1764, à la suite de laquelle nombre d'entre eux décidèrent d'émigrer en Hongrie.

De ce fait, la Transylvanie fut peuplée en majorité de Roumains, ce qui ne l'empêcha pas de se soulever à nouveau en 1784, lorsque la Hongrie adopta une série de réformes qui ne furent pas appliquées en Transylvanie.

A gauche, l'impératrice Marie-Thérèse en costume de reine de Hongrie, coiffée de la couronne de saint Étienne (elle s'était fait couronner à Presbourg, aujourd'hui Bratislava, en Slovaquie); à droite, détail d'une porte à Hajós.

Joseph II

L'époque calme et pacifique du règne de Marie-Thérèse se termina le jour du couronnement de son fils Joseph II. Le nouveau monarque avait été élevé dans l'esprit des «lumières»; comment aurait-il pu percevoir la magie et la force symbolique de la couronne de saint Étienne? Au lieu de la porter, il la laissa rouiller à Vienne.

Joseph II croyait aux vertus du gouvernement central, et il imposa l'allemand comme langue officielle. Il toléra toutes les religions, ce qui effraya les prélats catho-

liques. Il transforma des monastères en hôpitaux, soumit la construction des églises et la pratique du culte à des règles strictes, organisa un recensement, remplaça l'administration locale par des représentants du roi et introduisit un impôt général proportionnel aux dimensions et à la valeur des propriétés. En outre, il entreprit d'abolir le servage.

Au bout de dix ans, les nobles hongrois étaient au bord de la révolte. Sur son lit de mort, Joseph II abrogea bon nombre de ses réformes et son successeur, Léopold II, qui régna deux ans seulement (1790-1792), poursuivit ce train de mesures de dernière heure. Le latin redevint la langue administrative, la noblesse retrouva sa position privilégiée, la couronne de Hongrie fut rendue à Buda et le parlement retrouva une prérogative perdue : celle de nommer officiellement le roi.

Réformes imprudentes

Ce fut en 1789 que l'expérience de Joseph II se révéla définitivement un échec. Tandis que la Révolution française se répandit sur tout le continent, les monarchies revinrent au conservatisme. Après la mort de Léopold II, on cessa de convoquer le parlement. On éleva des barrières douanières entre la Hongrie et l'Autriche. Le pays dut payer un tribut destiné à combler le gouffre financier creusé par les guerres. En outre, la Hongrie eut à subir plusieurs dévaluations.

Une conscience nouvelle

Bien que foncièrement clément, l'empereur François Ier considérait la Hongrie d'un œil plein de méfiance. Il se méprit sur l'humeur contestataire des nobles, sans percevoir qu'au fond ils étaient plutôt conservateurs. Certes, vers 1795, le jacobinisme avait contaminé leur pays, mais en 1809, lorsque Napoléon Ier appela le peuple hongrois à se libérer enfin de ses chaînes, il ne reçut aucun écho.

Étant donné la situation, la tension croissante entre la Hongrie et l'Autriche ne pouvait se terminer que par une épreuve de force. La résistance hongroise était aussi bien réactionnaire que républicaine et révolutionnaire, et c'est à coup sûr le comte István Széchenyi qui a forgé l'alliance de ces deux tendances.

Széchenyi était un patriote passionné. Son père avait fondé le Musée national en 1802, et lui-même était un ardent défenseur de la langue hongroise, laquelle, dans les périodes difficiles du XVIIIe siècle, était tombée en déliquescence. Son programme de « réanimation de la Hongrie » envisageait une modernisation sur tous les plans, politique, social, culturel et même industriel.

« Ayons confiance en nos propres forces. Ne nous précipitons jamais dans le combat sans nous être préparés. Mobilisons notre puissance avec plus de sagesse. Car, quand la renaissance d'une nation est en jeu, la modeste abeille et la fourmi laborieuse obtiennent de meilleurs résultats que l'éloquence dorée et l'enthousiasme bruyant », déclara-t-il en 1842.

Metternich, maître de l'Autriche jusqu'en 1848, considérait Széchenyi et ses

partisans comme des rêveurs chimériques (Metternich portait le sobriquet de «prince de Minuit», selon un jeu de mot avec *mitternacht*, qui signifie minuit). Or Széchenyi mettait ses idées à exécution: il fit construire des chemins de fer et des chantiers navals, et réguler le cours de la Tisza. Son ouvrage le plus célèbre reste le pont suspendu entre Buda et Pest.

Széchenyi reçut de l'aide de partout, non seulement de sa propre classe mais aussi des autres aristocrates, parmi lesquels se trouvait un noble terrien désargenté, avocat de son état, orateur brillant et homme d'État averti: Lajos Kossuth.

l'abolition des privilèges, l'extension du droit de vote aux roturiers, la suppression du servage, en un mot: la fin du régime féodal.

Le 13 mars, la révolution secoue Vienne, et deux jours plus tard elle atteint Pest. Au cours d'une séance orageuse au café Pilvax, un programme en douze points est rédigé, qui reprend les revendications de Kossuth et exige en outre la liberté de la presse, le respect d'une procédure dans les procès en cour d'assises et la réunification de la Hongrie et de la Transylvanie. Deux jours plus tard, le comte Batthyány est nommé premier ministre d'un conseil

La révolution de 1848

Face aux troubles en Hongrie, Vienne change d'attitude; Kossuth est arrêté et envoyé en prison, comme beaucoup d'autres meneurs nationalistes. Cependant, en février 1848, les Parisiens renversent la monarchie de Juillet; aussitôt la révolution déferle sur l'Europe. Le 3 mars, Kossuth prononce devant le parlement un discours pour réclamer l'égalité devant l'impôt,

A gauche, le château de Buda avant la construction du pont suspendu; ci-dessus, un bac sur le lac Balaton porte le nom de Széchenyi.

autonome auquel participent les têtes les mieux faites de Hongrie: Széchenyi, ministre des Transports et des Communications, Ferenc Deák à la Justice, le baron József Eötvös à l'Éducation et Lajos Kossuth aux Finances.

L'empereur Ferdinand, Habsbourg particulièrement débonnaire, accepte tous ces changements, tandis que les milieux réactionnaires d'Autriche bouillonnent de colère impuissante. La riposte à la rébellion des Hongrois viendra d'un camp différent, inattendu, et Vienne saura exploiter cette résistance en faveur de ses propres intérêts. En effet les autres nationalités de Hongrie, Roumains, Ruthènes, Croates et

Slovaques, submergent de leurs revendications le parlement indigné. En juin, la Serbie se soulève à son tour. Finalement, en juillet, Kossuth demandera 42 millions de florins au Trésor pour défendre son pays.

Batthyány fera de son mieux pour éviter l'affrontement, mais il se voit bientôt acculé. Vienne accuse la Hongrie d'avoir violé la Pragmatique Sanction et abroge les lois votées en avril, pourtant avec son accord. Széchenyi est terrassé par une crise de nerfs et Batthyány forcé de donner sa démission, abandonnant le pouvoir à Kossuth.

qu'il proclame l'indépendance le 14 avril 1849. Des patriotes italiens, polonais, slovaques et même allemands, rescapés des révolutions ratées, viennent renforcer l'armée de Houved qui, sous le commandement du général Arthur Görgey, tient les troupes impériales en échec. Le tsar intervient alors pour soutenir les Autrichiens, et les Hongrois, en infériorité à tout point de vue, capitulent. Parmi eux se trouve Sándor Petöfi, qui meurt au cours d'une charge de cavalerie. Ses discours avaient stimulé l'élan des révolutionnaires; sa disparition sonne le glas d'une ère à la fois glorieuse et tragique.

La guerre

Dès la déclaration des hostilités en septembre, les courants de la révolution hongroise s'unissent. Au même moment, les paysans roumains se soulèvent à leur tour sous la conduite d'Avram Iancu, mais l'armée de Houved, nouvellement formée, réussit à écarter les menaces avant d'être arrêtée le 30 octobre à Schwechat, près de Vienne.

L'empereur Ferdinand abdique en faveur de son neveu François-Joseph, mais la guerre se poursuit. Kossuth installe le parlement et le gouvernement à Debrecen, dans une sécurité relative, et c'est de là

Après avoir capitulé le 13 août 1849 à Vilagos devant le maréchal Paskievitch, le général Görgey fit amende honorable devant les cours de justice et mourut finalement de sa belle mort à l'âge de quatre-vingt-dix-huit ans. Kossuth réussit à s'enfuir en Turquie. D'autres eurent moins de chance: Batthyány et treize de ses officiers furent pendus à Arad.

Le général Haynau gouverna alors la Hongrie d'une poigne de fer. Il abrogea toutes les réformes. La Transylvanie, la Croatie et la Slovénie furent séparées de la Hongrie. Les postes occupés par les fonctionnaires hongrois furent repris par leurs homologues autrichiens.

La reprise en main

La domination autrichienne pèsera de tout son poids sous la houlette d'Alexandre von Bach, ministre de l'Intérieur, sans pour autant que se réalise l'objectif des Autrichiens, à savoir la neutralisation de la Hongrie. Au contraire, un culte des martyrs s'instaure et le désir de réforme se fait plus vif.

Les Autrichiens accordent quelques concessions, une réforme agraire restreinte et la suppression des barrières commerciales, par exemple; mais elles ne suffiront pas à laver le sang versé, surtout lorsque

seront prises des mesures comme l'augmentation drastique des impôts et la reprise de l'allemand en tant que langue officielle.

Tandis que, de sa terre d'exil, Kossuth continue à intervenir, il se forme, à partir de 1850, une nouvelle opposition composée surtout de conservateurs, mais aussi de modérés. Ferenc Deák en est le porte-parole; c'est un personnage plutôt terne d'ailleurs, mais doué d'une intelligence hors du commun. Les Hongrois ne se gêneront plus pour exprimer leurs idées. Du reste, ils possèdent à Vienne une alliée de poids en la personne de l'impératrice Élisabeth, qui intercédera souvent en leur faveur. En outre, après leurs défaites contre l'Italie et la France en 1859, les Autrichiens sentent un besoin de sécurité au sein de l'empire.

A gauche, les cérémonies du couronnement de François-Joseph, roi de Hongrie, en 1867; ci-dessus, la statue du républicain Lajos Kossuth, qui se trouvait encore en exil cette année-là.

Par le «diplôme d'octobre» (1860), François-Joseph propose une alliance d'État entre la Hongrie et Vienne, mais les Hongrois n'abandonnent pas l'idée d'une restauration complète de leur monarchie. Ils décident donc d'attendre que l'empereur soit disposé à de nouvelles négociations. Deák exige un retour aux lois d'avril et une participation directe aux affaires de l'État. Il attend afin de renforcer sa position dans les discussions.

La formation d'un nouveau cabinet à Vienne en 1865 amènera un début de détente. On commence à parler de compromis lorsqu'une nouvelle éclate comme une bombe: la défaite contre la Prusse à Sadowa en 1866.

En février 1867, François-Joseph convoque le cabinet hongrois sous la présidence du comte Andrássy et approuve les lois d'avril. D'autres négociations aboutissent au rétablissement du statut des domaines de la couronne. Indépendamment de ces événements, la Transylvanie avait d'ores et déjà décidé de se réunir à la Hongrie.

François-Joseph, roi de Hongrie

Le Grand Compromis, qui se terminera par le couronnement solennel de François-Joseph, roi de Hongrie, le 8 juin 1867 en l'église Mathias de Budapest, inaugure une ère qui brillera par son faste et par son opulence.

L'essor industriel, financé en partie par le gouvernement, se répercute dans le pays tout entier. Il s'appuie sur le traitement des produits agricoles (industrie alimentaire). Budapest, l'un des centres de la vie économique, se développe: les bas quartiers s'étendent afin d'absorber la population nouvelle que déplace l'exode rural. Entre 1850 et 1914, la population hongroise passera à 19 millions d'habitants, soit une augmentation de 60 %.

MAGYAR KIRÁLYI KONZULÁTUS
CONSULAT ROYAL DE HONGRIE

LA DOUBLE MONARCHIE

Le compromis de 1867 accorde à la Hongrie un gouvernement autonome, ainsi qu'une armée à vocation défensive. Elle est aussi autorisée à reconstituer les ministères de la Défense, des Affaires étrangères et des Finances, et parvient à résoudre en partie la question des nationalités: les Croates auront désormais le droit de siéger au parlement hongrois, selon un système électoral proportionnel.

La génération de 1867, revenue au pouvoir, soutient une politique libérale fondée sur le «laissez-faire»; elle passera les dix premières années à se perdre dans des affaires de corruption et de querelles incessantes, en particulier au sujet des compromis à signer avec Vienne. Le feu national attisé par Kossuth du fond de son exil brûle souvent le gouvernement; du reste, tout le monde croit qu'il fait cause commune avec les Habsbourg. En revanche, les libéraux menacent de se dissocier tout à fait sur la question de l'indépendance. Telle est la situation lorsque l'habile Kálmán Tisza réussit à former une nouvelle coalition libérale, qui demeurera au pouvoir jusqu'en 1904.

Dans l'intervalle, les tensions sociales provoquent un changement d'orientation politique. En 1871, des grèves se déclenchent, que le gouvernement réprime par la force. Peu après, Leo Frankel, qui avait gagné ses premiers galons de ministre durant la Commune de Paris en 1871, réussit à former l'Association ouvrière générale, dont le programme revendique la journée de dix heures, la suppression du travail des enfants, le salaire égal pour les hommes et pour les femmes. Frankel finit par être arrêté, mais le parti social-démocrate hongrois verra le jour en 1890.

«Magyarisation»

Dès le début des années 1890, grâce aux efforts conjugués et constants du gouvernement et de l'industrie, le hongrois retrouve son statut de langue nationale; un nombre toujours croissant de gens le considèrent comme leur langue maternelle et découvrent le sentiment de leur patrie hongroise. Tous ceux qui veulent arriver à quelque chose dans la vie doivent se plier à la «magyarisation» proposée par les autorités. Ainsi les juifs, par exemple, dont la majeure partie vient des pays voisins, s'adaptent très vite à la vie hongroise. En 1910, ils représentent 4,5 % de la population; pour les trois quarts d'entre eux, le hongrois est leur langue maternelle. Ils constituent la plus grande partie de la couche moyenne des travailleurs salariés. Dans l'ensemble, on les tolère et on les estime à cause de leur participation aux efforts nationaux. Toutefois, parallèlement à cette situation, une vague d'antisémitisme secoue le pays; elle s'exprime par des explosions de violence sporadiques et entraîne même la création d'un parti antisémite, dirigé par Györzö Istóczy, en 1883.

La question des minorités

Cependant la politique de «magyarisation» est loin de satisfaire toutes les minorités qui vivent sur le territoire hongrois. Animés par l'esprit du temps et excités par des orateurs à l'éloquence puissante, les Roumains, les Slovaques, les Serbes, les Ruthènes et même les Croates, pourtant assez bien intégrés, commencent à revendiquer leur droit à une autonomie nationale. Le nationalisme allemand lui-même s'éveille sous les menées bruyantes du bourgmestre de Vienne, le Dr Karl Lueger. A la même époque, les nationalistes hongrois qui réclament l'indépendance et le retrait des Habsbourg gagnent du terrain dans le gouvernement. En 1903, ils réussissent à bloquer les résolutions qui ne leur conviennent pas et à faire dissoudre le parlement. Les élections qui s'ensuivent donnent la majorité à une coalition de nationalistes, mais l'empereur François-Joseph refusera de lui accorder son approbation — jusqu'au moment où, dans le cadre d'un accord secret, ils seront prêts à abandonner quelques-unes de leurs revendications. Ils formeront alors une coalition avec les libéraux.

En 1910, le parti du Travail prend le pouvoir, mais la nation est ébranlée, et

Plaque du consulat royal de Hongrie à La Valette, dans l'île de Malte, avant la dernière guerre.

toute l'Europe retient son souffle à la veille de la guerre. Le déclenchement des hostilités arrive à point nommé pour distraire les Hongrois de leurs querelles intestines. Il sonne aussi le glas d'une époque incertaine, mais pleine d'espoir.

La Première Guerre mondiale

L'enthousiasme du mois d'août 1914 et l'union sacrée s'évanouissent rapidement dès qu'on entend parler de revers et de victoires sanglantes. Les attaques héroïques font alors place aux aspects sinistres de la guerre. L'insatisfaction gagne aussi les états-majors. Les pourparlers de paix débutent dès juillet 1916. A la tête du nouveau parti de l'Indépendance, le comte Mihály Károlyi, soucieux de l'avenir de la Hongrie, de l'Europe centrale et des Balkans, propose des mesures d'urgence : la séparation d'avec l'Autriche, la paix sans annexions, des concessions aux nationalités et une réforme agraire.

L'équilibre instable d'un compromis vieux de cinquante ans commencera à se rompre au lendemain de la mort de François-Joseph, en novembre 1916. En 1917, Charles Ier, son successeur, fait des offres de paix séparée aux puissances alliées, mais la guerre dégénère déjà. Le pays tout entier est en ébullition : les syndicats rassemblent plus de 200 000 membres. Il faut dire aussi que les revirements constants de Charles Ier n'arrangent pas la situation. Après des années de calme relatif, la question des nationalités revient sur le tapis : on enregistre partout un manque de combativité, des désertions en masse et une amertume générale, car il devient évident que les Hongrois font la guerre pour les autres, et non pour eux. Une vague de grèves submerge l'Autriche-Hongrie en janvier 1918 et paralyse les usines de munitions. En mai, une émeute éclate à Pécs. Lorsque la Première Guerre mondiale prend fin, la Hongrie est tellement divisée qu'il faudrait un miracle pour lui rendre une certaine cohésion.

L'Apocalypse

Le 25 octobre 1918, Károlyi forme un conseil national. La guerre est perdue et la double monarchie danubienne s'effondre d'un coup. En des temps meilleurs, le programme en douze points élaboré pour l'essentiel par Oszkár Jászi, homme d'État et brillant journaliste, pourrait peut-être servir de fondement solide à la formation d'un État fédéral moderne sur les ruines d'une véritable Babylone politique. Malheureusement, les propriétaires terriens ne semblent pas prêts à suivre l'exemple de Károlyi, à savoir distribuer leurs immenses domaines et oublier une fois pour toutes leurs préjugés à l'égard des nationalités minoritaires. L'intégrité territoriale promise par les quatorze points du président Wilson ne concerne pas la Hongrie. Quant aux nationalités hon-

groises, elles ont une idée des concessions à faire et à accepter radicalement différente de celle des Hongrois de souche. Les efforts de Jászi, en particulier auprès des Roumains, demeureront sans effet.

En l'absence de ligne de démarcation précise à la fin de la guerre, les Tchèques, les Serbes et les Roumains s'approprient les territoires qu'ils peuvent leur arracher, sous les regards indifférents de l'armée française établie en bivouac à Szeged. L'économie stagne, l'armée est pour ainsi dire décimée et la Hongrie semble avoir perdu tous ses alliés; dans ces conditions, Károlyi et son cabinet sont réduits à l'impuissance.

Béla Kun

Le nouveau parti communiste, lui aussi, fait pression sur le gouvernement de Károlyi. Une partie de son effectif est constitué d'ouvriers et de soldats mécontents et privés de leurs droits qui ont été faits prisonniers et rentrent de Russie, où ils ont été les témoins de la révolution d'Octobre. Bien que leurs chefs soient en prison, ils parviennent sans difficulté au pouvoir, grâce à une réaction en chaîne.

En février 1919, les puissances de l'Entente décident de constituer une zone neutre dans le sud-est de la Hongrie et de laisser une autre division alliée occuper le pays. Dans l'incapacité de diriger les affaires étrangères de la Hongrie, Károlyi se résout à abandonner le pouvoir aux sociaux-démocrates. Ceux-ci, du reste, savent parfaitement qu'ils ne peuvent rien faire sans la collaboration des communistes, qui recevront peut-être, eux, l'aide de l'Union Soviétique.

Le soviet hongrois est constitué le 22 mars. Béla Kun, tête de file des communistes, devient commissaire aux Affaires étrangères et ne tarde pas à tenir fermement en main le gouvernement tout entier. Dès le 25 mars, les dirigeants communistes forment l'armée rouge hongroise; ils occupent le ministère de la Justice et contrôlent également la police. Les décrets succèdent aux décrets, et c'est ainsi que les banques sont nationalisées, de même que toutes les entreprises qui emploient plus de vingt personnes. On réforme le système éducatif, on réduit le clergé et on redistribue les terres, selon les dogmes en vigueur. L'ordre est rétabli, mais à quel prix! Au prix de l'asphyxie et de l'écrasement de l'opposition authentique et d'une opposition supposée.

A gauche, le comte Mihali Károlyi, qui tenta en vain de dominer le chaos de l'après-guerre; ci-dessus, des manifestants brandissent des panneaux sur lesquels on lit: «Paix! Justice! Pain!» et «A bas la guerre, vive la paix!».

La réaction

Le baromètrc commence à descendre vers la gauche lorsqu'une force imprévue le repousse vers la droite: les conservateurs se mettent à conspirer. Alors qu'elles ont déjà envoyé des troupes pour lutter contre les bolcheviques d'Union Soviétique, les puissances craignent de plus en plus la formation d'un nouvel État «rouge». Tchèques et Roumains, voyant là une chance de s'adjuger de bonnes parcelles de territoire, sont trop heureux de faire le jeu de l'Entente; ils attaquent la Hongrie à la mi-avril. Les Hongrois se défendent âprement et, à la surprise générale, avec succès. Lorsque les Alliés comprennent que leur stratégie — se servir des Roumains pour lutter contre les communistes — tourne à l'échec, ils changent de tactique. Les Hongrois reçoivent l'ordre de cesser les hostilités, et les Roumains, de revenir à leurs positions initiales à l'est de la Tisza. Aussitôt Béla Kun retire ses troupes, mais les Roumains hésitent à s'incliner et restent sur place, attendant le désarmement de l'ennemi, ce qui incite Béla Kun à reprendre le combat. L'attaque du 20 juillet se solde cette fois par un échec. Le 3 août, les troupes roumaines atteignent Budapest. L'expérience hongroise d'un gouvernement communiste tourne ainsi court.

Horthy

A la fin de l'année 1919, le chaos règne partout en Hongrie, sous les yeux attentifs des Roumains et de la délégation de l'Entente. La fameuse «terreur rouge» fait place à une «terreur blanche» lorsque les bandes paramilitaires, constituées d'anciens soldats et officiers, d'étudiants et de Magyars sans feu ni lieu, prennent leur revanche sur ceux qu'ils soupçonnent d'avoir eu des contacts avec le régime de Béla Kun. Il faudra attendre plusieurs mois avant que s'instaure un semblant de stabilité politique. Le gouvernement provisoire présidé par Gyula Peidl promet l'instauration d'un régime démocratique avec des élections à bulletin secret, sur le modèle occidental. Les Roumains finissent par se calmer et libèrent la capitale en novembre.

L'amiral Miklós Horthy — amiral dans un pays qui n'a plus ni flotte ni accès direct à la mer! — s'était déjà distingué comme tête de file de la contre-révolution; avec une armée de 25 000 hommes, il entre dans la capitale entièrement dévastée par les Roumains. Un nouveau gouvernement est mis en place, dirigé par Károly Huszár, afin de procéder à la désignation des députés du parlement.

Les premières élections libres à bulletin secret ont lieu le 25 janvier 1920. Les partis ne sont pas tous représentés, à commencer par les communistes, évidemment. Quant aux sociaux-démocrates, ils bouderont les élections en signe de protestation contre la terreur blanche qui continue à sévir dans les campagnes. Les partis qui obtiendront la majorité des suffrages sont celui des Petits Propriétaires, parti sans grande audience d'ailleurs, avec 40 %, et l'Union nationale chrétienne, avec 35 %.

La première question qui entraînera des discussions assez vives concerne le statut de la monarchie. D'aucuns considèrent Charles IV de Hongrie (Charles Ier d'Autriche, petit-neveu de François-Joseph) comme le successeur légitime sur le trône, tandis que d'autres veulent un nouveau roi. Finalement le parlement, s'appuyant sur une ancienne loi, élit le 1er mars Miklós Horthy, amiral sans flotte, «régent du royaume sans roi» de Hongrie.

Le traité de Trianon

Il reste une épée de Damoclès suspendue au-dessus de la nation: le traité de paix. Le 14 mars 1920, Huszár confie le gouvernement à un cabinet présidé par Sándor Simonyi-Semadam, dont la première tâche sera d'envoyer une délégation à Paris pour voir si l'on peut encore sauver quelque chose des décombres laissés par la Première Guerre mondiale. Malgré leur argumentation véhémente, fondée sur l'histoire, la géographie et le droit, les comtes Apponyi, Bethlen et Teleki n'obtiennent pas grand-chose de la part des Alliés. Le 4 juin, ils sont obligés de signer le honteux traité de Trianon.

En l'espace d'une nuit, le territoire hongrois se rétrécit: de 323 411 km^2, il passe à 92 963 km^2. La plus grande partie du pays, y compris la Transylvanie qui est en fait le berceau de la Hongrie, ira à la Roumanie. Au bout de soixante-dix ans, la fureur provoquée par la perte de cette immense province est toujours vive, d'autant plus vive que les Hongrois établis en Transylvanie continuent à y être traités par les autorités roumaines comme une minorité opprimée.

A gauche, officiers et diplomates après la signature du traité de Trianon, en 1920; ci-dessus, ces sans-abri symbolisent la pauvreté qui sévit à cette époque.

La population hongroise, qui comptait près de 21 millions d'habitants avant la guerre, est réduite à 7,5 millions; 1,7 million de Magyars vivent en Roumanie, 1 million en Tchécoslovaquie et près de 500 000 en Yougoslavie. Afin de maintenir l'ordre dans le pays, la nation est autorisée à former une milice de 35 000 hommes, dépourvue d'artillerie lourde. L'économie est pratiquement au point mort; les investisseurs, effrayés par la tournure que prenait la situation sous le gouvernement de Béla Kun, ont placé leurs capitaux à l'étranger. Quant aux Roumains, ils ont pillé et emporté tout ce qui leur tombait sous la main. En outre, la Hongrie est coupée de ses réserves les plus importantes en matières premières. Et pour couronner le tout, les Alliés exigent des réparations.

Les Hongrois n'ont jamais accepté le traité de Trianon, traité tout à fait injuste, il faut le reconnaître. La révision de ce traité deviendra chez eux une idée fixe qui contribuera à ranimer le nationalisme.

Première urgence, améliorer la situation économique et sociale. Peu après l'arrivée au pouvoir du nouveau cabinet en juillet 1920, son président Pál Teleki introduit des mesures de réforme agraire, à portée réduite il est vrai, afin de morceler quelques-uns des immenses domaines qui appartenaient aux familles des anciens magnats. Sur le papier, lors des discussions, ces mesures satisferont le parti des Petits Propriétaires, mais dans la réalité elles ne modifient guère la situation. La question complexe de la monarchie se pose une fois de plus en 1921, lorsque Charles IV revient en Hongrie pour tenter une restauration. Une crise éclate; le Parti national chrétien se divise et une nouvelle coalition se forme entre les anti-légitimistes et les petits propriétaires terriens, qui s'unissent pour former le Parti unitaire, présidé par le comte Bethlen.

En octobre 1921, Charles IV réunit des unités loyales de l'armée et se lance dans une modeste campagne contre Budapest, ce qui irrite les Alliés. Horthy et Bethlen mobilisent leurs propres forces pour chasser le roi, auxquelles se joignent de nombreux membres de l'organisation paramilitaire de Gyula Gömbös. La victoire du 23 octobre 1921 à Budaörs met fin aux espoirs des légitimistes.

Les années vingt

Le comte Bethlen dirigea les affaires hongroises pendant une décennie. C'est une forte personnalité caractérisée par une grande pénétration d'esprit, un certain cynisme politique et un soupçon de brutalité. Grâce à lui, la Hongrie retrouvera une certaine stabilité, au moins pendant dix ans. Il a plusieurs objectifs ambitieux: ressouder la communauté nationale, rechercher des alliés sûrs et favoriser la renaissance économique. Fin 1921, il conclut avec les sociaux-démocrates un accord de coopération dans la répression des soulèvements de la classe ouvrière et de la paysannerie, et en même temps il arrive à modérer les ardeurs vengeresses de l'extrême droite qui ne cesse de ruminer la terreur blanche. En 1922, la Hongrie

entre dans la Société des Nations, en 1924, elle obtient un prêt de 250 millions de florins qui stoppe l'inflation galopante et rétablit la confiance des investisseurs. En 1927 naît une nouvelle monnaie, le pengö.

Un château de cartes

Tant que durera la stabilité financière, Bethlen réussira à maintenir le calme politique dans le pays. Parmi les membres de l'extrême gauche, beaucoup sont partis pour Moscou; quant aux sociaux-démocrates, ils se calment. Les soulèvements des ouvriers sont réprimés par la police. De son côté, Gömbös rassemble assidûment les forces de droite. Son message est tentant pour des oreilles nationalistes. Bien que cette coalition ne représente pas un groupe politique important, elle dépend en grande partie de l'armée et compte une foule de sympathisants, parmi lesquels Horthy lui-même.

L'affaire du prix du blé, en 1929, et la crise financière de la même année, consécutive à la débâcle de Wall Street, exigent leur tribut. Les capitaux s'évaporent et, une fois de plus, la Hongrie devient insolvable. Le mécontentement latent finit par exploser au grand jour. Bethlen décide de démissionner, et, après la brève présidence de Gyula Károlyi, Horthy appelle Gyula Gömbös à la tête du gouvernement, en octobre 1932.

A gauche, Goering et le régent Horthy à l'époque de l'alliance malheureuse entre la Hongrie et l'Allemagne; ci-dessus, Ferenc Szálasi, chef des « Croix Fléchées ».

Le spectre du nazisme

Gömbös rêve d'un axe Berlin-Budapest-Rome — il a été le premier à employer cette expression. Mais à cette époque-là, Hitler et Mussolini ne faisaient pas encore bon ménage. En outre, l'apaisement de la crise économique lui coupe quelque peu l'herbe sous le pied. Enfin et surtout, Horthy n'a pas confiance dans les tendances totalitaires de Gömbös et retarde les élections jusqu'en avril 1935. Gömbös réunit alors 43,5 % des suffrages — une majorité rassurante. Un peu plus tard, la même année, il va à Berlin et en rapporte la conviction qu'il lui faut à tout prix mettre au point un système orienté dans le même sens que celui des nazis en Allemagne. Cependant, sa mort prématurée en 1936 l'empêchera de réaliser ses projets, mais la Hongrie a déjà eu le temps d'opérer un renversement et de se rapprocher du national-socialisme allemand.

Hitler fait les yeux doux à la Hongrie; il investit de fortes sommes dans son industrie et, vers la fin des années trente, il lui offre un débouché pour sa production agricole. Le programme de réarmement de la Hongrie dépend des produits allemands. Les gouvernements qui succèdent à Gömbös sont plutôt sceptiques sur l'attitude à adopter vis-à-vis du nazisme. Certains Hongrois sympathisent avec l'Allemagne tout en la craignant. D'autres, comme par exemple le parti assez puissant des Croix Fléchées, dirigé par Ferenc Szálasi, sont des partisans déclarés des nazis, dont ils adoptent aussi les préjugés antisémites. Il y en a encore beaucoup — depuis les conservateurs jusqu'aux sociaux-démocrates — qui, sans être le moins du monde attirés par l'Allemagne, sont tentés par les offres tangibles d'une collaboration économique. C'est ainsi que les gouvernements qui succéderont à Gömbös s'efforceront de gagner les bonnes grâces de Hitler, sans pour autant dépendre de lui.

НАШЕ ДЕЛО ПРАВОЕ
СПИТЕ СПО
ЗОЛОТЫМИ БУ
В ИСТОРИЮ

LA RÉPUBLIQUE POPULAIRE

Au cours de la guerre, la Hongrie mène une politique entre deux fronts qui devient de plus en plus dangereuse. Pour prouver la bonne volonté du pays face à l'Allemagne, Béla Imrédy favorise l'adoption de lois qui tendent à limiter le nombre des juifs dans plusieurs professions.

Parallèlement à ces mesures législatives, d'autres sont prises pour essayer d'établir des contacts avec les puissances occidentales, mais sans grand succès. La première «décision de Vienne» (2 novembre 1938) rend à la Hongrie une partie de son ancien territoire slovaque. La Hongrie signe en février 1939 le pacte antikomintern et vote une seconde série de lois antisémites dont la majeure partie ne sera jamais appliquée.

La Seconde Guerre mondiale

Lors de l'attaque allemande contre la Pologne, le 1er septembre 1939, la Wehrmacht reçoit l'ordre de ne pas violer le territoire hongrois; quelques régiments polonais trouvent même refuge en Hongrie. Le premier ministre, Pál Teleki, fait tout son possible pour maintenir le pays à l'écart des hostilités, mais il lui faudra bientôt s'incliner devant l'inévitable. La seconde «décision de Vienne», en 1940, restitue la Transylvanie à la Hongrie. Mais rien ne peut empêcher l'armée allemande de fouler le sol hongrois pour aller occuper la Roumanie. Cette violation de territoire se renouvellera en direction de la Yougoslavie; et cette fois, ce sera la Hongrie qui occupera la Croatie. La Grande-Bretagne menace de déclarer la guerre. Pál Teleki se suicide.

Convaincu que les Allemands sont capables de battre l'Union Soviétique et qu'une opération de peu d'envergure contre les Rouges n'indisposera pas les puissances occidentales, son successeur László Bardossy envoie des troupes en Russie se battre aux côtés des armées allemandes. La Grande-Bretagne finit par déclarer la guerre à la Hongrie en décembre 1941, et en janvier 1942 Hitler exige la mobilisation générale.

Horthy n'a toujours pas perdu l'espoir de parvenir à un accord avec les puissances occidentales. Le premier ministre, Miklós Kállay, assistera à l'anéantissement de l'armée hongroise à Stalingrad en janvier 1943; il promet la capitulation sans conditions aux puissances alliées si elles arrivent à temps en Hongrie. Mais l'Armée rouge sera la plus rapide.

En mars 1944, Horthy nomme Döme Sztójay à la tête du gouvernement pour éviter une véritable occupation allemande: c'est donner carte blanche aux nazis. Les partis politiques sont poursuivis par la Gestapo (les communistes étaient déjà interdits depuis l'après-guerre) et les juifs déportés. A Budapest, une grande partie des juifs réussit à en réchapper grâce à Raoul Wallenberg, jeune diplomate suédois qui les aide à devenir citoyens de la Suède neutre. On lui a élevé dernièrement un monument place Moszkva tér, à Buda.

En août 1944, la Roumanie succombe aux attaques de l'Armée rouge. Horthy décide que le moment est venu de se rapprocher de l'Union Soviétique. En octobre de la même année, il prononce un discours dans lequel il demande l'armistice; aussitôt, les nazis s'emparent de lui et l'expédient en Allemagne. Le 15 octobre, Ferenc Szálasi prend le pouvoir avec ses Nyílas (Croix Fléchées).

La seconde Apocalypse

Pour les Croix Fléchées, l'heure du triomphe sonne trop tard. L'Armée rouge a déjà lancé son offensive contre la Hongrie le 6 octobre, et le 29, le reste de la IIIe armée hongroise capitule à Kecskemét. Les Soviétiques encerclent Budapest. Le 28 décembre, ils forment un gouvernement provisoire à Debrecen, constitué en partie de communistes revenus d'exil. Le 11 février 1945, 16000 Allemands tentent de sortir de la capitale assiégée, mais seul un petit nombre parvient à s'enfuir. Les derniers éléments de la S.S. et de la Wehrmacht quittent le pays le 4 avril.

Le gouvernement militaire soviétique veillera que, dans la Hongrie vaincue et

Pages précédentes: les troupes soviétiques hissent le drapeau rouge sur Budapest, en février 1945. Ci-contre, l'un des derniers monuments aux morts soviétiques.

effondrée, tous les postes importants soient occupés par des communistes loyaux, et en particulier par ceux qui, dans les années trente, s'étaient réfugiés à Moscou. Un programme de réformes agraires est lancé mais, aux élections de novembre, le parti des Petits Propriétaires obtient 57 % des suffrages, à la surprise générale, tandis que les sociaux-démocrates n'enregistrent que 17,5 % des voix et les communistes 17 %.

La monarchie est abolie et la république proclamée le 1er février 1946. La Hongrie signe le 10 février 1947 le traité de paix, dit traité de Paris, qui rétablit les frontières de l'entre-deux-guerres, à part une petite enclave au nord-ouest. La Tchécoslovaquie exige le départ immédiat des 600 000 Hongrois qui vivent sur son sol, dont 85 000 seulement se soumettent.

D'un extrême à l'autre

La force des communistes repose sur trois facteurs : d'une part, ils sont soutenus par l'Armée rouge et l'infrastructure des occupants ; le ministère de l'Intérieur, l'un des plus importants, est d'autre part confié à László Rajk, communiste militant depuis les années trente ; ses fonctions lui permettront, avec l'aide de l'A.V.O. (plus tard l'A.V.H.), police nouvellement constituée, d'affaiblir l'opposition par tous les moyens. Enfin, il s'agit avant tout de rétablir la balance commerciale du pays, et seul un gouvernement fort et centralisé se dit capable d'accomplir cette tâche. Au milieu de l'année 1946, le pengö a atteint le record absolu de dévaluation : 1,4 billiard de sa valeur d'avant-guerre !

Contrairement à la Première Guerre mondiale, la seconde a ruiné le pays des Magyars. Pas moins de 500 000 hommes ont péri dans les combats ; et, au cours de sa retraite, l'armée allemande a emporté avec elle tout ce qui pouvait se transporter et fait sauter tous les ponts après son passage.

En novembre 1946, les usines métallurgiques Ganz et Weiss sont nationalisées ; en février 1948, c'est le tour des mines de bauxite et de l'industrie de l'aluminium, puis, en mai, des banques. Pendant ce temps, les communistes ont réussi à ramener à eux une grande partie des petits propriétaires, et les sociaux-démocrates les ont rejoints dans le nouveau parti des Travailleurs. Face une opposition divisée, cette coalition gagne du terrain. En août 1947, elle vote un plan de reconstruction de trois ans. Et un plan de collectivisation, très impopulaire, sera imposé en 1948.

Vers le milieu de 1949, les communistes s'emparent du pouvoir. L'opposition est balayée. Même les communautés religieuses les plus influentes, en particulier les catholiques, voient leurs droits rognés de toutes parts. Le cardinal Mindszenty, qui s'oppose à la nationalisation de l'enseignement, est jeté en prison sous des chefs d'inculpation inventés de toutes pièces.

Après avoir passé une grande partie de l'ère Horthy à Moscou, en compagnie d'autres communistes hongrois, Mátyás Rákosi essaie de consolider le pouvoir de sa fameuse «aile moscovite du Parti». Commence alors le premier grand procès contre les communistes nationaux (parmi lesquels László Rajk) accusés de haute trahison et d'espionnage au profit des puissances impérialistes. Rajk est tellement dévoué à son parti qu'il reconnaîtra l'exactitude de ces accusations; il sera exécuté et enterré en secret. Cependant, les communistes le réhabiliteront en 1956 et son cercueil sera transféré en grande pompe dans le célèbre Kerepesi Temetö à Pest. Le 6 octobre 1956, 17 jours avant le déclenchement de la révolution, 250 000 personnes assistèrent à ses funérailles solennelles.

Cette épuration se prolongera jusque dans les années cinquante. Elle atteint en particulier les membres du parti communiste qui se trouvaient à l'Ouest, où ils participaient à la lutte des rouges espagnols contre Franco, ou en Hongrie pendant que Rákosi séjournait encore à Moscou.

Le stalinisme

En 1950, la police est réorganisée par Gábor Péter; d'A.V.O., elle devient A.V.H. et voit s'élargir sa marge de manœuvre. Un réseau d'informateurs dénonce les transfuges. Le souffle de Moscou empeste la paranoïa stalinienne, les prisons se remplissent. Sous les affiches de Stakhanov, derrière les banderoles qui chantent les louanges du «paradis des prolétaires», le mécontentement bouillonne, parmi les victimes des expériences socialistes surtout, telle la ville modèle de Sztalinváros (rebaptisée Dunaújváros en 1956). Les paysans n'apprécient guère les fermes collectives; la rééducation idéologique et la brutalité des A.V.H. trahissent clairement les objectifs du gouvernement. Les Hongrois ont la nostalgie d'un minimum de confort.

A gauche, un témoin d'un sombre passé: la Hongrie est devenue une république populaire en 1949; ci-dessus, huit ans plus tard, le blason royal reparaît...

L'explosion

Staline disparaît en 1953; c'est alors Imre Nagy qui prend la place de Rákosi au pouvoir. Il semble disposé à remédier aux conditions de vie les moins supportables, mais en 1955 Rákosi réussit à lui reprendre la direction de l'État. Au printemps 1956, Khrouchtchev publie son rapport sur le stalinisme, ce qui n'aura guère d'influence sur la direction hongroise. En juillet de la même année, Khrouchtchev remplace Rákosi par un autre personnage, Ernö Gerö. A une époque où le maître de l'Union Soviétique fait les yeux doux à la Yougoslavie, Rákosi paie son antipathie affichée vis-à-vis de Tito.

Le 23 octobre une manifestation secoue Budapest, constituée pour l'essentiel d'étudiants qui défilent vers le Parlement en exigeant des réformes. Le gouvernement commence par essayer de gagner du temps; puis Gerö donne l'ordre de réprimer l'insurrection. Deux jours plus tard, le soulèvement éclate dans toute la Hongrie. Tous les emblèmes communistes sont bannis de la capitale: les étoiles rouges arrachées des drapeaux, la statue colossale de Staline renversée et traînée dans les rues de la ville; de nombreux membres de l'A.V.H. se font lyncher.

On ouvre les portes des prisons et des prisonniers politiques sont libérés, parmi lesquels le cardinal Mindszenty. D'anciens et de nouveaux partis politiques font soudain leur apparition. Imre Nagy, l'homme qui avait fait naître l'espoir dans le cœur des Hongrois, devient officiellement le chef de la Hongrie.

Lorsque l'armée hongroise, commandée par le général Pál Maléter, passe dans le camp des rebelles, l'Union Soviétique intervient et il lui suffit de quelques jours pour balayer le soulèvement, qui coûtera la vie à 3 000 personnes; mais on ne connaît pas le nombre exact d'exécutions qui en furent la conséquence. Imre Nagy commença par chercher refuge à l'ambassade de Yougoslavie; puis il se laissa convaincre de se montrer de nouveau au grand jour et, après avoir refusé de se rétracter, il fut exécuté. Des milliers de Hongrois furent jetés en prison; près de 200 000 autres s'enfuirent à l'étranger.

L'ère Kádár

L'homme que le Kremlin choisit pour diriger le pays des Magyars est celui qui a accepté l'intervention des troupes d'occupation : János Kádár. Il va de soi que, d'emblée, il est suspect aux yeux du peuple. Il apaise les inquiétudes de l'Union Soviétique en en soutenant la politique étrangère dans les moindres détails. En 1968, deux divisions hongroises seront envoyées en Tchécoslovaquie pour participer à l'écrasement du printemps de Prague.

Après avoir prouvé sa fidélité à son voisin de l'est, Kádár s'efforcera de renouer les contacts avec l'Occident. La frontière hongroise est la plus perméable du bloc de l'Est. A cette époque, Kádár entretient des relations étroites avec les Autrichiens et leur chancelier Bruno Kreisky, ce qui incite les Hongrois à parler d'une nouvelle ère *K. und K.* (*kaiserliche und königliche* signifie impériale et royale, expression en usage en Autriche et en Hongrie depuis le couronnement de François-Joseph comme roi de Hongrie en 1867), en l'occurrence «Kreisky et Kádár». L'essor touristique lancé par la politique de János Kádár élève de façon notable le niveau de vie.

En 1977, Kádár rend visite au pape Paul VI dans le but d'aplanir les difficultés entre le gouvernement et l'Église, qui reste très forte dans le pays. Cette tactique permet à la Hongrie d'échapper au conflit profond entre l'Église et l'État qui menace par exemple le régime en Pologne.

Sur le plan économique, Kádár adopte, au début de son règne, l'orientation de ses prédécesseurs; il poursuit la collectivisation et essaie d'accroître la production industrielle. De mauvaises récoltes et l'exode des travailleurs agricoles épuisent les réserves monétaires.

Si les années soixante sont des années de vaches maigres, János Kádár exprimera au moins un certain espoir en 1962, lorsqu'il lancera sa fameuse phrase: *«Qui n'est pas contre nous est avec nous!»* — Ce qui signifie en pratique qu'il reconnaît une certaine légitimité aux revendications des mécontents.

A partir de 1968, certaines formes de travail dans le privé sont permises et on recherche une grande autonomie dans les opérations lancées par l'État. L'amélioration des résultats montre qu'il vaut mieux tabler sur le travail et la responsabilité. En accordant une marge de liberté aux paysans, on surmonte aussi une partie des difficultés de ravitaillement. Même si la flambée des prix du pétrole et des autres matières premières dans les années soixante-dix alimente l'inflation, l'économie de marché se révèle payante.

A gauche, la statue de Lénine à Jászberény; ci-dessus, une «ville socialiste modèle»: Leninváros.

VERS LA LIBERTÉ

La relative prospérité de l'ère Kádár réveilla le besoin de l'initiative privée, même dans le domaine politique. C'est la Hongrie qui prit l'initiative d'ouvrir le rideau de fer lorsque, le 10 septembre 1989, l'ouverture de la frontière avec l'Autriche permit à des milliers d'Allemands de l'Est de gagner l'Allemagne fédérale. La deuxième étape fut le congrès extraordinaire au cours duquel le P.S.O.H. abandonna le principe du parti unique «nouveau P.S.O.H.». Avec le parti des Petits Propriétaires et les chrétiens-démocrates, le Forum forma un gouvernement de coalition et plaça à sa tête József Antall (mort en février 1994), l'un des principaux artisans, en 1989, du recentrage de son parti. Fondé en 1987, il comptait en effet aussi bien des communistes réformateurs que des nationalistes. Autre figure marquante de la nouvelle Hongrie, Arpád Göncz, l'un des co-fondateurs du Sz.D.Zs. A soixante-huit ans, ce dramaturge qui a connu la prison de 1957 à 1963 a été désigné président de la République par intérim puis élu par les députés le 3 août 1990.

avant de s'auto-dissoudre. Le 23 octobre, anniversaire de l'insurrection de 1956, la république populaire de Hongrie devint la république de Hongrie.

Les 25 mars et 8 avril, les premières élections libres depuis 1947 donnèrent au pays un parlement et un gouvernement dominés par le Forum démocratique (centre droit) avec 43 % des voix au détriment de l'Alliance des démocrates libres, formée par d'anciens dissidents autour d'un programme à la fois social et très libéral. Les deux partis héritiers du P.S.O.H. reçurent un désaveu sans équivoque : 33 sièges sur 386 au parti socialiste hongrois, produit d'une scission du P.S.O.H., et aucun au

Après le départ des troupes soviétiques (achevé le 19 juin 1991) et la dissolution du pacte de Varsovie, la Hongrie a souhaité se rapprocher de l'Alliance atlantique. Une première étape a été franchie avec son admission, le 6 novembre 1990, au conseil de l'Europe. Son vote aux Nations unies favorable à l'intervention américaine dans la guerre du Golfe a confirmé ses intentions, concrétisées par la signature d'un «partenariat pour la paix» qui la lie à l'Alliance atlantique.

La Hongrie a aussi entamé une politique de coopération avec ses voisins d'Europe centrale, la Pologne, la Tchécoslovaquie (avant sa partition en 1993). Le 1er mars

1993, l'association de libre échange baptisée la «Troïka de Visegrád» entra en vigueur. Elle prévoyait la suppression progressive des barrières douanières entre ces trois pays.

Sur le chemin d'une économie de marché, la Hongrie avait un certain nombre d'atouts. Parmi ceux-ci, la confiance qu'elle inspire aux investisseurs étrangers et aux organismes financiers internationaux (notamment le F.M.I.). En effet, outre sa stabilité politique et sociale, le pays a une avance dans le domaine de la libéralisation de l'économie.

Mais la sortie du C.A.E.M. (ancien Comecon) contraignit le pays à payer en devises le pétrole russe ainsi que d'autres matières premières. En outre, les entreprises occidentales se tournèrent aussi vers la Pologne et la République tchèque. Le rythme des privatisations resta inférieur aux ambitions de 1991. Début 1993, à peine 16 % du patrimoine de l'État avait trouvé preneur et, dans 80 % des cas, au profit d'étrangers. Le chômage atteignait encore 12,6 % au début de 1994 contre 3 % en 1991. Et l'inflation était de 22,5 % en 1993.

Les difficultés économiques entraînèrent, tout d'abord, le désintérêt des électeurs pour les élections. En juillet 1990, le référendum sur le mode d'élection du président de la République ne mobilisa que 14 % des électeurs, obligeant le Conseil constitutionnel a en invalider le résultat. Les électeurs boudèrent les élections partielles de 1991 et 1992. Et ces scrutins marquèrent le déclin des partis politiques associés à la politique menée depuis 1989. Cette évolution aboutit à la victoire du parti socialiste (ex-communiste) aux législatives de mai 1994, qui obtint la majorité absolue au parlement et porta Gyula Horn au poste de premier ministre.

Mais, en 1998, l'inflation et le chômage restaient élevés (24 % et 10,9 %), et le déficit des finances publiques s'était creusé (4,9 % du P.I.B.). En mai 1998, les libéraux de centre droit de la F.I.D.E.Z. remportèrent les élections, avec l'appui du parti populiste agrarien, et Viktor Orbán devint premier ministre. Ce dernier mena une politique de rapprochement avec l'extrême droite.

Malgré une situation économique relativement stable, il fut désavoué aux élections de 2002. Le parti socialiste, allié aux démocrates libéraux, remportèrent les élections et Peter Medgyessy, ancien directeur de Paribas en Hongrie, devint Premier ministre.

A gauche, les émouvantes funérailles d'Imre Nagy; ci-dessus, Hans-Dietrich Genscher, ministre des Affaires étrangères allemand, en compagnie de son homologue hongrois.

LES PEUPLES DE HONGRIE

Qui sont les Hongrois? Un peuple au tempérament bouillant de méditerranéen? Un peuple énigmatique originaire de l'Extrême-Orient? Un peuple de nomades batailleurs des steppes d'Asie septentrionale? Le philosophe hongrois Béla Hamvas distinguait chez eux cinq types correspondant aux cinq provinces géographiques suivantes: la Grande Plaine orientale, les provinces du Nord (y compris la Slovaquie), la Transdanubie occidentale, le Sud, carrefour de civilisations, et enfin l'ancienne principauté de Transylvanie, berceau des Magyars, annexée à la Roumanie depuis le traité de Trianon, en 1920.

Les caractères régionaux

C'est à l'Est que le Hongrois archaïque s'est conservé avec le plus de fidélité: d'aucuns y vivent encore entre l'état nomade et l'état sédentaire. Leur personnalité est déterminée par l'orgueil, un caractère imprévisible; ils sont ivres de liberté, passionnés, ils refusent d'instinct tout ce qui est étranger et toute forme de religion, et ils vivent au jour le jour. Le haut Nord du pays se caractérise par un style de vie provincial, une culture proche de la nature et, en fait, peu marquée; les relations sociales y sont plutôt lâches, les gens n'ont pas le sens pratique; ils ont une propension à la mélancolie. En revanche, l'Ouest du pays est peuplé d'individus doués d'un solide sens pratique; c'est la patrie de la civilisation, de la raison et de l'éthique du travail quotidien. Structure sociale stable, loyauté et fidélité, vif désir d'apprendre et de savoir, et grande activité, tels sont les traits spécifiques des habitants de la Transdanubie; leur vie est d'ailleurs sous l'influence des idéaux de progrès matériel de l'Europe occidentale.

Pages précédentes: les marchés aux chevaux sont sous le contrôle de Tziganes; à la fête du vin à Balatonboglár; musiciens à l'enregistrement. A gauche, jeune femme de Kalocsa; à droite, jeune fille costumée pour le festival de Köszeg.

Le Hongrois du Sud, lui, est décontracté, gai, calme, équilibré; il possède la joie de vivre, a besoin d'harmonie et se contente d'une activité modérée; il est plutôt tourné vers la contemplation. L'histoire, du reste, l'a épargné. Quant au cinquième type, il a actuellement un statut de réfugié: ce sont les Magyars de Transylvanie qui ont été obligés d'échanger leur patrie montagneuse contre la plaine hongroise, d'abandonner le pays des gorges et des torrents, des contrastes profonds, de l'humour et de la diversité sous la pression politique du régime de Ceausescu. Ils ont apporté avec eux l'expérience d'une histoire riche en com-

promis et en combinaisons de tout genre, un sens pratique judicieux, un idéal de vie élevé, du goût et du raffinement.

Les divergences linguistiques existent, mais les Hongrois se comprennent toujours, même s'ils sont originaires de deux points opposés du pays. En revanche, peu d'étrangers maîtrisent le hongrois. Mais quand le langage fait défaut, l'hospitalité prend le relais. La Hongrie n'a jamais été un pays fermé sur lui-même; depuis leur arrivée sur ce territoire, les Magyars ont toujours accueilli avec cordialité les étrangers désireux de s'installer et de vivre chez eux. Il suffit de relire le point VI des *Exhortations* du roi Étienne Ier à son fils

Imre pour se rendre compte de la valeur que l'on accordait au Moyen Age à l'hospitalité : *« Les hôtes et les nouveaux venus sont pour nous un tel enrichissement qu'ils sont utiles et méritent de figurer à la sixième place de la dignité royale. Car un pays dans lequel on ne parle qu'une langue est faible et fragile. »* Il est bon de noter aussi que les Hongrois sont doués pour les langues étrangères.

Slovènes et Slaves du Sud

La République hongroise n'est pas un pur État national, car elle abrite, outre les Hongrois, des Allemands, des Croates, des Roumains, des Serbes, des Slovaques et des Slovènes. La plupart vivent le long des frontières qui les séparent de leur pays d'origine, d'autres se sont rassemblés pour former des colonies éparpillées sur tout le territoire. La minorité nationale à la fois la moins nombreuse et la plus ancienne est formée par les Slovènes (en hongrois: *Venden*). Lorsque les Magyars sont arrivés dans le pays, aux IXe et Xe siècles, ils se sont heurtés à un royaume slovène indépendant, dans la partie sud-ouest de la Transylvanie, dont la capitale, Mosapurc, se trouvait vraisemblablement dans la région de l'actuelle Zalavár. La population d'origine a su garder son caractère malgré cette domination qui dure depuis plus d'un millénaire. Avant même l'arrivée des Magyars, les Slovènes étaient chrétiens et parlaient une langue slave. Ils ont conservé jusqu'aujourd'hui leur langue et leur culture, sans doute grâce à la civilisation paysanne fermée et isolée qui fut la leur pendant des siècles. Sur le territoire actuel de la Hongrie, neuf villages slovènes sont établis entre la Mura et la Rába, avec une population totale de 5 000 habitants. Dans les écoles élémentaires de ces villages, le programme d'enseignement comprend la langue slovène.

Quand on aborde en Hongrie le sujet des minorités nationales, on entend souvent parler des Slaves du Sud. Ce groupe qui compte 100 000 personnes embrasse plusieurs nationalités; outre les Slovènes dont on vient de parler, on y trouve des Croates, des Serbes, des Chokatzes et des Bosniaques (*Bunjewatzen*); 90 % des Slaves du Sud sont des Croates. La plupart vivent dans la partie méridionale du pays, près de la frontière croate; mais on trouve aussi des villages serbes le long du Danube, jusqu'au nord de Budapest. Ces petites colonies qui datent de l'époque turque ont été fondées par des réfugiés venus des pays envahis par les Ottomans, en 1690, sous la conduite du patriarche Arsenije Carnojevic. Tandis que les Serbes vivent plutôt dispersés, on trouve le long de la Drave la plus grande concentration de population croate. Il y a également des Chokatzes et des Bosniaques dans le comitat de Baranya. Les Bosniaques sont originaires de la région frontalière située entre la Bosnie et la Dalmatie (d'où leur nom). Quant aux Chokatzes, ils doivent leur nom au fait que, à la différence des Serbes, ils font le signe de croix avec la paume de la main (*saka*: paume). Serbes et Croates sont bilingues, comme presque tous les membres des minorités, mais ils donnent la

priorité à leur langue maternelle. L'industrialisation a entraîné une migration vers les villes qui a nécessité une assimilation à la population hongroise; néanmoins, la majorité des Slaves du Sud reconnaissent leur nationalité et la cultivent sans honte. D'une part parce que seule une frontière les sépare de leurs compatriotes et que, ces derniers temps, cette frontière leur était presque complètement ouverte, ce qui a facilité les contacts; d'autre part parce qu'on enseigne le serbe et le croate dans les écoles primaires et dans les lycées, et que les stations locales de la radio hongroise diffusent des émissions dans ces deux langues. Depuis toujours, les Slaves du Sud se sont montrés loyaux envers la Hongrie.

A gauche, la musique et les chants font partie de toutes les fêtes; ci-dessus, danses et musiques populaires connaissent un renouveau.

Les Allemands

On ne peut pas en dire autant de la plus importante minorité du pays, les Allemands, au nombre de 230 000. Ils ont peu à peu abandonné leur langue maternelle et leur culture et, malgré les efforts des autorités, il est sans doute trop tard pour remédier à cette situation. Les Allemands ne sont pas tous arrivés en Hongrie à la même époque; ils venaient de plusieurs régions et leur nombre était varié; aussi cette minorité n'a-t-elle pas d'unité culturelle, politique et économique. La première grande vague d'immigration a eu lieu sous André II, au XIIIe siècle, et elle a abouti en grande partie en Transylvanie. Les Saxons de Transylvanie obtinrent du roi des privilèges qui leur permirent de préserver leur culture jusqu'au XXe siècle. Seule la politique de « roumanisation » rigoureuse des vingt-cinq dernières années a provoqué le retour en masse de ces Allemands. La majeure partie des Allemands qui vivent sur le territoire hongrois actuel sont arrivés au XVIIIe siècle, après l'expulsion des Turcs, avec ce que l'on a appelé les «grandes migrations souabes». Les empereurs d'Autriche les installèrent dans les zones de Hongrie du Sud-Est dévastées par les Turcs, la Bacska et le Bánat, dans le but de repeupler le pays. Le langage populaire baptisa les comitats de Tolna, de Baranya et de Somogy, la «Turquie souabe», et c'est là que vivent la majorité des Allemands.

Tandis que la population paysanne allemande émigrait par familles entières, la bourgeoisie allemande s'infiltrait dans les villes à petite dose, mais presque sans interruption depuis la colonisation magyare. C'est ainsi qu'au milieu du XIXe siècle, la bourgeoisie citadine du royaume était en majorité allemande. Tandis qu'elles étaient assujetties à un processus constant d'intégration, les communautés villageoises demeurèrent plus ou moins intactes jusqu'à la fin de la Seconde Guerre mondiale. La grande scission qui divisa la population germanique de Hongrie se fit dans l'entre-deux-guerres. Les événements qui secouaient l'Allemagne semèrent la confusion parmi les Allemands de Hongrie. Jakob Bleyer, l'un des chefs politiques de la minorité allemande, écrivait en 1933: *«Ce qui se passe en ce moment dans la civilisation allemande sera notre ultime salut ou notre perte.»*

C'est alors que naquit le *Volksbund*, association des Allemands de Hongrie, en novembre 1938, reconnue par le gouvernement de Berlin comme représentative de la minorité allemande en Hongrie. Le Volksbund fit de la propagande en faveur du nazisme dans les milieux paysans. En automne 1942, 40 % des Allemands étaient affiliés au Volksbund. Dès le début de la guerre, le Reich recruta en secret des soldats dans les rangs de la minorité allemande paysanne vivant en Hongrie. En février 1942, un accord fut signé avec le gouvernement hongrois qui autorisa le recrutement de volontaires. En mai 1943, cette mesure s'étendit aux jeunes mobilisables de l'armée hongroise. A la suite de l'invasion des troupes allemandes, le 14 avril 1944, tous les Allemands âgés de dix-sept à soixante-deux ans furent incorporés dans l'armée allemande. Après la guerre, les Allemands de Hongrie subirent le même sort qu'en Tchécoslovaquie, en Pologne et en Yougoslavie: leur expulsion commença en 1946 et se poursuivit jusqu'en 1948, avec quelques interruptions. Il leur fallut attendre mars 1950 pour retrouver leurs

droits civiques. Mais cette mesure administrative ne suffit pas à garantir leur réhabilitation, d'autant plus qu'à l'époque il n'y avait ni écoles, ni associations culturelles, ni, à plus forte raison, partis politiques. Il fallut plusieurs décennies pour panser les blessures de la guerre et diminuer le ressentiment de la population hongroise à leur égard.

Les Slovaques

100 000 Slovaques vivent dans les comitats du Nord, la plupart dans des villages à nationalités multiples. Tout comme les Slovènes, ils ont été en quelque sorte les premiers occupants de ces territoires, car la Slovaquie a fait partie jusqu'à la Grande Guerre du royaume de Hongrie. Il est d'ailleurs impossible de tracer avec précision la frontière entre Hongrois et Slovaques. Dans la Slovaquie actuelle vit une minorité de 500 000 Hongrois. La minorité roumaine, à la frontière orientale du pays, compte 25 000 personnes, dont la plus grande partie est établie dans la ville de Méhkerék et dans les villages voisins.

Le statut des minorités

Comme les minorités représentent 5 % de la population, on ne peut guère parler d'État multinational. Néanmoins, ces vingt-cinq dernières années, l'État a pris des mesures exemplaires pour préserver le caractère des minorités.

Depuis 1979, dans les villages hongrois dont au moins un tiers de la population appartient à une minorité nationale, les panneaux indiquant le nom de la localité et toutes les inscriptions figurent dans les deux langues; officiellement, dans tous les bureaux et services publics, on peut employer aussi la langue de la minorité. Cependant, en pratique, ces mesures sont difficiles à appliquer, soit à cause de l'attitude hostile des autorités locales, soit tout simplement parce que les Serbes, les Allemands et les Slovaques parlent tous le hongrois et ont l'habitude d'employer la langue du pays dans les affaires administratives.

Rares sont les quartiers dans lesquels ne vivent que des membres d'une minorité, à l'exclusion de Hongrois. Les nationalités se répartissent dans 18 comitats sur 19, et en particulier dans le Baranya, le Vas, le Békés, le Csongrád et le Bács-Kiskun. Mais il reste malaisé de déterminer ce qui

A gauche, un pope serbe orthodoxe; au milieu, un hardi buveur; ci-dessus, un Hongrois jovial.

relève de la nationalité et ce qui relève de la langue maternelle, les résultats du recensement de 1980 en font foi: 70 500 personnes seulement déclaraient appartenir à une minorité, mais exactement le double indiquaient comme langue maternelle une langue qui n'était pas le hongrois.

Les chiffres donnés ici sont fondés sur des estimations faites par les associations de minorités: celui qui indique le roumain comme langue maternelle et qui se considère néanmoins comme un Hongrois est-il en fin de compte roumain ou hongrois? Et à quel groupe faut-il rattacher les Allemands dont la langue maternelle est le hongrois? Suffit-il d'avoir des parents serbes pour être soi-même serbe? Et dans quelle rubrique compter les enfants de couples mixtes? Ou, plus précisément, de quelle nationalité se considèrent-ils eux-mêmes?

Depuis longtemps, les enfants de la minorité germanique sont élevés dans des familles où, en général, seuls les grands-parents parlent allemand; car depuis la fin des années quarante et jusque dans les années soixante, la plupart des parents ne l'ont plus appris à l'école; de plus, ils se trouvaient en général dans un milieu souvent hostile aux Allemands et à leur langue, et ont cherché refuge dans l'intégration à la civilisation hongroise. Dans la rue et à l'école, les enfants parlent hongrois; c'est dans cette langue qu'ils formulent leurs sentiments et leurs idées, même ceux qui ont la chance de fréquenter une école où l'on enseigne l'allemand. Mais ils sont limités à cet enseignement de l'allemand, car il n'existe pas une école purement allemande, serbe, slovaque ou roumaine en Hongrie.

Certes, les efforts entrepris par les pouvoirs publics pour ranimer les minorités risquent de ralentir le processus d'assimilation, mais ils ne peuvent pas l'arrêter. Les associations de nationalités veillent elles aussi à entretenir la culture en publiant des revues et des livres, et en diffusant des émissions radiophoniques dans les langues concernées.

Si actuellement les minorités ne craignent plus d'être mises en quarantaine à cause de leur langue, voire de leur accent, on ne peut pas dire qu'elles se sentent en pleine confiance.

Les Hongrois hors de Hongrie

La politique des minorités en Hongrie peut vraiment servir de modèle aux pays voisins dans lesquels vivent des Hongrois. Car le statut des minorités hongroises dans les pays voisins continue à échauffer les esprits. Il faut dire que le démembrement de la Hongrie, en 1919, lui a fait perdre les deux tiers de son territoire, au mépris du principe des nationalités qui en était le prétexte.

La minorité hongroise la plus importante se trouve en Roumanie; elle compterait 1,7 million d'individus; mais des statistiques officieuses font état de 2 à 2,5 millions. Une «région hongroise autonome» avait été constituée peu après la guerre. Mais, dès la fin des années 1950, le gouvernement roumain lança une politique d'assimilation: fermeture d'écoles, noyautage et dispersion des communautés hongroises. Ceausescu reprit la politique hostile à la minorité hongroise de son prédécesseur Gheorge Gheorgiu-Dej. Au printemps 1988, il annonça que 8 000 villages de Transylvanie allaient être rasés pour faire place à des coopératives agricoles «modernes». Le 27 juin 1988, une manifestation à Budapest affirma la solidarité des Hongrois avec leurs frères transylvains. Ces dernières années, de nombreux Hongrois ont cherché refuge dans leur patrie voisine car, en dépit de la chute de Ceausescu, la question des 2 millions de magyarophones de Roumanie a resurgi de manière inquiétante.

En Slovaquie, la situation de la minorité hongroise n'est guère plaisante non plus. Quant à ceux qui vivent en Ukraine subcarpatique, ils espèrent que l'avenir leur permettra de retrouver une certaine liberté.

Quelque 400 000 Hongrois vivent aussi en Voïvodine, dans la Backa ; de toutes les minorités hongroises à l'étranger, c'est celle qui est le mieux traitée, toutes proportions gardées et malgré les dizaines de milliers de réfugiés qui ont fui les combats en Croatie.

En juin 2001, une loi « de statut » a été votée visant à accorder la double nationalité aux membres des minorités hongroises résidant à l'étranger, et ainsi à leur octroyer les mêmes droits que les Hongrois en matière d'emploi, de sécurité, de santé et d'éducation.

Ci-contre, un berger de la puszta.

LES TRADITIONS POPULAIRES

Depuis près d'un siècle, l'art populaire est devenu une préoccupation constante chez les Hongrois; il mobilise un vaste public d'intellectuels et d'artisans. Il est utile de noter au début de ce chapitre que, selon la tradition, le vocable «populaire» n'englobait que les paysans et que jamais cette notion ne s'étendait à d'autres couches de la société. Aussi la civilisation hongroise, fondée sur une classe paysanne nombreuse, a-t-elle produit un art populaire qui présente des caractères pleins de richesse et de spécificité, comme d'autres pays européens d'ailleurs. Mais malgré une empreinte hongroise sur laquelle on ne peut se méprendre, l'ethnie magyare, en grande partie pour des raisons géographiques, s'est trouvée intimement mêlée aux peuples migrants, tels les Roumains, les Allemands et plusieurs ethnies slaves, et ces contacts ont marqué son folklore.

A la recherche de leur identité et de leurs racines, les intellectuels hongrois auraient toujours voulu s'appuyer sur une civilisation et une culture spécifiquement magyares, ou l'inventer de toutes pièces. Ce principe directeur n'a cessé de les guider depuis des centaines d'années, et c'est ainsi que leur intérêt s'est porté avant tout sur l'«art du peuple simple» du villageois illettré. Les festivités du millénaire, organisées en 1896 pour célébrer le millième anniversaire de l'établissement des Magyars dans le bassin danubien, accordèrent une large place à l'art populaire. Elles rassemblèrent les chefs-d'œuvre de l'artisanat, de l'art populaire et des premiers produits des arts décoratifs. On construisit un immense village constitué par les maisons typiques des différentes régions.

Dès les années 1880, on avait pris conscience de l'importance des œuvres de l'art et de l'artisanat populaires, et rassemblé des milliers d'objets trouvés dans les villages. A la fin du siècle dernier, Béla Vikár enregistrait déjà des chansons populaires sur un phonographe. Des architectes se mirent à dresser les plans des maisons paysannes et à les reproduire dans leurs moindres détails; des peintures dessinèrent les costumes régionaux des contrées riches en traditions; et le couple inséparable Zoltán Kodály et Béla Bartók parcourut les chemins à la recherche de la musique populaire.

Durant l'entre-deux-guerres, on s'intéressa de plus en plus à la culture paysanne, et d'une façon beaucoup plus rationnelle, avec la volonté de respecter son originalité. On continua à rechercher et à rassembler les «témoins du passé». Les disques de musique populaire se multiplièrent et on fixa les danses folkloriques, dans leur cadre naturel, sur la pellicule.

Ci-contre, les costumes fastueux du temps passé.

Le tourisme

Mais cette mobilisation, en quelque sorte, se fit aussi sous une autre forme, en provenance de l'extérieur. Après avoir découvert la force d'attraction de l'art populaire sur les étrangers, le tourisme s'en empara et répandit avec succès le cliché hongrois de «tchikosch, goulache et fogoch». Cette image de la Hongrie baignée de romantisme, propre à séduire les touristes, était déjà contenue dans les esprits du XIXe tournés vers l'idée de nation. Mais c'est surtout à partir des années trente qu'elle a été développée et répandue sous cette forme agressive qu'on lui a vue après la guerre. Les efforts faits par les syndicats d'initiative pour s'emparer du folklore et le diffuser contribuèrent à maintenir les riches traditions de certaines régions de Hongrie, comme par exemple celle de Matyó (Matyóföld), située à l'est de la capitale. Ses costumes régionaux aux couleurs somptueuses, ses coutumes demeurées en vigueur, l'art textile unique en son genre, devinrent des supports publicitaires pleins de séduction. Il se passa le même phénomène dans la célèbre puszta orientale, celle de Hortobágy: là, le galop inlassable des chevaux à travers la vaste plaine faisait partie du décor. Et pour couronner le tout, la radio se mit à diffuser de la musique tzigane qui, jusque-là, avait été l'apanage de modestes gratteurs de cordes dans les tavernes. Il n'en fallait pas davantage pour répandre le cliché du Hongrois habillé en costume local auquel le Tzigane susurre les mélodies à l'oreille dans la *csárda*. Et depuis, il suffit qu'un étranger passe la frontière pour que cette marque de fabrique, si l'on peut dire, symbole de la Hongrie mais symbole trompeur, vibre comme un mirage sur la puszta. Ce vernis brillant cache la culture paysanne authentique qui vit toujours dans les campagnes.

Après la Seconde Guerre mondiale, le monde fermé et homogène de la paysannerie hongroise se délita en quelques années. La collectivisation de l'agriculture et l'industrialisation entraînèrent une diminution rapide de la population paysanne. La race des grands conteurs et chanteurs se réduisit comme une peau de chagrin. Les objets d'utilité courante fabriqués un par un de façon artisanale ont été remplacés par les fabrications industrielles. La communauté traditionnelle et ses valeurs sont en train de se dissoudre, les liens d'affinité et de parenté se sont distendus, les anciennes institutions villageoises ont perdu leur statut et leur rôle. Seuls les groupes de danseurs et les chorales ont survécu.

Après 1945, beaucoup de nouvelles chorales d'amateurs, d'orchestres et d'ensembles de danseurs se sont formés en province, sur des initiatives privées. Mais eux aussi eurent à souffrir de la concurrence de la culture de masse livrée «toute prête» par les autorités, car il était évidemment plus simple de s'asseoir devant son téléviseur et d'«avaler» passivement ce que l'État avait à offrir sous le titre «culture» que de l'inventer soi-même avec beaucoup de peine et de travail. Longtemps, cette passivité eut une influence paralysante sur le village, jusqu'à ce que, vers la fin des années soixante, se dessine un mouvement contraire.

Réveil

Chose curieuse, c'est précisément la télévision qui joua le rôle d'initiateur dans ce réveil des consciences. Un concours télévisé lancé sur les ondes à travers le pays dans le but de présenter la musique populaire libéra des énergies insoupçonnées. Des chorales, des ensembles de danseurs qui n'avaient plus ou moins existé que sur le papier, se produisirent en public. Et comme l'on ne pouvait participer à ce concours qu'avec la présentation de musique et de chansons populaires hongroises, une foule de trésors inconnus jusque-là apparurent en pleine lumière.

Dans le cadre de la revitalisation du village et de l'intensification de la culture de la jeunesse, un des phénomènes les plus fascinants de la culture contemporaine hongroise, la maison de la danse, vit le jour entre 1970 et 1980. Aussitôt, la musique et la danse populaires descendirent de leur piédestal, scènes théâtrales et spectacles télévisés, pour se mêler au public. Le plaisir offert par la maison de la danse est fait de participation ; s'il réunit quelques éléments du rock des années cinquante et des fêtes paysannes, il réveilla aussi une jeunesse assoupie et une musique attrayante. Parallèlement à ce mouvement, on retrouva le goût des anciennes formes d'art et d'artisanat populaires. Poterie, vannerie, tissage et ferronnerie se développèrent et redonnèrent une vie nouvelle aux traditions artisanales.

Architecture

Ceux qui, de nos jours, veulent admirer l'ensemble homogène que formait jadis le village hongrois devront se contenter de photographies anciennes. A cela, il faut aussi ajouter que les maisons, telles qu'elles sont construites actuellement à la campagne, sont tout simplement hideuses. Quant aux maisons rurales de style traditionnel, on ne les trouve plus que dans les villages musées (*skansen*) et dans quelques coins perdus.

Néanmoins, il reste quelques vestiges de la ferme hongroise traditionnelle, basse et oblongue, avec sa charmille typique, dans quelques villages de Transdanubie méridionale (Adorjás, Kórós), dans les petites communes de Transdanubie occidentale (Öriszentpéter) ou dans les villages de la région accidentée au nord du lac Balaton. C'est dans ces localités que l'on peut voir la plupart des maisons anciennes, conservées en bon état grâce au travail intelligent de ceux qui se sont penchés sur le passé de la vie rurale. Szentbékkálla, Salföld, Kékkút, Kövágóörs et les bourgades avoisinantes forment, sur le plan de l'architecture archaïque, la région sans aucun doute la plus prestigieuse de Hongrie. De même, on trouve quelques belles fermes tradition-

Coopération de l'Etat

Il existe aussi un folklore encouragé par l'État, «produit» en premier lieu pour les étrangers. Un étranger qui ne connaît ni la langue du pays ni les conditions de vie a bien du mal à faire la distinction. Il n'est pas question de dénier à un art populaire bien organisé le droit à l'existence ; mais pour ceux qui visitent la Hongrie, il serait néanmoins plus enrichissant de découvrir l'art populaire authentique.

A gauche, musiciens à un mariage campagnard; ci-dessus, groupes de danseurs traditionnels.

nelles dans les hameaux qui entourent Nógrád.

Hollókö rappelle peu ou prou un musée, mais elle vaut une visite : depuis 1988, le centre de la cité est porté sur la liste du patrimoine culturel mondial établie par l'Unesco. En général, c'est par hasard que le tourisme s'égare à l'intérieur des comitats de Somogy, de Tolna.

Les villages qui s'étirent en longueur au pied d'une chaîne de collines douces sont souvent habités par des Allemands. Plus ou moins dépourvus d'infrastructures, ils n'ont à offrir ni restaurant ni hôtel ; en revanche, ils possèdent presque tous une taverne qui ouvre ses portes dès le matin ou au plus tard à midi. Pour ceux qui veulent faire une excursion en voiture avec pour objectif la découverte de l'architecture paysanne, voici un trajet qui ne les décevra pas : Budapest, Dunaföldvár (route départementale n° 6), Cece, Kölesd, Gyönk, Högyész, Kalaznó, Bonyhád, Dunaföldvár, Budapest. Cette excursion permet de connaître quelques monuments remarquables de l'architecture rurale, ainsi que les petits domaines typiques des nobles Hongrois, tels que par exemple Gyönk, Kölesd, Högyész. Ils sont en général relégués au rôle d'écoles ou de maisons de la culture.

Villages musées

Ceux qui n'ont pas la possibilité d'aller dans les endroits difficiles d'accès peuvent visiter l'un des nombreux villages musées. Le plus important se trouve à Szentendre. On a réussi à y rassembler les constructions les plus caractéristiques en provenance de presque toutes les régions. Ce village sert souvent aussi de cadre à des concerts de musique folklorique et à des cours d'artisanat pour enfants. On trouve aussi des villages musées intéressants, ouverts du printemps à l'automne, à Szombathely, Nyíregyháza et Szenna.

Une série d'ouvrages publiés dans la collection « Petite Bibliothèque des régions, des époques et des musées » donne toutes sortes d'informations sur les monuments et les localités intéressants à visiter, situés hors des sentiers battus. La plupart de ces opuscules sont traduits en langues étrangères. Aussi curieux que cela paraisse, l'un des guides les plus utiles est *l'Atlas automobile de Hongrie*, qui ne coûte que 90 forints (environ 10 F). Les curiosités à voir dans les petites localités y sont indiquées sur les cartes par des signes très clairs. Au verso de la carte, on trouve souvent un plan de l'endroit à visiter et quelques renseignements en hongrois.

Architecture religieuse

Les églises protestantes — pour la plupart calvinistes —, avec leurs plafonds à caissons peints, sont des édifices d'un intérêt tout à fait exceptionnel. Les peintures des tribunes des stalles et du plafond mêlent la riche décoration de la Renaissance aux motifs floraux naïfs ou purement ornementaux de l'art populaire. Il n'est malheureusement pas possible de citer ici ces innombrables monuments, tous plus originaux les uns que les autres. Beaucoup sont situés aux confins du pays, dans des régions difficilement accessibles à la circulation. Les églises calvinistes des communes situées au sud de Pécs, Kórós, Adorjás, Drávaivány, Kovácshida, datent de la première moitié du XIXe siècle. Parmi celles qui se distinguent par leurs riches plafonds à caissons, à l'est du pays, celles de Tákos, Vámosoroszi, Gacsály, Tivadar et Milota, valent un détour. On peut donner une mention toute spéciale au plafond de l'église réformée de Csenger, achevée en 1745. Les éléments ornementaux du plafond sont constitués par des feuillages entourés de fleurs (tulipes, roses naines, couronnes) et de quelques motifs figuratifs.

A noter aussi les clochers en bois qui sont une particularité hongroise unique, malheureusement peu connue à l'étranger. Une thèse écrite par un érudit sur ce sujet porte le jugement suivant : *« Les clochers en bois élèvent l'art populaire hongrois au niveau du grand art. »* Ils dénotent souvent une maîtrise étonnante de l'architecture et sont les témoins d'un grand savoir-faire. Les plus beaux exemplaires de clochers en bois se situent dans la région de la haute Tisza, celui de Nyírbátor par exemple, qui avec ses 30 m de hauteur est l'un des plus importants.

A gauche, chariots déguisés au carnaval de Mohacs; ci-dessus démonstration de dressage de chevaux.

Les costumes régionaux

Les costumes régionaux hongrois ne sont devenus multicolores que vers le milieu du siècle dernier. Auparavant, ils étaient assez uniformes dans leurs grandes lignes. Mais depuis l'introduction des couleurs, ils se sont diversifiés suivant les régions. Ceux des femmes surtout ont évolué de façon spectaculaire en s'adaptant à la mode de chaque région et de chaque époque. En revanche, les costumes masculins ont gardé pour l'essentiel leur style traditionnel. Néanmoins, c'est hors de Hongrie, dans les villages magyars de Transylvanie, qu'on trouve actuellement les plus beaux costumes régionaux, caractérisés par une harmonie parfaite entre les couleurs et les formes. A l'intérieur des frontières nationales, aujourd'hui encore, si l'on veut admirer les costumes les plus somptueux, il faut aller dans certains bourgs du Sárköz, en Transdanubie, les jours de fête.

Quels que soient les endroits où l'on portait jadis couramment les costumes régionaux, actuellement, on ne les sort plus qu'à l'occasion des grandes fêtes. Cela n'empêche pas qu'en bien des endroits les costumes anciens sont soignés avec amour et conservés fidèlement.

Le monde des objets

Les produits de l'artisanat rural et populaire sont vendus presque partout. Les maîtres en la matière, ceux qui ont bénéficié d'une formation spéciale et font preuve d'un réel talent, relèvent du conseil pour l'Artisanat populaire, dont les comités sont chargés d'expertiser et de contrôler la qualité des produits, de sorte qu'en principe seuls les objets d'excellente qualité quittent les ateliers des maîtres artisans. Ces objets sont garantis par un sigle représentant un paon, qui assure l'authenticité de leur provenance. On peut les acheter dans les magasins de la coopérative d'Art populaire et d'Artisanat (Népmüvészeti és Háziipari Szövetkezet). Le plus grand de ces magasins est situé à l'angle des rues Váci út et Régi Pósta utca, à Budapest.

De temps en temps, des expositions de ces produits sont organisées à titre informatif dans une vaste salle donnant sur la place Corvin tér, à Buda.

Heureusement, on trouve aussi des objets originaux ailleurs. Ceux qui le désirent peuvent obtenir des renseignements sur les ateliers des maîtres artisans au conseil pour l'Artisanat populaire (Népi Iparmüvészeti Tanacs) et à l'association pour l'Art populaire (Népmüvészeti Egyesület); l'un et l'autre se trouvent au n° 6, place Corvin, Budapest I.

Avec un peu de chance et en fouillant bien, on arrive à dénicher encore des objets anciens intéressants au marché aux puces de Budapest. Il est connu sous le nom d'Ecseri ou Teleki; mais son nom officiel est marché des Objets d'occasion (Használcikk-piac). Dans la rue Nagykörösi, juste à l'entrée de l'autoroute 5 qui va à Kecskemét, à gauche en tournant le dos à la ville, le marché est ouvert du lundi au samedi, de 8 h à 16 h. Sur ce marché à la brocante, qui a été progressivement modernisé, ne cessent d'apparaître les pièces les plus belles de l'art populaire ancien, qu'il s'agisse de costumes régionaux, de textiles ou de céramiques. Les prix sont assez élevés; jadis on pouvait marchander, les brocanteurs d'ailleurs s'attendaient à ce que leurs clients discutent les prix; mais cette pratique est devenue rare. Quelques magasins d'antiquités de l'État et dépôts en commission offrent également un choix d'objets anciens (par exemple Szent István körút 3, Budapest V; Vörösmarty tér 6, Budapest V; Felszabadulás tér 3, Budapest V), ainsi que les boutiques privées du quartier du château de Buda et de Szentendre, mais en général à des prix surévalués.

Marchands à la sauvette

Il y a quelques années, les paysans hongrois de Transylvanie ont commencé à faire leur apparition dans les passages souterrains pour piétons du centre de Pest, aux alentours de l'hôtel Emke ou de l'Astoria, par exemple. Transformés en marchands à la sauvette, ils offrent aux passants leurs tissages et leurs broderies, tels que coussins, nappes et napperons, jupes, etc. Ils vendent en général des produits authentiques de leur propre fabrication à des prix avantageux. Ces temps derniers, ils ont eu à souffrir de la concurrence des Tziganes qui dressent leurs paniers et corbeilles tressés sur le passage comme de véritables barricades.

Les marchés régionaux sont également une curiosité et représentent une spécialité. Autrefois, chaque bourg avait sa place du marché. Les plus intéressants se sont développés le long des routes commerciales. Aujourd'hui encore, un marché d'une certaine importance attire des milliers de personnes. Parmi les plus célèbres de Hongrie, citons le marché du Pont à Debrecen (19 et 20 août) et la grande foire annuelle de Pécs qui, à l'encontre de son nom, a lieu le premier dimanche de chaque mois. Le marché de Pécs est le plus traditionnel et aussi le plus étendu de tous. Par beau temps, une foule immense se presse sur la place, derrière la gare, où l'on peut acheter presque tout ce qu'on veut, depuis des chatons vivants jusqu'à des voitures d'occasion, en passant par des man-

A gauche, danseuses au festival des Fleurs de Debrecen; ci-dessus, un pacha entouré de ses femmes défile lors du festival d'automne de Köszeg.

teaux d'hiver. Comme dans la partie méridionale de la Hongrie, il y a encore de nombreux villages qui cultivent les traditions : le jour du marché, à Pécs, une véritable foule de paysannes vend ses superbes étoffes de lin fraîchement tissées, des draps, des sacs et toutes sortes d'objets analogues, fabriqués à l'ancienne.

Quant aux produits de l'artisanat moderne qui ont visiblement subi l'influence de l'art populaire ancien et suivent ses traditions et ses modèles, on les trouve toute l'année sur les marchés. Les spécialistes de tous âges se rassemblent deux fois par an : une fois le dernier

dimanche de mars, jour où les maisons de la danse et les marchands d'objets artisanaux se réunissent dans le palais des Sports de Budapest (Budapest Sportcsarnok, Hungária körút 44-52, Budapest XIV). Plusieurs centaines d'exposants, marionnettistes, pâtissiers et confiseurs, fabricants de sacs et de selles en cuir, sculpteurs sur bois, sur os et sur corne, pour ne citer que quelques-unes des corporations représentées, vantent leurs marchandises à grand renfort de cris et de gestes. Le second grand rassemblement a lieu tous les ans du 18 au 20 août dans le quartier du château à Buda ; c'est la foire à l'artisanat (Mesterségek Ünnepe).

Stages d'artisanat

Pendant les mois d'été, de nombreux cours d'artisanat sont organisés sous forme de stages qui ont lieu dans les régions et les localités les plus diverses du pays. A Velem, dans la partie occidentale de la Hongrie, les jeunes gens ont la possibilité de s'initier à la sculpture sur bois, à la poterie et au tissage, dans une cité qui a été construite à leur intention. A Zalaegerszeg, on pratique également la sculpture sur bois ; à Magyarlukafa, dans le comitat de Baranya, on peut apprendre à confectionner des corbeilles et des paniers

en vannerie, ainsi que des objets en bois ; c'est également un centre de tissage à la main.

Un des stages les plus intéressants, qui concerne principalement la danse, est organisé par le célèbre ensemble de musique folklorique Téka ; il a lieu durant la seconde moitié de juin à Nagykálló, bourgade de Hongrie orientale. Dans un camp à l'intérieur duquel les tentes forment cercle autour d'un immense podium en bois qui sert de scène aux danseurs, on ne se contente pas de chanter, de danser et de faire de la musique ; on pratique aussi diverses sortes d'artisanat, aux moments perdus.

Musique populaire

Parmi l'éventail offert aux touristes par l'art populaire, la musique et la danse sont sans doute les éléments les plus variés et les plus facilement accessibles. Il est nécessaire cependant de préciser à nouveau ici que, bien que jouée en général par des Tziganes, la musique hongroise n'a rien à voir avec la musique tzigane. Certes, il existe des textes qui donnent des renseignements à ce sujet ; mais surtout, chacun doit se laisser guider par sa propre oreille pour faire la différence. On trouvera aussi un choix abondant d'enregistrements de musique folklorique et de musique tzigane chez Rózsavölgyi, grand magasin entièrement consacré à la musique, qui se trouve au n° 5, place Martinelli, dans le Ve arrondissement de Budapest. On y trouve également des enregistrements de musique populaire hongroise moins « sauvage ». La production de cette dernière variété de musique est d'ailleurs nettement plus importante ; les pochettes de disques attirent davantage l'œil par la profusion de leurs motifs décoratifs et de leurs couleurs. Elle contient aussi de la très bonne musique. Il faut mentionner à ce sujet ce genre particulier que l'on appelle *folk-rock* ou *eszpressó-rock*, répandu en Hongrie. Trois ou quatre authentiques musiciens de tavernes jouent sur un orgue électrique, un saxophone et des instruments à percussion des chansons populaires dans le style rock. Le folk-rock est apparu tout d'abord dans les régions de Yougoslavie peuplées de Hongrois, pour se répandre ensuite comme une traînée de poudre à travers la Hongrie tout entière. Le public cultivé n'apprécie guère ce genre musical ; il le trouve trop primitif. On ne le joue pas non plus à la radio, et pourtant, avec le temps, le folk-rock est devenu un peu partout une nouvelle musique populaire.

Où peut-on aujourd'hui entendre de la musique et voir des danses populaires authentiques ? Et, si possible, dans un environnement qui a gardé son caractère d'origine ? A ces deux questions, on ne peut donner qu'une seule réponse malheureusement : sur un simple coup de chance, comme par exemple si l'on tombe par hasard sur un mariage paysan. Il existe pourtant encore de nombreuses petites formations de violonistes, mais elles ne

A gauche, œufs peints au moment de Pâques ; tombe d'un cheval à Szilvasvarad, dans les monts du Bükk. Ci-dessus, jardin du musée Zsolnay de Pécs.

sont ni répertoriées, ni même enregistrées. Les grands bals de la jeunesse sont actuellement animés par de la musique moderne avec une sono.

Néanmoins, on peut aussi avoir la chance de tomber sur un groupe traditionnel dans une petite auberge. Mais à peine les musiciens ont-ils flairé un touriste qu'ils entonnent un air en vogue dans le monde entier. Cependant, avec un bon pourboire, on peut arriver à les convaincre de ne pas jouer ce genre de musique. Les grandes formations tziganes qui animent les restaurants de Budapest visent avant tout l'argent des consommateurs et adaptent

leur musique à cet objectif. Qu'apparaisse un quelconque ténor ou une chanteuse en bottes rouges, et la situation devient tout de suite critique; il ne vous reste plus qu'une solution: quitter le restaurant en toute hâte!

Festivals

Parmi les festivals et les concerts de musique populaire, quelques-uns sont amusants et intéressants, mais peut-être un peu fastidieux à la longue pour les étrangers. On peut obtenir des renseignements sur les diverses manifestations musicales et chorégraphiques à la maison de la Danse folklorique, qui dépend de l'institut pour la Formation populaire, au n° 8, place Corvin, Budapest I. Les seules vraiment recommandables sont le festival de folklore Kaláka, qui a lieu tous les ans début juillet, et le rassemblement des maisons de la danse. Le festival Kaláka est un festival de musique folk hongroise — et non de musique populaire proprement dite — de bonne qualité. Pour tous renseignements, s'adresser au centre de Formation folklorique de la ville de Miskolc (Miskolci Városi Müvelödési Központ), Arpád út 4, 3534 Miskolc. Quant au rassemblement des maisons de la danse, dont nous avons parlé plus haut, c'est une manifestation très intéressante qui a lieu tous les ans aussi, le dernier dimanche de mars. Ce jour-là, une suite ininterrompue de formations musicales et de groupes de danseurs folkloriques se produisent en public, sous les yeux admiratifs de plusieurs milliers de spectateurs qui se mettent finalement à danser et même à chanter avec les acteurs. A cette occasion, on peut entendre la musique populaire des Hongrois et des différentes nationalités du pays, et même quelques formations étrangères invitées. C'est le festival de musique populaire le plus important d'Europe de l'Est; on peut le recommander à tous, car il est d'excellente qualité et personne ne risque de s'y ennuyer.

Ceux qui ne passent que deux ou trois jours à Budapest mais veulent à tout prix entendre les sonorités étranges de la musique populaire hongroise, ou ceux qui veulent même danser peuvent aller dans une de ces fameuses maisons de la danse: c'est une forme ancienne de distraction en provenance de Transylvanie, qui se composait autrefois d'une seule salle de danse, animée par des musiciens qui jouent contre une modique somme d'argent. Dans quelques-unes de ces maisons de la danse qui se sont répandues surtout depuis les années soixante-dix, on peut même essayer d'apprendre les danses paysannes hongroises, qui sont compliquées et exigent une attitude particulière. La maison de la danse est destinée avant tout à la jeunesse.

A gauche, la fête du vin dans la «vallée des Belles Jeunes Filles», près d'Eder; à droite, musiciens en costume régional.

LES TZIGANES

« Qui n'a vu dans notre pays ces colonnes de nomades cheminant de village en village dans leurs roulottes bâchées, tirées par des haridelles étiques? Qui ne connaît ces étrangers au teint bistre qui mènent aux confins des bourgs une existence misérable dans des cabanes de terre séchée? Qui n'a vibré d'une profonde émotion en entendant ces musiciens "néo-magyars" exhaler leurs mélodies plaintives? Le teint basané et le visage allongé de ces hôtes de passage, le regard sombre et flamboyant de leurs yeux toujours en éveil, le dessin parfait de leurs lèvres épaisses et éclatantes, leurs cheveux noirs ébouriffés, leur silhouette mince et souple, leurs mains et leurs pieds de petite taille et leur humeur toujours gaie et prête à plaisanter — ces traits qui les différencient de tous les autres peuples européens ont à coup sûr déjà frappé tout le monde! »

Ce portrait sympathique dessiné en 1902 est dû à la plume de l'archiduc Joseph d'Autriche, l'un des pionniers de l'intérêt porté aux Tziganes. Il trace là un tableau qui, dans l'ensemble, n'a guère perdu de sa vérité. Rien n'a changé dans l'aspect extérieur et les costumes aux couleurs vives des Tziganes, et leur style de vie, au fond, est resté fidèle à la tradition nomade. La grande différence avec l'époque de l'archiduc Joseph d'Autriche, c'est qu'ils ne se déplacent plus à travers le pays avec des roulottes bâchées; ils prennent maintenant le «train noir», navette qui, à la fin de chaque semaine, ramène les hommes chez eux, dans les villages de l'Est, autour de Nyíregyháza et de Debrecen.

Après la Seconde Guerre mondiale, l'existence des Tziganes a beaucoup changé, et pas toujours d'une manière positive. Leurs occupations traditionnelles — mendicité, colportage, maquignonnage, fabrication de petits objets — ont été interdites par les autorités nouvelles, et d'ailleurs elles n'ont plus trouvé aucun débouché.

Les journaliers de jadis, employés dans les domaines des gros propriétaires terriens, perdirent aussi leur travail, car les coopératives de production acceptaient uniquement les paysans qui possédaient eux-mêmes un lopin. Il ne leur resta plus qu'à s'embaucher dans le bâtiment et dans l'industrie, avec les salaires de misère réservés aux travailleurs sans qualification. C'est pourquoi beaucoup de Tziganes travaillent comme manœuvres dans les cités industrielles. Ils logent dans des foyers et ne peuvent se permettre de rentrer dans leur famille qu'une ou deux fois par mois. Ils mènent une existence de déracinés où souvent l'alcool et le jeu représentent les seuls refuges.

Sur le demi-million de Tziganes qui vivent en Hongrie, 3 % deviennent musiciens professionnels. Leur violon collé sous le menton, ils jouent dans des formations

qui veillent à entretenir la couleur locale qui fait rêver, dans les restaurants et les auberges. Ils sont généralement établis en ville, contrairement à la majorité de leurs compatriotes.

Si le nombre de ceux qui vivent dans des cabanes en pisé a diminué, il n'est pas rare de voir des maisons en torchis et des abris en tôle ondulée dans les lotissements de Tziganes à la campagne.

Le gouvernement essaie de soulager cette misère, de faire disparaître les bidonvilles et de les remplacer par des appartements modernes, mais étant donné la crise du logement, ces efforts ne donnent que peu de résultats. Il existe encore des lotissements dépourvus d'eau, de gaz et d'électricité, à plus forte raison de téléphone; les rues ne sont même pas praticables par les ambulances. Les nouveaux logements, presque aussi tristes que les misérables cabanes, se trouvent à la périphérie des villes et des villages où ils forment des ghettos dont les lois coutumières ne correspondent pas forcément à celles de la communauté hongroise. Les Tziganes ont toujours formé le groupe social le plus faible et le plus pauvre du pays.

Cette détresse, après tout, touche 4 % de la population, et ces 4 % font des Tziganes la minorité ethnique la plus importante de le bas niveau de leur formation scolaire. Car les enfants sont obligés de contribuer à la subsistance de la famille.

Le hongrois est la langue maternelle de plus de 70 % des Tziganes; sur les 30 % qui restent, deux tiers parlent le dialecte romani et un tiers le roumain. On aurait tort de croire que les Tziganes forment une ethnie homogène : ils se divisent en plusieurs groupes strictement séparés, avec des cultures différentes; certaines relèvent même encore de l'organisation tribale, surtout parmi ceux qui parlent le romani et qui du reste se considèrent comme les «Tziganes authentiques». Il est évident que l'assimi-

Hongrie. Leur taux de natalité est double ou triple de celui de la population hongroise, ce qui revient à dire qu'un enfant sur 15 qui vient au monde est tzigane. Ces dernières années, le taux de natalité amorce une légère baisse, mais on ne peut espérer qu'elle résoudra les problèmes fondamentaux dans un avenir plus ou moins proche.

Leur espérance de vie est de 15 à 20 ans inférieure à celle du reste de la population; aussi, dans les familles, le nombre des enfants dépasse-t-il celui des adultes. C'est ce qui explique en partie leur pauvreté et

A gauche, une brodeuse attentive; ci-dessus, le style éternel des Tziganes.

lation est plus rapide chez les Tziganes qui parlent hongrois que chez les autres.

L'État s'occupe beaucoup de l'intégration des Tziganes, mais jusqu'à présent ses efforts n'ont pas donné beaucoup de résultats. L'Association culturelle des Tziganes hongrois, dissoute en 1961, a été rétablie en 1986, et elle publie de nouveau son journal en deux langues. Quoi qu'il en soit, ils n'ont le choix qu'entre deux solutions: demeurer dans leur environnement, avec tous ses inconvénients, mais où ils sont entre eux; ou bien s'efforcer de s'intégrer, ce qui n'est pas chose facile, intégration qu'ils devront payer en renonçant à leur identité et parfois aussi à leur langue.

LA LITTÉRATURE HONGROISE

Dans la mosaïque des langues européennes, le hongrois est une pierre d'une couleur et d'une forme toutes particulières. Sa seule parente, encore qu'assez éloignée, est le finlandais. Toutes deux appartiennent au groupe des langues finno-ougriennes, tout comme l'estonien et le lapon.

La littérature hongroise aussi occupe une place isolée dans le contexte européen, bien que cette situation ait tendance à changer depuis quelque temps, du moins dans les régions de langue allemande où les œuvres des écrivains contemporains sont traduites régulièrement. Ainsi la littérature hongroise s'intègre-t-elle dans la culture européenne, au moins partiellement.

Un certain isolement

La civilisation hongroise a mis longtemps à se faire une place sur l'échiquier européen. C'est grâce à la christianisation que ce peuple de cavaliers nomades s'est rattaché à l'évolution générale. Le seul moyen pour les Hongrois de prendre pied dans le grand bassin pannonien était de s'adapter aux normes européennes du Moyen Age. Et cette contrainte à laquelle ils furent soumis dès le début, cette assimilation forcée, n'a pas diminué au cours des siècles, leur histoire agitée ne leur ayant pratiquement jamais permis de connaître de longues périodes d'accalmie. Poste frontière entre l'Est et l'Ouest, la Hongrie regarde dans deux directions: l'œil tourné vers l'est surveille d'un air inquiet les mouvements des étrangers, dans la crainte d'une attaque; et celui qui regarde vers l'ouest s'efforce de capter les influences étrangères d'un air plein d'espoir.

Durant les périodes de paix, on essayait fébrilement de combler les lacunes, ce qui obligeait souvent les écrivains à mettre leur plume au service des objectifs politiques et sociaux. Au lieu d'être régulière et constante, l'évolution, déterminée par ce besoin permanent de rattraper le retard, s'est faite par bonds, ce qui explique le conflit profond de deux idées fondamentales dans la vie intellectuelle hongroise: d'une part, la souffrance causée par un isolement funeste et la trahison de l'Occident, sans l'appui duquel — croit-on — la culture hongroise n'a aucune chance de survie; d'autre part, l'orgueil de se suffire à soi-même, la volonté de s'isoler et une confiance inébranlable en ses propres forces.

A gauche, détail d'un portail place de la Cathédrale, à Pécs, représentant un scribe; à droite, marchande de livres dans une rue de Budapest.

Les origines

Le latin demeure jusque vers la fin du XIXe siècle la langue de l'érudition et de la culture. Comment expliquer que les premiers monuments de la langue hongroise datent seulement des XIIIe et XIVe siècles? Peut-être par l'influence de la littérature strictement religieuse, car ces premiers écrits sont précisément des textes religieux: une oraison funèbre, *Halotti beszéd*, et une supplique à la Vierge Marie, *Ómagyar Mária siralom*.

Les chroniques, pour la plupart mélange inextricable d'historiographie et de légendes, sont rédigées en latin, de même que les œuvres du premier poète hongrois important, l'humaniste Janus Pannonius (1434-1472).

Le hongrois commence seulement à s'imposer comme langue écrite à l'époque de la Réforme. En 1590, Gáspár Károli fait paraître la première traduction intégrale de la Bible. Le sermon devient une forme littéraire privilégiée, et le restera jusqu'à l'époque de la Contre-Réforme. Les œuvres du prince primat Péter Pázmány (1570-1637), styliste remarquable, fixent la langue de la prose, et son influence se fera sentir encore à l'époque contemporaine. Le calviniste Albert Szenci Molnár (1574-

1634) traduit des psaumes en vers qui sont à l'origine de l'épanouissement de la langue lyrique. Molnár, en outre, a rédigé un dictionnaire latin-hongrois et une grammaire hongroise. Les œuvres du premier poète hongrois d'envergure européenne, Bálint Balassi (1551-1594), révèlent l'influence d'Ovide par leur fraîcheur et leur grâce et annoncent la naissance du baroque. Balassi était originaire d'une famille de la haute aristocratie, de même que Miklós Zrínyi (1620-1664), auteur d'un poème épique baroque, *Szigeti veszedelem* (*le Siège de Sziget*).

L'occupation turque, qui durera cent cinquante ans, amènera une période de décadence littéraire. En revanche, la principauté de Transylvanie, restée indépendante à cette époque, voit surgir une riche moisson littéraire. Les écrits du prince János Kemény (1607-1662) et de Miklós Bethlen (1642-1716), pour n'en citer que quelques-uns, attestent la permanence de la veine poétique.

Citons aussi le poète vagabond Mihály Csokonai Vitéz (1773-1805), dont l'œuvre inspirée joint la chaleur de la verve populaire à la perfection formelle. Cependant, le véritable promoteur du renouvellement de la langue sera Ferenc Kazinczy (1759-1831), philologue, éditeur, traducteur et écrivain. Il ouvre une école orientée sur la vie de l'esprit et rassemble des écrivains qui, jusque-là, vivaient dans un isolement intellectuel complet; en même temps il ouvre les portes des salons cultivés de la noblesse aux influences européennes contemporaines et se fait le champion du classicisme français et surtout allemand.

L'apogée

Néanmoins, la littérature hongroise dans toute l'acception du terme verra véritablement le jour à la naissance du romantisme. Dans la foulée de l'éveil nationaliste, la tragédie historique de József Katona

(1791-1830), *Bánk Bán*, est accueillie avec des transports d'enthousiasme. La souffrance humaine et la douleur nationale s'entremêlent dans les poèmes de Ferenc Kölcsey (1790-1838), célèbre surtout pour son hymne qui deviendra l'hymne national hongrois.

Le grand maître du romantisme hongrois sera Mihály Vörösmarty (1800-1855); son lyrisme, son sens de l'idée personnelle et philosophique, son style pathétique, sans oublier la forme rigoureusement classique de ses poèmes, sont de toute beauté. Son *Vieux Tzigane* a été traduit maintes fois en français.

A l'opposé du précédent, le poète lyrique Sándor Petöfi (1823-1849) découvre le chant populaire. Poète de la révolution, il exprime dans une forme simple et directe les idéaux humains et politiques de la liberté. Dans ses poèmes, il exalte l'esprit libéral de la Révolution française, en prenant soin de lui donner un aspect purement magyar. Son ami János Arany (1817-1882) porte le romantisme à sa maturité. Il puise lui aussi aux sources de l'âme populaire et manie la langue hongroise avec la finesse et la sensibilité d'un véritable artiste. Ses ballades et ses épopées sont des chefs-d'œuvre d'envergure européenne.

A gauche, «chère patrie, chères mélodies…»; ci-dessus, les statues des poètes Miklós Rádnoti (à gauche) et Sándor Petöfi (à droite).

Le XIXe siècle sera le théâtre de l'essor de l'écriture prosaïque. C'est l'époque du roman historique, avec Zsigmond Kemény (1814-1875), le «Balzac hongrois». Le réalisme se glisse dans la littérature. Mór Jókai (1825-1904), champion de la littérature romanesque, conserve aujourd'hui les faveurs du public. Tandis que le monde exotique de ce grand conteur est encore profondément enraciné dans la tradition romantique, le pessimisme existentiel d'Imre Madách (1823-1864), dans son drame intitulé *Az ember tragédiája* (*la Tragédie de l'homme*), annonce la littérature du XXe siècle.

Après avoir apporté un souffle nouveau à la littérature de toute l'Europe, le romantisme connaît un déclin irréversible, et le réalisme consolide sa position sous celle, déterminante, du romancier Kálmán Mikszáth (1847-1910). Son style agréable, anecdotique et plein d'humour trouvera de nombreux émules, parmi lesquels il faut citer Zsigmond Móricz (1879-1942), cofondateur de la revue *Nyugat* (*Occident*), et contribuera à la fusion des valeurs intellectuelles et littéraires de la Hongrie et de l'Europe.

L'apparition du poète lyrique Endre Ady (1877-1919) sur la scène littéraire sonne la naissance de la littérature moderne (*Poèmes neufs*). Sa personnalité et son œuvre déclencheront d'ardents débats littéraires et politico-éthiques, et donneront l'impulsion déterminante à l'essor de la littérature de l'entre-deux-guerres. Citons aussi, dans la même veine, Attila József (1905-1937), célèbre par l'aspect virulent de son style et de son lyrisme.

C'est seulement à partir du XIXe siècle que la littérature deviendra en Hongrie un

important facteur politique. Les écrivains se voient souvent acculés à jouer le rôle de propagandistes vis-à-vis du peuple ; il n'est pas excessif d'ajouter que cette situation n'a fait que se répéter depuis, et jusqu'à nos jours. La lutte contre la régression sociale et culturelle donne le coup d'envoi à la riche littérature socio-politique de l'entre-deux-guerres. Que l'on nous permette de ne citer que les témoins les plus représentatifs de cette orientation : Dezsö Kosztolányi (1885-1936), Gyula Illyés (1902-1983), ami d'Éluard et de Breton, qui a écrit entre autres *Ceux des pusztas*, et Milan Füst (1888-1967), avec *l'Histoire de ma femme*, écrit en 1942.

Les contemporains

Responsabilité de la communauté, telle est la caractéristique marquante de la littérature hongroise de Transylvanie, rattachée à la Roumanie depuis le traité de Trianon en 1920. Les écrivains transylvains de cette époque sont avant tout soucieux de perpétuer le fonds culturel de leur ethnie ; ils puisent aux sources du vocabulaire transylvain, si riche en éléments archaïques ; ils polissent la langue hongroise, menacée en Roumanie, pour la tailler comme de précieux joyaux. Ils traduisent la souffrance de la minorité hongroise harcelée et oppri-

mée ; leur force poétique déborde les limites de la pensée nationale pour atteindre l'essentiel et l'humain en général.

L'après-guerre amènera une refonte totale de la vie littéraire. Toutes les maisons d'édition et les revues sont nationalisées ; la moindre phrase qu'on publie est soumise à une censure stricte de la part du Parti. La plupart des écrivains se taisent de leur propre chef ou sont réduits au silence, et ce n'est qu'après l'insurrection de 1956 qu'on enregistrera une libéralisation progressive. Certains auteurs qui ont commencé leur carrière littéraire avant ou pendant la guerre reprennent la plume et parviennent à se faire éditer. L'amnistie prononcée par János Kádár en 1960 ouvre une période de libéralisme, prudent mais réel. En poésie, cette tendance est révélée par le lyrisme dépouillé, sur le plan des idées et du style, d'Agnes Nemes Nagy (née en 1922), l'élégance éblouissante de Sándor Weöres (né en 1913), et la clarté, la pureté et la dureté — tels des diamants — des poèmes douloureux de János Pilinsky (1921-1981).

Opprimés par les conditions de vie misérables voulues par le socialisme, les écrivains se sont, depuis 1960, lancés insensiblement dans une mouvance intellectuelle qui remet en honneur l'idée et les valeurs nationales.

Chez les prosateurs, l'idée de l'Europe et celle de la Hongrie se fondent sans nuire à l'idée nationale ni à la responsabilité de l'écrivain vis-à-vis du peuple. De l'avis de György Konrad (né en 1933), essayiste et romancier, l'Europe centrale est la patrie culturelle et politique de la pensée et de l'esprit hongrois. Par sa plume, il participe à la construction de l'Europe centrale culturelle; ses romans racontent, dans un style dense, l'histoire contemporaine de son pays et les expériences vécues; ce sont de vastes documents historiques. Konrad appartient au groupe d'écrivains d'opposition dont les œuvres sont interdites de publication dans les maisons d'édition officielles. Aussi se font-ils publier dans les *samizdat* — la presse clandestine — ou à l'étranger.

A gauche, le poète Endre Ady; au centre, Attila Jószef, dont le réalisme était parfois choquant; ci-dessus, le romancier Deszö Kozstolányi, chroniqueur de la vie de tous les jours.

Nombre d'écrivains de la génération actuelle se prennent eux-mêmes comme thème de leurs écrits. Non pas que l'expérience personnelle soit le résultat d'une fuite devant la réalité: leur objectif est plutôt d'essayer d'examiner d'un œil critique l'époque, le lieu et l'histoire à la lumière de la perspective individuelle qui leur permet une plus grande précision que s'ils se contentaient d'une perspective globale et nationale.

Péter Esterházy (né en 1950) est l'un des plus brillants représentants de cette tendance. Il dissèque les événements à l'aide d'une langue spirituelle et souple, et son talent de conteur à l'imagination foisonnante entraîne irrésistiblement le lecteur amusé et le force à réfléchir, sans qu'il en découle une adoption du point de vue de l'auteur. Au contraire, les romans et essais philosophiques de forme plutôt classique de Péter Nádas (né en 1942) le classent dans la grande tradition du roman européen.

La littérature hongroise a surmonté, semble-t-il, la mutilation doctrinaire des années cinquante et se retrouve aujourd'hui au niveau de la littérature européenne. Espérons que l'ouverture réalisée depuis fort longtemps déjà par les hommes de lettres eux-mêmes sera désormais complétée par celle des responsables politiques. Espérons aussi que les revues trop ouvertement engagées sur les questions brûlantes de la société hongroise ne seront plus étouffées, comme c'est arrivé trop souvent encore dans les années quatre-vingt, ou condamnées à paraître dans la clandestinité. Espérons enfin que les écrivains qui luttent pour le respect des droits politiques, en Hongrie et à l'étranger, ne seront plus frappés d'interdiction de publication — pratique régulièrement appliquée jusqu'à présent à l'encontre des auteurs gênants.

LA MUSIQUE

Les sources les plus anciennes de la musique hongroise remontent au XIIe siècle; ce sont les chants des Tchérémisses vivant sur le cours moyen de la Volga et de peuplades ougriennes établies sur les rives de l'Ob. Après la fondation de l'État hongrois par Étienne Ier vers l'an 1000, la culture musicale est nettement influencée par la chrétienté. Longtemps, les hymnes et les chants grégoriens iront de pair avec le rituel païen transmis par les coutumes populaires. La culture musicale laïque est alors entretenue et propagée par les *joculatores*, trouvères professionnels qui composent eux-mêmes les légendes des Huns et des Magyars et de vastes épopées.

Sous Mathias Corvin, la polyphonie apparaît en Hongrie sous l'influence de l'école flamande. Cependant, la conquête du pays par les Turcs en 1526 provoque le déclin de la culture chevaleresque et raffinée de la cour. La chronique en vers devient le genre musical le plus caractéristique du royaume écartelé. Seuls les chroniqueurs et chanteurs ambulants, parmi lesquels Sebestyén Tinódi (1505-1556), assurent la permanence de la conscience nationale. Le musicien le plus éminent de cette époque, connu dans l'Europe entière, est le luthiste Bálint Bakfark-Greff (vers 1507-1569).

Baroque et classique

Dans les familles riches, le virginal (sorte d'épinette) devient l'instrument de choix. Les meilleures compositions profanes de l'époque sont écrites pour cet instrument, ainsi que des chants religieux. Les mélodies kurucs et les danses des Haïdouks chères à tous les Européens sont inspirées par les guerres d'indépendance contre les Habsbourg. La culture musicale de la Contre-Réforme, le haut baroque, arrive à son plein épanouissement dans les villes épiscopales, et en particulier à Raab (Györ) et à Erlau (Eger). Eisenstadt (Kismarton), Fertöd, Keszthely et Tata deviennent les centres de la «culture résidentielle». L'année 1711 est marquée par la publication du recueil de cantates du prince Pal Esterházy, *Harmonia Caelestis*. En 1761, Joseph Haydn entre au service de la famille Esterházy, avec le titre et la fonction de directeur de musique; il y restera trente années. A la même époque, les villes de Presbourg (Bratislava) et d'Ödenbourg (Sopron) récoltent les premiers fruits d'une culture musicale citadine et bourgeoise. Les villes réformées de Debrecen et de Sárospatak sont les berceaux du chant choral: le chœur fondé par György Maróthi (1715-1744) et baptisé Cantus de Debrecen existe encore de nos jours. Les danses militaires dites *verbounkoches* (musique de recrutement) deviennent les symboles du nationalisme.

La période romantique

L'opéra national hongrois voit enfin le jour grâce aux efforts de Ferenc Erkel (1810-1893). Dans ses œuvres lyriques, dont les plus connues sont *László Hunyadi* (1844) et *Bánk Bán* (1861), il s'efforce de réaliser une synthèse de la cavatine italienne et de la cadence des verbounkoches. C'est également Erkel qui composera l'hymne national hongrois en 1844. Karl Goldmark (1830-1915) représente l'orientation germanique; son opéra *la Reine de Saba* (1875) est un exemple intéressant du style musical aux riches ornementations en vigueur à la fin du XIXe siècle (époque du

Jugendstil). Mais parmi les compositeurs hongrois de ce siècle, seul Franz Liszt (1811-1886) réussira à se hisser au niveau international.

Première moitié du XXe siècle

Les enregistrements phonographiques faits par l'ethnologue Béla Vikár (1859-1945) en Transylvanie permettent aux citadins de découvrir la musique paysanne. Zoltán Kodály (1882-1967) et Béla Bartók (1881-1945) décident alors de se rapprocher des paysans et de se mêler à eux pour explorer le trésor insoupçonnable de la chanson

populaire. Ensemble, ils enregistrent environ 30 000 disques de mélodies et chansons folkloriques qu'ils dépouillent et classent systématiquement. La musique paysanne leur servira d'inspiration à tous deux, et influera de manière différente sur leur conception de la composition. Bartók évoluera vers une vision du monde plus philosophique, tandis que la force de Kodály se manifestera surtout dans le charisme avec lequel il conçoit son rôle d'éducateur.

A gauche, Béla Bartók a donné à la musique hongroise moderne ses lettres de noblesse; ci-dessus, le souvenir de la musique de cour dans le bastion des Pêcheurs.

Après la Seconde Guerre mondiale

Le monopole culturel engloutit avec lui le domaine musical: l'État ouvre des «collèges du peuple», parmi lesquels l'école de musique de Békés-Tarhos (1946), ouverte aux jeunes talents issus des milieux paysans. Puis, à partir de 1948, les normes de la politique culturelle fondées sur le réalisme socialiste de Jdanov s'imposent en Hongrie aussi. La culture musicale contemporaine de l'Occident est qualifiée de «bourgeoise et décadente» et Bartók, accusé de «cosmopolitisme», est interdit. Le jazz est mis à l'index, et même on ferme l'école de Békés-Tarhos en 1954. Triomphent le folklorisme conservateur et l'entêtement académique.

Après l'insurrection d'octobre

Le gouvernement Kádár garantit la liberté d'inspiration et de style, mais l'oppression et la contrainte des années passées ne favoriseront pas l'éclosion de nouveaux mouvements. Néanmoins, l'ouverture porte ses fruits. En 1959 paraissent les premières œuvres régénérées: *Sept Pièces pour orchestre*, d'Endre Szervánsky (1911-1977), et le quatuor à cordes de György Kurtág (né en 1926). Au début des années soixante, avec l'opéra *C'est la guerre* (titre original en français) d'Emil Petrovics (né en 1930) et *Noces de sang* de Sándor Szokolay (né en 1931), on assiste à la naissance de la «nouvelle vague» de l'opéra hongrois. Une jeune génération de compositeurs se présente au public: András Szöllösy (né en 1921), Zolt Durkó (né en 1934), Sándor Balassa (né en 1935) et Attila Bozay (né en 1939). Les *Maximes de Péter Bornemisza* (1963-1968) viennent de l'atelier de György Kirtag; elles resteront le symbole de la décennie. Les premiers clubs de jazz ouvrent.

Le présent

Les toutes dernières productions témoignent d'évolutions contradictoires: d'une part, on enregistre de profonds symptômes de crise dans le domaine des concerts et dans celui de la pédagogie; on essaie d'autre part de sortir de l'impasse que représentait la mise en tutelle des arts par l'État.

LES BAINS

Les sources thermales sont aux Hongrois ce que le pétrole est aux Texans. Le sol est une véritable éponge et les sources d'eau chaude ont fait surgir des centaines de thermes, tels les derricks sur les champs pétrolifères. Point n'est besoin de parcourir la campagne, une baguette de sourcier à la main, pour trouver de l'eau; il suffit de creuser n'importe où et on est sûr de découvrir une source. Une pareille richesse explique à elle seule pourquoi est née jadis cette culture des bains, typiquement hongroise. Pour la population, les bains sont avant tout un lieu de rencontre. Bien entendu, ils sont fréquentés aussi par les malades qui suivent des cures sur prescription médicale, car les eaux thermales sont particulièrement recommandées pour les rhumatismes, les affections des voies digestives, ainsi que pour les maladies féminines. Mais il y a autant de gens bien portants que de malades, sinon plus, qui vont régulièrement aux bains.

D'aucuns s'y rendent tous les jours. Cela fait partie de l'emploi du temps. C'est là qu'on se retrouve et qu'on profite en famille ou entre amis des joies de l'eau, tout comme d'autres se rencontrent au café. Plus que tout autre sans doute, le peuple magyar aime les plaisirs aquatiques, qu'il s'agisse de sport, de santé ou de distraction. Quant à l'eau, elle «aime» certainement les Hongrois, car elle leur est toujours bienfaisante et demeure exactement à la température idéale...

Pour véritablement apprendre à connaître la culture et la civilisation hongroises, il faut voir au moins une fois au cours d'un séjour l'intérieur d'un établissement de bains; on peut choisir une des maisons traditionnelles dans le style turc; ou bien, si les moyens le permettent, s'offrir le luxe d'un établissement raffiné, comme par exemple les bains Gellért à Budapest. En Hongrie, on trouve partout des bains, et bien des Hongrois s'y rendent dès qu'ils ont un moment de congé. Les touristes en provenance des pays d'Europe y viennent aussi volontiers.

Pages précédentes: les bains Gellért. A gauche, les bains Kiskunmajsa; à droite, les bains Széchenyi, dans le Bois de Ville de Budapest.

Sachez que les cures thermales ne sont pas indiquées pour les personnes qui souffrent d'hypertension et de troubles cardiaques ou qui sont sujettes aux infarctus. Il est vrai que, dans ces cas-là, il est préférable de s'abstenir de toute cure thermale, quelle qu'elle soit.

La tradition des bains

Elle est aussi vieille que l'homme lui-même. On a retrouvé des traces de l'*Homo erectus* à proximité des sources

thermales, où il s'est établi voilà déjà 600 000 ans. Et pas par hasard! Les hommes préhistoriques connaissaient déjà les bienfaits de l'eau, et depuis, l'histoire de la Hongrie s'est toujours déroulée dans les environs de ces sources. Les Romains furent les premiers à en faire usage de manière rationnelle, ainsi qu'en témoignent les ruines des thermes d'Aquincum (la Buda d'aujourd'hui, Szentendrei út 139), ou de Gorsium. De nombreuses chroniques médiévales parlent de sainte Élisabeth, qui soignait les lépreux dans les thermes fondés par l'ordre des chevaliers hospitaliers de Saint-Jean de Jérusalem, au pied du mont Gellért, à Buda.

Mais les vestiges les mieux conservés nous viennent des Turcs, car ils ont toujours aimé les bains et ont inventé un rite social à partir de la culture balnéaire et de l'hygiène corporelle. Entre 1541 et 1686, ils ont édifié en Hongrie une douzaine de maisons de bains, toutes sur le même modèle, avec coupole en cuivre surmontée du croissant, comme on en trouve dans tout l'empire ottoman.

Le bain turc

Rien que dans la capitale, on compte cinq bains turcs, appelés aussi bains de vapeur: le Király (II, Fö út 8-10), le Czászár (II, Frankel Leó út 29-31), le Rudas (I, Döbrentei tér 9), le Rác (I, Hadnagy út 8-10) et le Pesterzsébet (XX, Vízisport út 2). Ne croyez pas qu'il s'agisse là d'établissements touristiques! Bien au contraire. Ils sont fréquentés en premier lieu par des personnes âgées et par les habitants du quartier. Alors, voilà déjà une bonne raison d'abandonner les sentiers battus, si vous voulez vraiment faire la connaissance de la Hongrie profonde.

Faites une petite visite au Király, par exemple, le bain turc le mieux conservé, dont la coupole a été reconstruite après les bombardements de la Seconde Guerre mondiale. Cet établissement a été édifié en 1556, sous le règne du pacha Arslan; à l'époque, il se trouvait à l'intérieur des remparts que les Turcs avaient dressés autour de ce quartier baptisé « Ville d'eau », afin de n'être pas obligés de renoncer à leur bain quotidien au cas où ils seraient occupés par l'ennemi. Mais surveillez bien la pendule : toutes les heures, il y a changement de sexe, car au Király on se baigne (presque) nu. On porte une sorte de pagne, mais on l'enlève souvent dès qu'on entre dans l'eau. Plusieurs bassins sont à votre disposition; vous pouvez établir votre programme selon vos goûts et les dispositions du moment. On commence en général par les cabines chaudes pour se purifier : ce sont de petites pièces construites selon le principe du sauna et chauffées à 45°; dans les cabines à vapeur, le thermomètre monte jusqu'à 55° et 65°. Puis un plongeon dans l'eau froide (26°) rafraîchit et redonne de la vitalité. On se réchauffe de nouveau dans les eaux à 28°, 36° et 40°, jusqu'au moment où l'on se confie aux mains du masseur.

L'endroit préféré des autochtones est la piscine centrale située sous la coupole, où la température de l'eau est approximativement celle du corps (36°). C'est là aussi que les visiteurs passent le plus de temps;

ils laissent leurs soucis dans les vestiaires, et discutent sans fin, environnés de voiles de vapeur. Par beau temps, les rayons du soleil, réfractés par d'innombrables lentilles de cristal, pénètrent à travers la coupole en faisceaux de lumière multicolores qui illuminent la piscine.

Cures et gastronomie

C'est surtout vers la fin du XIXe siècle, sous la monarchie austro-hongroise, que les eaux magyares commencèrent à voir leur renommée s'étendre dans toute l'Europe et jusqu'en Amérique. Les touristes ne tardèrent pas à affluer pour soigner leur santé. En 1907, une brochure publicitaire présenta Budapest comme *« la station thermale la plus vaste du monde »*. Ce qui n'était sans doute pas exagéré. De nos jours, Budapest est la ville d'eaux la plus vaste au moins d'Europe.

Le bain Lukács (II, Frankel Leó út 25-29) jouissait déjà à cette époque d'une excellente réputation, et l'a conservée, car les bains de boue guérissent les maladies des articulations, très répandues.

A gauche, la décoration fastueuse des bains de Budapest; ci-dessus, une piscine des bains Széchenyi.

Les cures thermales suivent les tendances de la mode. Ainsi, en 1913, le Széchenyi fürdö (XIV, Allatkerti körút 11) était le bain de prédilection des curistes et des gens en vacances. Il se trouve dans le quartier résidentiel du Bois de Ville, non loin du fameux restaurant Gundel, car les joies de l'eau doivent être complétées par les plaisirs de la table. Le Széchenyi, avec son édifice néo-baroque et ses coupoles, ses frontons et ses statues de cavaliers, était avant la Première Guerre mondiale le plus important établissement de cure d'Europe, et à coup sûr l'un des plus beaux. Il y en avait pour tous les goûts et

pour toutes les bourses: depuis les bains de boue jusqu'au bain de luxe, en passant par les hammams et les piscines, en tout une bonne douzaine, tous différents. Il faut préciser que c'est là que jaillissent les sources les plus chaudes de Budapest, aussi peut-on se baigner dans l'immense piscine découverte en plein hiver, même lorsque le thermomètre est au plus bas. Le moment le plus difficile est le passage de la cabine de déshabillage à la piscine elle-même, par temps de neige. Mais on oublie le froid glacial dès qu'on plonge et que la tête disparaît dans la vapeur. Comme partout ailleurs, on voit des joueurs d'échecs en pleine action au milieu de la piscine.

Les bains Gellért

A partir de 1918, la mode attira amateurs de bains et curistes à l'hôtel Gellért, qui venait d'ouvrir ses portes (XI, Kelenhegyi út). La liste des personnalités qui ont fréquenté ce temple de la mondanité est infinie et cosmopolite : le shah d'Iran et le président Nixon, Arthur Rubinstein, Raquel Welch et Luchino Visconti, la reine Juliana de Hollande, qui passa sa nuit de noce à l'hôtel Gellért en 1937. C'est le lieu de toutes les élégances, fréquenté de nos jours par la haute société de Budapest, les touristes et les hommes d'affaires étrangers. L'édifice en soi est le symbole du style 1900, Art nouveau, avec des influences orientales et mauresques, comme il se doit. S'il vous arrive de descendre dans cet hôtel, ne manquez surtout pas d'aller aux bains. Vous ne trouverez nulle part ailleurs ce qu'un établissement thermal peut offrir de plus fin, de plus élégant, de plus raffiné. Si vous n'avez ni le temps ni l'envie de vous baigner, allez au moins lui faire une visite : le bain turc, avec sa superbe décoration de céramiques et de faïences qui recouvre les murs et les bassins... ou la piscine couverte dans laquelle on peut se faire masser par jets d'eau hydrocarbonatée dans un cadre élégant de style 1900. Et ne manquez pas de faire un tour à la piscine à vagues artificielles, entourée de pelouses. Cependant, n'y allez surtout pas un dimanche de beau temps : vous seriez condamné à faire la queue pendant des heures au guichet, pour n'avoir finalement droit qu'à une «place debout» dans les bassins.

Les «plages» de Budapest

Les bains dont nous avons parlé jusqu'à présent sont des lieux historiques. Mis à part le Gellért, ils ne sont pas équipés des installations médicales les plus modernes.

Toutefois le nouvel hôtel Thermal cinq étoiles construit sur l'île Marguerite est un centre moderne, qui comprend des laboratoires de recherche, des équipements sportifs et même un petit théâtre en plein air pour les curistes. Malheureusement, l'architecture des années quatre-vingt n'a ici ni les charmes ni les beautés du Gellért, loin s'en faut.

Budapest compte de nombreuses piscines, et surtout ce que les autochtones appellent des «plages». Il s'agit de piscines en plein air et en pleine nature qui comprennent plusieurs bassins de formes différentes, et presque toujours un bassin pour enfants, une piscine pour nageurs et plongeurs et un bassin thérapeutique. On peut même y louer des pavillons pour les vacances. La plus appréciée et la plus fréquentée est la Szabadságpart (XIII, Dagály út), plage de la Liberté.

Le «bain rupestre»

Les autres villes thermales de Hongrie sont éclipsées par la capitale. Elles ont été purement et simplement oubliées, car elles ne correspondaient pas aux exigences de la clientèle internationale quant au confort hôtelier, aux soins médicaux ou à l'hygiène. Afin de répondre aux normes occidentales, le gouvernement hongrois se tourna vers les Nations unies en 1971 pour obtenir une aide technique au programme de modernisation des bains. Le projet élaboré en 1977 prévoyait la construction d'infrastructures hôtelières de catégorie supérieure (jusqu'alors, les curistes devaient chercher un logement chez l'habitant), ainsi que la modernisation et l'équipement de nouveaux établissements thermaux.

Ce programme n'est pas encore achevé, mais déjà plusieurs stations thermales sont ouvertes à la clientèle internationale. Gyula, dans la Grande Plaine, dans le sud-est du pays, s'est spécialisée dans le traitement des rhumatismes chroniques. Ses installations se trouvent au centre d'un environnement naturel magique et pittoresque, dans un parc splendide juste en face d'un château du XVIe siècle.

Dans l'Est, Hajdúszoboszló est l'un des centres les plus dynamiques. En 1925, on y a procédé à des forages, dans l'espoir d'atteindre une nappe pétrolifère, mais les travaux ont fait jaillir de l'eau à 72° ! Les thermes qui y ont été installés accueillent un million de curistes par an et ses brochures publicitaires proclament fièrement une proportion fabuleuse de 90 % de guérisons !

La Hongrie a aussi des formations naturelles originales à offrir qui donnent un agrément supplémentaire à la cure : à Miskolctapolca, station thermale située à quelques kilomètres du centre industriel de Miskolc, on se baigne dans des eaux ferrugineuses radioactives qui sourdent à l'intérieur de grottes naturelles à la température de 30°, et on respire des vapeurs salutaires en cas d'asthme et de bronchite. Ces bains ne manquent pas d'originalité : ce sont des cavernes voûtées et sinueuses plongées dans une semi-obscurité.

A gauche, les bains de Miskolctapolca, dans le Nord; ci-dessus, trois baigneuses dans le quartier piétonnier de Nyíregyháza.

Le lac de Hévíz

Le lac de Hévíz est l'une des plus grandes curiosités balnéaires de Hongrie. Hévíz se trouve près du lac Balaton et à 65 km seulement de la frontière autrichienne, non loin du plus vaste lac thermal d'Europe (4,4 ha de superficie). L'eau sulfureuse et légèrement radioactive jaillit à 40° d'un cratère profond de 38 m et fournit 80 millions de litres d'eau par jour! Le fond du lac est recouvert d'une épaisse couche de boue thermale qui est même exportée à l'étranger pour le traitement des rhumatismes.

Les Romains connaissaient déjà ce lac, mais la station thermale ne s'est développée qu'à la fin du XIXe siècle, époque à laquelle on se mit à construire des pavillons sur pilotis, au milieu du lac. Ce village a été reconstruit de 1977 à 1986. Les anciennes plates-formes de bois ont été remplacées par du béton, mais on a gardé aux pavillons leur style d'origine. L'eau est couverte de nénuphars; on accède à cette île artificielle par des échelles. Bref, ce lac est une attraction en soi. En été, il est envahi de vacanciers. On peut s'y baigner même en hiver, car la température de l'eau ne descend jamais au-dessous de 24°. Depuis quelques années, la petite ville climatique de Hévíz, située en pleine nature, s'est fait une réputation internationale. Et la nouvelle clientèle, composée à 90 % d'Allemands et d'Autrichiens, a le choix entre deux hôtels quatre étoiles flambant neufs: l'hôtel Thermal et l'hôtel Aqua, dans lesquels on peut bénéficier de soins médicaux dans les meilleures conditions et à des prix défiant toute concurrence, car ces hôtels disposent d'installations thérapeutiques modernes et d'une équipe médicale des plus compétentes. C'est l'endroit idéal pour se rendre compte de l'importance que prend le thermalisme.

Traitements cardio-vasculaires

Quatre autres stations thermales se sont fait un nom dans l'Ouest de la Hongrie: Balf, dont l'eau murmure même dans les édifices sacrés; d'ailleurs, le plafond de la chapelle baroque montre une scène de bain tirée de la Bible. Zalakaros, avec sa source d'eau chaude, presque bouillonnante, qui s'est révélée très efficace en cas de dépression nerveuse. Harkány, dont les eaux et les bains de boue sont riches en soufre et en fluor. Et enfin Balatonfüred, sur la rive nord du lac Balaton. Cette station est non seulement un centre thermal à cause des eaux du lac, mais aussi grâce à ses sources d'eau bicarbonatée sodique et radioactive. Il est connu du monde entier pour ses propriétés thérapeutiques en cas d'affection cardio-vasculaire. L'hôpital est spécialisé dans la recherche sur les maladies cardiaques. En outre, Balatonfüred est une ville d'eaux élégante, la plus ancienne du lac.

Où que vous alliez — à Pécs, Szeged, Györ, à Kecskemét, Nyíregyháza —, vous êtes sûr de trouver de l'eau thermale. 1 100 sources sont actuellement exploitées, dont la température varie autour de 25°, ainsi que 450 établissements thermaux, dont un tiers a vu le jour au cours de ces trente dernières années! Les sources d'eau chaude alimentent aussi le chauffage des maisons. Presque toutes les villes d'une certaine importance possèdent un établissement climatique.

A gauche, le bain en famille; à droite, les bains Rudasfürdö, au style résolument oriental.

VINS ET GASTRONOMIE

Ne soyez pas trop étonnés de trouver une différence entre les mets que vous goûtez et que vous voulez savourer durant votre séjour en Hongrie, et ce qu'on appelle généralement la cuisine hongroise. Il n'y a qu'en Hongrie que l'on peut se procurer certains des ingrédients frais sans lesquels la cuisine hongroise n'est qu'un vain mot. Peut-être est-il bon de le savoir aussi, la gastronomie hongroise n'est plus ce qu'elle était il y a une centaine d'années; l'influence française, en particulier, s'est glissée dans de nombreux plats.

La cuisine d'origine

On trouve encore dans les soupes substantielles, à base de céréales, et dans les plats de choux, de vagues vestiges de la cuisine hongroise «préhistorique». Durant les grandes migrations de peuples, les nomades magyars ont expérimenté divers moyens de conserver les aliments. Ainsi, par exemple, ils pétrissaient une pâte et en faisaient de petites boulettes pour n'avoir plus qu'à les plonger dans l'eau bouillante au fur et à mesure de leurs besoins. De nos jours, on prépare les *tarhonya* avec de la farine et des œufs; les boulettes sont rôties dans la graisse avec des oignons et du paprika et servies pour accompagner des viandes.

A l'époque où ils vivaient encore en nomades, les Magyars étendirent et affinèrent leur gastronomie en adoptant les recettes des pays qu'ils traversaient, que ce soit en amis ou en ennemis. Au cours de leurs pérégrinations, ils eurent l'occasion de fréquenter des Bulgares et des Turcs sur les rives de la mer Noire, ainsi que des Bavarois et même des Alsaciens. Plus tard, le roi Mathias et sa femme Béatrice, italienne d'origine, adoptèrent aussi certaines coutumes occidentales. C'est ainsi que Mathias importa la dinde et la tradition relate qu'il y avait jusqu'à dix plats par service au cours de ses ripailles.

A gauche et à droite, raffinées ou rustiques, les pâtisseries hongroises sont toujours délicieuses.

Les «paprikás»

L'ingrédient le plus connu est le paprika. *Paprikás* est le nom générique qu'on donne à tous les plats épicés au paprika et préparés avec une sauce à la crème fraîche, en particulier le poisson, la volaille et la viande de veau. En revanche, il est rare qu'on assaisonne la viande rouge, le porc et les volailles grasses au paprika.

Autre ingrédient important, l'oignon. On le fait souvent cuire ou fondre, mais dans ce cas, on ne le sert pas à table. On peut aussi l'émincer dans la salade ou sur la viande grillée. Les petits oignons blancs

de printemps accompagnent agréablement un sandwich, avec du fromage de brebis, du beurre et du paprika.

Les racines de persil sont aussi un aromate courant, mais en bien des endroits, les cuisinières doivent se contenter de navets et de panais.

On retrouve le laurier, le fenouil, le cumin, la marjolaine et l'estragon dans de nombreuses recettes; le safran et le gingembre sont utilisés aussi, mais dans des préparations plus spéciales. Enfin, on ajoute partout de la crème fraîche: dans la soupe, dans la sauce, dans les entremets, qui ont un goût qu'il est impossible d'obtenir ailleurs.

Le poisson

On chercherait en vain certains poissons ailleurs qu'en Hongrie. Le plus célèbre et, dit-on, le plus savoureux est le fogas argenté, espèce de sandre en provenance du lac Balaton. Ce poisson maigre et sans arêtes pèse huit à dix kilos et sa chair très blanche est fort aromatisée. Que dire d'une dégustation de fogas tout frais pêchés, au bord du lac? Du reste, il est si délicat qu'il ne survit pas au transport, et ailleurs que sur les rives du lac Balaton, on a toutes les chances de se voir servir du fogas surgelé. Autre délice régional, l'esturgeon (*tok*) pêché dans la Tisza, qui, lui non plus, n'a pas d'arêtes et dont la chair est succulente. On trouve aussi des truites partout, en particulier une variété à la peau tachetée de rouge et de noir.

En dehors de ces poissons «vedettes», il en existe d'autres qui servent à préparer le *paprikás* au poisson, plat plantureux réservé aux grandes occasions, parmi lesquels le silure, la carpe et le brochet. La carpe (*ponty*) s'accommode de diverses façons, aussi est-elle prisée. On la sert généralement panée ou «à la serbe» (*rácpaprikás*). Les carpes et les brèmes du Balaton sont savoureuses coupées en deux, saupoudrées de paprika et grillées.

Le *paprikás* au poisson, spécialité hongroise appelée parfois aussi soupe de poissons, a ses fidèles adeptes. La carte des restaurants l'accompagne en général de ces mots: *«Az igazi halpaprikás»* («le vrai»). Ce plat a ses implantations privilégiées: sur la Tisza, à Szolnok ou Szeged, au milieu de la puszta, à Tiszafüred, sur le Danube à Komárom, Tétény ou Kisköszeg, et sur les bords du lac Balaton; c'est là, à coup sûr, qu'il est le plus savoureux. Les restaurants dans lesquels on peut déguster ce plat favori des pêcheurs voient leur clientèle s'accroître de jour en jour. A certains endroits, on le prépare dans d'immenses chaudrons, sur des feux en plein air, afin d'attirer les clients par son odeur alléchante.

On a besoin d'au moins trois sortes de poissons pour préparer un bon *halpaprikás*, tels que le silure, la carpe et une espèce locale (esturgeon ou sandre); ce mets est encore plus délicieux si l'on prend de jeunes poissons. On coupe les poissons en morceaux dans une grande marmite, en ayant soin de terminer par les espèces les plus fines, puis on les fait bouillir avec des oignons et du paprika sans remuer. On sert souvent le *halpaprikás* accompagné de *túróscsusza* (pâtes fraîches au fromage). Il existe du reste un grand nombre de variations sur ce thème, par exemple le *halpörkölt* (potée aux oignons et au saindoux), le *halleves* (soupe à la rogue, spécialement recommandée), le *barátleves* («soupe de l'ami»), le *halleves ikrafelfújttal* (soupe avec un soufflé à la rogue) et le *halragu* (ragoût aux champignons, au vin et à la crème fraîche).

La goulache

La goulache est sans doute le plat hongrois le plus connu. On appelle ainsi trop souvent, et parfois à tort, n'importe quel plat de viande préparé avec du paprika, même les potées de viande indéfinissable à fumet d'oignon. Il existe plusieurs versions de la vraie goulache: la *gulyás*, le *pörkölt* et le *tokány*. La goulache en soi est une «soupe» de viande avec des oignons, du paprika, des pommes de terre coupées en morceaux et... des pâtes. Le *pörkölt* est un ragoût préparé avec beaucoup d'oignons, pour que son goût fort domine, et une sauce épaisse. Il est fait à base de viande coupée en fines lamelles, de champignons, de crème fraîche, et on y ajoute des petits pois et d'autres légumes. Il arrive parfois que l'on remplace le paprika par du poivre dans le *tokány*. Autre variante, régionale celle-ci et très savoureuse aussi, le *székelygulyás*, goulache de Transylvanie, qui contient diverses sortes de viandes, de la crème fraîche, du paprika et du chou.

Dans la majorité de ces préparations, on épaissit la sauce avec de la crème fraîche, parfois avec un jaune d'œuf. Dans les bons restaurants, on évite de l'épaissir à la farine, mais il peut arriver qu'un restaurant plus ordinaire serve une sauce grumeleuse. On peut à l'occasion ajouter des pâtes en fin de cuisson pour changer la consistance.

A gauche, une cuisine dans le musée de la Minorité slovaque; ci-dessus, de belles miches de pain en route pour la maison.

La cuisine des grands jours

Si vous passez Noël ou le nouvel an en Hongrie, vous pourrez profiter des coutumes et de la gastronomie de cette période privilégiée de l'année. A plus forte raison si vous avez la chance d'être reçu dans une famille hongroise. On pourrait vous servir, par exemple, une dinde gavée aux noix et farcie aux châtaignes et aux pruneaux, accompagnée de petits pains aux graines de pavot.

Commencez vos agapes du nouvel an le soir de la Saint-Sylvestre avec le célèbre *krambambuli*, punch aromatisé servi bouillant. Parmi les nombreux ingrédients qui entrent dans sa préparation, on peut citer des fruits coupés en petits morceaux, des dattes, des raisins secs, des orgeats et des pruneaux, des noix, du sucre, du rhum et du cognac. Le fumet à lui seul garantit une excellente soirée et un réveillon plein d'ambiance.

Une coutume veut que l'on fasse rôtir un cochon de lait, bien que cet animal ne soit pas précisément facile à trouver en plein hiver et qu'on soit souvent contraint de le remplacer par un jeune porc. Croustillant et doré à point, une pomme entre les dents, on le sert avec du chou rouge, du cumin et des cornichons. Si vous n'êtes pas assez nombreux, tentez votre chance avec un savoureux *pörkölt* comprenant les mêmes ingrédients, accompagné de *tarhonya* à la sauce au paprika. Comme dessert, vous aurez peut-être des *krapfen* du carnaval, qui, comme leur nom l'indique, prennent un peu d'avance sur le calendrier; brûlants et saupoudrés de sucre glace, ils sont en tout cas un dessert hivernal apprécié.

Saucisson et Virsli

Le jour où l'on tue le porc est un jour de fête et un important rite hivernal. A cette occasion, les grandes fermes accueillent souvent des touristes autochtones et étrangers, qui débarquent par autocars entiers pour participer au divertissement. C'est le seul endroit où l'on ait l'occasion de goûter une soupe à l'*orja*, préparée sur place, avec des brochettes de porc très épicées.

Les saucissons hongrois sont universellement appréciés; il en existe un choix infini. Il suffit de les voir suspendus chez le charcutier pour se sentir l'eau monter à la bouche!

On prépare le boudin avec la membrane du gros intestin du porc, à base de sang (allongé de lait et de purée de légumes), de viande de porc, de lard, d'oignons, de poivre noir et de marjolaine. Le saucisson blanc est composé surtout de foie parfois aromatisé au citron, à l'ail, au paprika et à la marjolaine. Gardez un petit creux pour le «clou» du menu: des rognons de porc rissolés dans leur jus aromatisé. Le festin se poursuit souvent avec des pâtes fraîches au fromage, des rillons, diverses sortes de salades, des pruneaux marinés dans du vin à la cannelle, des strudels, des pommes cuites, des gâteaux et de la crème fouettée, sans oublier le vin, les fruits et le café.

Ci-dessus, le cochon rôti et la soupe de poissons font partie des menus de fête; ci-contre, du «poivre rouge» en train de sécher.

LE POIVRE ROUGE

On trouve parfois sur les tables une petite écuelle pleine de poudre aromatique d'un rouge ardent ou orangé. Bien entendu, il s'agit de paprika, cette plante qui est presque devenue le symbole de la Hongrie. Chose assez étrange d'ailleurs, car les livres de cuisine hongrois ne font mention du paprika et de ses vertus culinaires que depuis une centaine d'années.

Cette variété de piment a été importée soit de l'Inde en passant par la Turquie, soit d'Amérique. En fait, il semblerait que le mot *paprika* ait ses racines dans les Balkans. Il n'empêche que tous les connaisseurs en la matière vous le diront: cette plante pousse à l'état sauvage en Amérique centrale et en Amérique du Sud, et Christophe Colomb l'a rapportée d'Amérique en 1493... Comment savoir exactement ce qu'il en est? D'autant que la légende a aussi son mot à dire; elle raconte que, pendant la longue occupation turque, une jeune et jolie Magyare fut retenue prisonnière par le sultan dans le harem. Lorsqu'elle réussit à recouvrer sa liberté, elle emporta avec elle quelques graines de paprika.

Au début, le piment servait d'arbuste ornemental. Il est normal qu'on ait hésité à l'utiliser en cuisine, car il fait partie des solanées, qu'on a longtemps considérées comme vénéneuses. Cependant, les couches les plus pauvres eurent tôt fait de découvrir les vertus de cette épice, et en particulier sa facilité d'usage et son prix modique; de plus, détail important pour elles, son arôme s'épanouissait au mieux dans la graisse de porc. Aujourd'hui encore, toutes les fermes hongroises possèdent une réserve de paprika de leur propre culture et moulu à la maison. Les simples *tanyas* aux murs blancs dans lesquelles sont suspendus les paprikas rouges, soigneusement rangés pour le séchage, contribuent à donner à la campagne hongroise son aspect romantique.

Le «poivre du pauvre» fut bientôt consommé par tous, aussi bien les rois que les petits fermiers. En plus de ses qualités aromatiques, le paprika est riche en vitamine C. C'est d'ailleurs au prix Nobel Albert Szent-Györgyi (1893-1986) que l'on doit cette découverte en 1932. Ses possibilités homéopathiques semblent illimitées: il peut tout guérir, du simple rhume à une calvitie précoce. Selon un écrit datant du XVIIe siècle, le bouquet et la poudre de paprika éloigneraient même les vampires!

Apparemment, la qualité particulière du paprika hongrois tient aux conditions de sa croissance dans la Grande Plaine. C'est là que le fruit prend l'arôme caractéristique de toutes les espèces, douces et fortes.

Szeged, jolie ville située au bord de la Tisza, à quelques kilomètres seulement de la Yougoslavie, est surnommée la «capitale du paprika», surnom qu'elle mérite

d'ailleurs pleinement, malgré la concurrence de Kalocsa, sur le Danube, qu'on lui oppose parfois. La société Szegedi feldolgozó Vállalat assure depuis 1951 la culture, le traitement et l'emballage de l'«or rouge». Elle occupe 3000 personnes et fabrique aussi de la soupe en sachets et des plats cuisinés. En outre, elle possède l'unique institut de recherche sur le paprika qui existe au monde. Dans les laboratoires bien gardés, le «poivre rouge» est analysé selon son goût, sa couleur, sa composition chimique et moléculaire. De nouvelles méthodes de culture et de broyage sont sans cesse expérimentées... pour le plus grand bénéfice des amateurs.

Le printemps et Pâques

Le jambon de Pâques, aromatisé, mariné ou fumé, coupé en tranches, est servi avec de jeunes légumes frais, épinards, oignons, radis, petits pois. Il faut laisser refroidir le jambon dans son eau de cuisson, en même temps que les œufs durs que l'on peindra ensuite, et ne jamais le réchauffer. On le mange chaud immédiatement, ou bien froid avec du raifort et en aspic.

L'agneau pascal est aussi de règle, sous toutes ses formes: soupe de tête d'agneau, agneau de Transylvanie à l'estragon, potée d'agneau au paprika, agneau au paprika et à la crème fraîche, et toute une variété de côtelettes, côtes, selles et gigots.

Quant à la pâtisserie des jours de fête, elle commence par un gâteau en fer à cheval, saupoudré de noix pilées ou de graines de pavot. Ces dernières surtout sont particulièrement indiquées pour Pâques. Le lundi de Pâques, en bien des endroits, on mange un jeune poulet pané et frit, un des plats préférés des Hongrois. Bien que tout simple, il peut être un vrai régal. Le chou-rave frais et les concombres glacés font partie également de la gastronomie pascale, ainsi que les jeunes oies, la soupe à l'oseille, la sauce au fenouil et les asperges fraîches.

Pâtes à gâteaux

Les strudels (*rétes*) sont la fierté de la cuisine hongroise. S'ils sont aussi succulents, c'est, dit-on, grâce à la qualité de la farine. Pour faire la pâte, il faut cette farine poudreuse, de la crème fraîche, des matières grasses et des jaunes d'œufs; une fois pétrie, on l'étend jusqu'à ce qu'elle soit aussi fine qu'une feuille de papier de soie. Puis on y étale la préparation, on roule l'ensemble et on le fait cuire au four. On sert le *rétes* de préférence tiède, saupoudré de sucre glace et accompagné de crème fraîche.

Très appréciés aussi, en particulier les jours de grande chaleur, au bord du lac, les *langos*, galettes de pâte frites dans la graisse.

L'été et l'automne

En plein été, les fruits sont d'une saveur et d'une onctuosité toutes particulières. On grille les marrons et les noix et on les présente aux passants, emballés dans des sacs de papier, à presque tous les coins de rues, dans les parcs et les jardins. La boisson de l'automne est le *csaja*, sorte de grog qui réchauffe l'organisme; il éclipse même le vin nouveau légèrement fermenté qui s'obtient au premier pressage. Mais ne refusez surtout pas un verre de vin nouveau de Honigli, le raisin blanc de Buda ; il est extrêmement délicat.

Les cocktails de fruits (cerises, prunes, groseilles ou autres) auxquels on ajoute de la crème fraîche et que l'on sert frappés conviennent aux jours de canicule.

L'automne est aussi la saison des vendanges. Il y a partout des vignobles en Hongrie. Certaines régions, telles les collines chaudes et volcaniques de la rive nord du lac Balaton, sont d'une rare fertilité. De même, depuis des temps immémoriaux, la vigne se plaît aux alentours de Buda. Ce sont les Habsbourg qui ont généralisé la consommation du vin, et à leur époque les vignobles se sont propagés vers le sud et l'est. Malheureusement, leur croissance, de même que celle des tavernes, a été freinée par le phylloxéra qui détruisit les vignobles dans toute l'Europe à la fin du XIXe siècle. Grâce à des pieds de vigne plus résistants, venus en particulier d'Amérique, on a néanmoins réussi à redonner rapidement un nouvel essor à la culture du raisin en Hongrie.

Parmi les vins qui jouissent d'une réputation internationale, il faut surtout en citer deux : l'*egri bikavér*, le « sang de taureau d'Eger », qui doit son nom à sa couleur rouge sombre, et sans doute aussi à sa vigueur et à son arôme. Il est pressé à partir de plusieurs variétés de raisins, et pas toujours dans des proportions égales.

Le second vin célèbre de Hongrie provient d'une région située au nord-est de l'Eger, au confluent de la Tisza et du Bodrog. C'est là que se niche la petite cité de Tokaj, ville principale d'une contrée célèbre dans le monde entier pour son vin au bouquet et à la consistance uniques. Le raisin de Tokaj est extrêmement sucré, ce qui se manifeste aussi dans la proportion d'alcool. La gamme des vins de Tokaj est très étendue et chaque cru porte un nom qui lui est propre. Au sommet de la hiérarchie trône l'*aszú* : le raisin n'est récolté que fin octobre, quand il est très sucré et presque transformé en raisin sec. Le choix des fruits acceptés pour le pressage de l'*aszú* est soumis à des règles très rigoureuses, et l'on surveille avec minutie le nombre de hottes (*puttony*) par tonneau. Plus il y en a, mieux cela vaut.

Miklós Pap possède l'une des plus belles caves de la contrée. En outre, conservateur du musée local d'Œnologie, il prétend que

A gauche, une cave à Tokaj ; ci-dessus, une dégustation (il existe quatorze confréries de buveurs de vin en Hongrie).

le tokay, consommé à doses homéopathiques, guérit presque tous les maux, jusqu'à la leucémie.

Les restaurants

La gastronomie hongroise a engendré l'ouverture de nombreux restaurants, spécialement dans la capitale. Et pourtant, d'aucuns prétendent qu'il y en avait beaucoup plus encore au «bon vieux temps». L'ancien *kaffeehaus* (*kávéház*) a effectivement cédé le pas à l'*eszpresszó*, plus prosaïque, avec son sol recouvert de linoléum et son comptoir en zinc.

Dans la plupart des établissements, un grand panneau annonce la classe: *1.*, *2.* ou *3. oszt.* (*osztály* signifie classe), ce qui n'est pas toujours utile, car il est facile de deviner la catégorie d'après la carte et l'état de la salle à manger.

«Caveat emptor»

Mais la qualité ne justifie pas toujours le prix. Il peut arriver que dans un restaurant de première classe on serve des plats à peine tièdes, que le serveur soit tout juste poli (dans trois ou quatre langues étrangères, il est vrai), et que le prix soit exorbitant. D'un autre côté, on reçoit parfois pour 1 500 forints (environ 6 euros) un repas inoubliable au milieu d'une ambiance inoubliable, dans une auberge minable et malpropre, éclairée au néon, où des Tziganes imbibés de bière jurent à l'envi… Et les jurons en hongrois ne sont pas piqués des vers, vous pouvez le croire! Depuis que la Hongrie essaie de ranimer un tant soit peu son économie en laissant libre cours à l'esprit d'initiative, un nombre important de restaurants sont devenus des entreprises privées. La différence fondamentale entre ces affaires privées et les restaurants administrés par l'État se manifeste dans la manière dont les clients sont traités.

La carte habituelle contient au moins les rubriques suivantes: *levesek* (soupe); *köretek* (accompagnements) ; *salátak* (salade); *tésztak* (gâteaux); *készételek* (plats préparés); *frissensültek* (rôtis ou grillades); *különlegességek* (spécialités). L'amateur de salade sera sans doute surpris par la mixture qu'on lui sert, car il s'attend à de la «verdure». Or la rubrique *salátak* concerne tous les légumes du pays, stérilisés dans le vinaigre. Si elle aide à digérer un repas un peu trop riche, elle ne facilite guère le transit intestinal. Par ailleurs, les Hongrois se servent, à la place du beurre et de l'huile, de *zsír*. Qu'est-ce que le *zsír*? En général de la graisse de porc, une sorte de saindoux, ou parfois de la graisse d'oie. On s'en sert dans la cuisine et dans la pâtisserie, car il attendrit les pâtes.

La musique joue un rôle important dans les restaurants. Là où les Tziganes se sont sédentarisés, ils ont été remplacés par des machines. Dans les établissements qui se targuent d'une certaine élégance, la musique tombe de haut-parleurs, sans pour autant empêcher les dîneurs d'entretenir une conversation. Ne vous empressez tout de même pas de gommer vos souvenirs de votre esprit. Nombre de Tziganes en effet continuent à exercer leur ancien métier. Ils disposent d'un répertoire étendu qui va des valses de Johann Strauss aux œuvres de compositeurs modernes, en passant par les chants populaires germaniques. Mais tout cela *alla zingara!*

A gauche, un moyen de transport plutôt périlleux… A droite, séchage du salami dans une fabrique de Szeged.

QUELQUES CHIFFRES ET PRÉCISIONS

Nom officiel : Magyar köztársaság (république de Hongrie) ; anciennement Magyar népköstársaság (république populaire de Hongrie).
Superficie : 93 036 km².
Pays frontaliers : Autriche, Slovaquie, Ukraine, Roumanie, Voïvodine (province de la Serbie), Croatie, Slovénie.
Point culminant : le Kékes (1 015 m).
Cours d'eau importants : le Danube (439 km), la Drave, la Tisza, la Raab.
Population : 9 989 000 habitants en 1997 contre 10 296 000 habitants en 1980, dont environ 45 % vivent à la campagne.
Capitale : Budapest.
Villes importantes : Miskolc (215 000 habitants en 1995), Debrecen (197 000 hab.), Szeged (178 000 hab.), Pécs (170 000 hab.), Györ (130 000 hab.), Nyíregyháza (114 000 hab.), Székesfehérvár (109 000 hab.).

ITINÉRAIRES

La Hongrie, pays relativement petit, s'étend sur 93 036 km² et compte moins de 10 millions d'habitants, dont un cinquième vit dans la capitale, Budapest. Elle partage ses frontières avec la Slovaquie au nord, l'Ukraine et la Roumanie à l'est, la Serbie et la Croatie au sud et l'Autriche et la Slovénie à l'ouest. Le Danube coupe le pays en deux parties inégales : à l'ouest, la Transdanubie, nettement plus petite que la région orientale qui est formée de la Grande Plaine, d'une monotonie quasi douloureuse, et des montagnes du Nord au relief sauvage, entaillé de crevasses et de fissures. Le climat est soumis aux influences de la steppe, de la Méditerranée et même de l'Atlantique, ce qui assure un équilibre entre le soleil et les pluies. Néanmoins, les hivers sont assez rigoureux, en particulier dans la plaine orientale, ouverte à tous vents.

Un voyage à travers la Hongrie laisse toujours une impression profonde. A l'encontre de certains pays dans lesquels la précision et la servilité de l'organisation touristique sont parfois gênantes, en Hongrie, on ne la sent pas peser sur soi. Le pays et ses habitants ont une séduction propre dont témoigne aussi la littérature. Quelles sont donc les raisons profondes du charme et de la beauté de la Hongrie ? Car, il faut bien le dire, on y trouve peu de sites de l'ampleur des Portes de Fer, par exemple, dont la splendeur laisse rêveur, et peu de châteaux aussi grandioses que les réalisations d'un Louis II de Bavière ou d'un Louis XIV. La Hongrie est plutôt marquée par une infinité d'impressions subtiles et émouvantes, un coucher de soleil sur la plaine désolée, un stuc d'une rare finesse sur la façade la plus sobre.

Pages précédentes : au printemps près d'Eger; bergers et leur troupeau en hiver, près de Bonyhád; les rives de la Tisza.

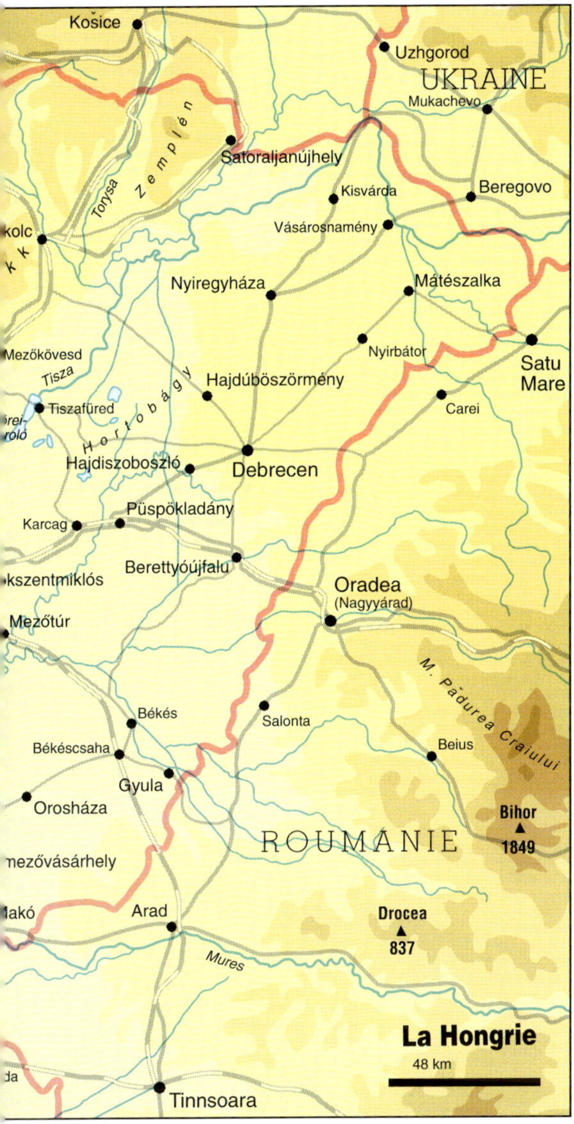

Drapeau national : Bandes horizontales rouge-blanc-vert.
Administration : Le pays est divisé en 19 comitats, sans compter la ville de Budapest.
Religions : 56 % de catholiques, 22 % de calvinistes et de luthériens, 5 % de grecs orthodoxes.
Monnaie : 1 forint = 100 fillér.
Produit national brut par habitant : 1 940 $ en 1985, 3 755 $ en 1993 et 6 730 $ en 1997.
Routes : 105 424 km.
Voies ferrées : 7 600 km.
Universités : Il en existe dix.

ПОЛОЖЕНІЕ

HŰVÖSVÖLGY
NAGY- HÁRS- HEGY
LÁTO-HEGY
MÁTYÁS-HEGY
ÓBUDA
PASARÉT
RÓZSADOMB
TÜNDER-HEGY
VÁROSMAJOR
VÉRMEZŐ
TABÁN
SAS- HEGY
SASAD
Szépvölgyi út
Remetehegyi út
Bécsi
Vörösvári út
Kiscelli u.
Selmeci u.
Korvin Ottó u.
Doberdó út
Nyereg út
Virág Benedek u.
Vörös Hadsereg
Vadaskerti u.
Törökvész út
Cseppkő
Zöld -máli út
Felhévízi u.
Lajos u.
Árpád fejedelem útja
Cirok út
Endrődi Sándor u.
Orsó u.
Budakeszi út
János-hegyi út
Kuruclesi út
Remete út
Erzsébet-kilátó
Szilágyi Erzsébet fasor
Gábor Áron u.
Bimbó út
Ady Endre u.
Szarvas Gábor út
Budapest Szálló
Mártirok útja
Bem rakpart
Fő út
MOSZKVA TÉR
BATTHYÁNY TÉR
Béla király út
Kútvölgyi út
Csillagvölgyi út
Mátyáskirály u.
Városkúti út
Isten- hegyi út
Pethényi út
Csaba u.
Attila út
Mátyás templom
DÉLI PU.
Déli Pályaudvar
Eötvös út
Hegyhát út
Diana u.
Mártonhegyi út
Isten - hegyi út
Stromfeld Aurél út
Fodor u.
Alkotás u.
Alagút
Budavári palota
Mészáros u.
Krisztina
Fürj u.
Hegyalja út
Németvölgyi út
Dayka Gábor u.
Radvány u.
Villányi út
Alsó-hegy u.
Somlói út
Ménesi út
Serleg u.
Alsóhegy u.
Karolina út
Bocskai út
Pannonhalmi út
Szirmai l.
Sárbogárdi u.
Beregszász út
Előpatak u.
Budaörsi út
Bartók Béla út
Fraknó u.
Fejér Lipót u.
Bártfai
Szakasits Árpád út
Solymár
Üröm
Mogyoród
RÓMAIFÜRDŐ
ÚJPEST
RÁKOSPALOTA
Csömör
ÓBUDA
ANGYALFÖLD
HŰVÖSVÖLGY
ÚJPALOTA
PASARÉT
RÁKOSSZENTMIHÁLY
RÓZSADOMB
ZUGLÓ
SASHALOM
MÁTYÁSFÖLD
Budakeszi
Budapest
(Danube)
JÓZSEFVÁROS
Budaörs
SASAD
KŐBÁNYA
KELENFÖLD
FERENCVÁROS
ALBERTFALVA
KISPEST
PESTLŐRINC
PESTERZSÉBET
Budapest Ferihegy
BUDAFOK
CSEPEL
PESTIMRE
BUDATÉTÉNY
SOROKSÁR
Érd
5km
GYÁL

Budapest
1.5km
ANGYALFÖLD
ZUGLÓ
MARGIT-
SZIGET
ARGRET
AND)
Víztorony
Szölkökút
Árpád
híd
ÁRPÁD HÍD
DÓZSA GYÖRGY ÚT
LEHEL TÉR
NYUGATI PU.
Nyugati Pályaudvar
Néprajzi Múzeum
Országház
Vígszínház
git híd
Szt. István- bazilika
ARANY JÁNOS U.
DEÁK TÉR
ASTORIA
KÁLVIN TÉR
FERENC KRT.
KLINIKÁK
NAGYVÁRAD TÉR
NÉPLIGET
ECSERI ÚT
PÖTTYÖS U.
HATÁR ÚT
BLAHA L. TÉR
KELETI PU.
Keleti Pályaudvar
NÉPSTADION
Népstadion
PILLANGÓ UTCA
Ugetöpálya
Rákosrendezö Pu.
Zugló V. M
Állatkert
Szépművészeti Múzeum
VÁROSLIGET
Millenniumi emlékmű
KEREPESI
TEMETŐ
JÓZSEFVÁROS
Józsefvárosi Pályaudvar
Kőbánya Felső Pu.
Iparművészeti Múzeum
Erzsébet híd
Szabadság híd
Budapesti Műszaki Egyetem
Petőfi híd
NÉPLIGET
Mutatványos tér
KŐBÁNYA
Ferencvárosi Pu.
FERENCVÁROS
LENFÖLD
Thalmann
Tahi
Rokolya u.
Futár
Reitter Ferenc
Frangepán
Petne
Roppentyű
házy
Országbíró
Béla
Béke
Szegedi út
Róbert
Károly
Klapka u.
Váci
Dózsa
György
Lehel
Tüzér
Szabolcs
Nagy Lajos király
körút
Dorozsmai
Erzsébet
királyné
útja
Ungvár
Rákos-
patak
Kerékgyártó
Rákospalotai
Kolozsvár u.
körvasút
Lumumba
Amerikai út
Hungária
Csömöri
Szugló
K. sétány
Kós
Május 1.
Városligeti
Dózsa György
Abonyi u.
Népstadion
Egressy
Mogyoródi
Fogarasi
Komócsy
Kövér
Egressy
Lajos
Elmunkás
híd
Bajza u.
Szinyei M.
Szondi u.
Lenin
Népköztársaság
Izabella
Rottenbiller u.
Nefelejcs
Sándor
Thököly
Zsilinszky
Bajcsy
szkij
Majakov-
Wesselény
Rákóczi
körút
Kerepesi
Kerepesi
Dobi István
Asztalos Sándor
Stróbl Alajos u.
Hős u.
Zách
Ciprus u.
Csilla u.
Köztársaság tér
Népszínház
Mező
Karácsony Sándor
József Attila út
Belgrád
Váci u.
Tanács krt.
Vas u.
Múzeum krt.
Bródy Sándor u.
Baross
József
Kőbányai
Üllői
Ráday
Tolbuhin krt.
Práter u.
Kőris
Vajda Péter
Ferenc krt.
Berz.u.
Balázs Béla
Mester
Mező Imre
Elnök u.
Könyves Kálmán
Fertő
Horog
Hámán Kató
Vaskapu u.
Soroksári
rakpart
Vágóhíd u.
Könyves Kálmán krt.
Koppány u.
Ecseri
Epreserdő
Bihari
Kön-
yves Kálmán
Mányoki út
Műegye-tem
Budafoki út
Karinthy Frigyes út
Irinyi József u.
Bogdánfy u.
chönherz Z. u.
Dombóvári út
Szerémi út
Budafoki
Sz.s. út
rkp.
LSZABADULÁS TÉR
abadulási emlékmű
LÉRT-
SUTH TÉR
chenyi
híd

BUDAPEST

Il fut un temps où l'on surnommait Budapest *« le Paris de l'Europe centrale »*. Cette comparaison s'imposait, car les deux villes avaient quantité de points communs : un grand nombre de cafés, de théâtres, de musées et de boîtes de nuit, sans compter les larges boulevards, les innombrables places, les rues étroites, et ce souffle de cosmopolitisme que l'on y respire. Comment ne pas penser à Paris devant les deux belles gares de l'Est et de l'Ouest, et d'autant plus que cette dernière est l'œuvre de la firme Eiffel (1874-1877) ? Et la circulation autour du monument du Millénaire ne rappelle-t-elle pas la place de l'Étoile ? Budapest est à la fois le siège du gouvernement et un centre industriel. A certains endroits, les artistes se retrouvent dans les cafés, à d'autres, ce sont les jeunes qui se rassemblent, comme à Angyalföld.

Néanmoins, tandis que Paris exhibe fièrement son patrimoine, Budapest donne l'impression de gémir sous le poids de son histoire. Un souffle de mélancolie traverse l'humour toujours à fleur de peau des Budapestois, humour qui d'ailleurs les a aidés à surmonter leurs innombrables défaites.

Invasions

Colonie romaine fondée au Ier siècle apr. J.-C., Aquincum, capitale de la province de Pannonie, croît si bien qu'au début du IVe siècle elle compte 60 000 habitants. Mais, au début du Ve siècle, les légionnaires sont débordés par le flot des Huns et doivent se retirer après un pacte signé avec Attila ; au pied du mont Gellért, à l'endroit où le fleuve ne fait que 300 m de large, les barbares franchissent le Danube, en route pour l'Occident, et certaines tribus d'Avars et de Slaves s'établissent sur les deux rives ; dans les dernières années du IXe siècle arrivent les sept tribus magyares d'Arpád — l'une d'entre elle fera halte dans une île du fleuve.

En 1241, les Mongols déferlent sur la ville ; en 1541 arrivent les Turcs et en 1686, les Habsbourg. En 1848, la révolution éclate dans la capitale et en 1919, ce sont les Roumains qui l'envahissent. Durant la Seconde Guerre mondiale, elle subit le joug de la Wehrmacht et du parti des Croix-Fléchées (*Nyilas*) ; puis les Soviétiques s'y installent en maîtres, et elle est de nouveau écrasée par les chars russes en 1956. Pourtant, elle connaît des époques de paix et de prospérité, comme sous le règne de Mathias Hunyadi Corvin (1458-1490), ou après le compromis de 1867.

Les trois villes

En réalité, la ville est constituée de trois communes historiques indépendantes qui ont été réunies en 1873 : Pest, sur la rive gauche du Danube, Buda et Obuda, sur la rive droite. Ces trois villes se fondent harmonieusement, bien que le Danube mesure jusqu'à 600 m de large dans la ville !

Pages précédentes : peintures dans une église serbe orthodoxe à Ráckeve ; l'église Matthias se reflète dans les vitres de l'hôtel Hilton ; l'évêque Gellért domine Buda et Pest. A gauche, dans la forteresse de Budapest ; à droite, le pont aux Chaînes ou Lánchíd.

Buda

Quand on vient de l'ouest par l'autoroute, on est quasi obligé de passer sur la rive droite du Danube, où se trouvent la colline du Château et le mont Gellért, qui dominent la ville. En suivant la route qui court au pied des deux monts le long du fleuve, on arrive **Clark Adám tér**, place où l'on peut découvrir la borne du point zéro d'où part le kilométrage des routes du pays. Sur le côté droit de la place s'ouvre le **Lánchíd** (le pont aux Chaînes) qui conduit à Pest, et sur le côté gauche un tunnel qui traverse la colline du Château. Un funiculaire antique et plein de charme (le *budavári sikló*) gravit la colline en quelques minutes; mais on peut aussi atteindre le château à pied, par d'innombrables escaliers, et une fois arrivé en haut, on oublie vite les fatigues de l'escalade devant le panorama.

De la **colline du Château** (Várhegy), le regard plonge sur le Danube et ses ponts (de là-haut, on peut les voir presque tous), avec les bateaux étincelants qui, l'été, sillonnent le fleuve, chargés de promeneurs, et croisent les trains de péniches qui remontent le Danube. On découvre aussi l'île Marguerite à gauche, les bâtiments imposants du Parlement au bord du Danube, côté Pest, avec sa coupole verdâtre, et les trois hôtels de luxe qui bordent la promenade appelée Corso le long de la rive. Les tramways jaunes à deux voitures longent les quais. Au-delà du Parlement, Pest s'étend jusqu'à l'horizon, souvent plongé dans la brume.

C'est sur l'extrémité sud de la colline du Château que Béla IV fit construire la première **forteresse** de Budapest au début du Moyen Age (1243), après que les Mongols eurent entièrement dévasté Pest. Ce château fort a été plusieurs fois détruit — pendant les guerres contre les Turcs, la révolution de 1848-1849 et la Seconde Guerre mondiale — et chaque fois reconstruit. A l'ombre de ce château s'établissent seigneurs et bourgeois, et

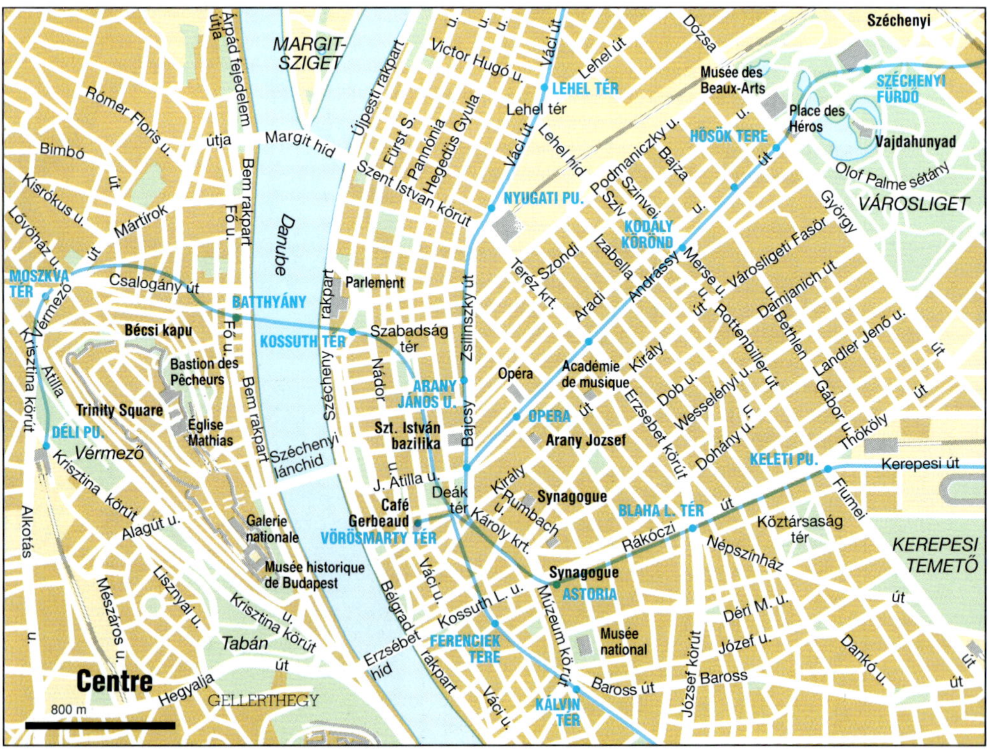

il semble que les façades des hôtels et des immeubles soient tournées de manière à être vues des remparts. Cette nouvelle ville prend le nom de Buda, et l'ancienne s'appellera Obuda (Vieux Port).

Le château abrite trois musées: le **musée d'Histoire contemporaine**, la **Galerie nationale** (Nemzeti Galéria), remarquable pour ses autels gothiques, dans les ailes B, C et D, et le **musée d'Histoire de Budapest** (Budapesti Történeti Múzeum) dans l'aile E, où l'on voit des vestiges du château médiéval, dont la chapelle du XIVe siècle et des statues gothiques.

L'église Mathias

La célèbre **cascade du roi Mathias**, œuvre d'Alajos Stróbl, orne le côté nord de l'aile orientale du château; elle représente le roi Mathias à la chasse et elle est flanquée de la **porte du Lion**.

L'**église Mathias** (Mátyás templom) a été construite entre 1255 et 1269, à mi-pente de la colline du Château, et baptisée à l'origine église Notre-Dame. Cependant, le langage populaire l'appelle église Mathias depuis que le roi Mathias Corvin l'a fait agrandir et embellir entre 1458 et 1470, au cours de son règne fastueux. Son aspect actuel date des travaux de rénovation qui furent entrepris entre 1873 et 1896. L'église est ouverte au culte. Le corbeau qu'on aperçoit au sommet de la tour principale rappelle le roi Mathias lui-même, surnommé Corvin, du latin *corvinus*, corbeau, à cause de la présence de cet oiseau sur son blason. Les vitraux aux couleurs sombres ne laissent filtrer qu'une lumière parcimonieuse. Une fois habitué à la semi-obscurité ambiante, l'œil distingue les colonnes, les murs et les plafonds décorés de motifs d'une grande finesse. Au fond de l'église, un vitrail circulaire représentant l'agneau, symbole du sacrifice du Christ, est serti décentré dans une fenêtre ronde, ce qui donne une étonnante impression de profondeur; un ruisseau peint

Le Parlement domine la rive du Danube du côté Pest.

s'en écoule et, de part et d'autre de l'encadrement, des cerfs s'y abreuvent; l'ensemble est charmant. Dans la crypte et la galerie, on découvre des chapiteaux de pierre et des statues de saints; elles abritent également des ostensoirs, des reliquaires et des vêtements sacerdotaux, ainsi qu'un morceau du voile de mariée de l'impératrice Élisabeth, dite Sissi, reine de Hongrie, qui était adorée du peuple hongrois, et la chasuble brodée par elle à la mort de son fils Rodolphe. Malheureusement, il n'y a dans cette église ni guide ni brochure en langue étrangère; mais on peut interroger l'une ou l'autre des dames âgées préposées à la garde des trésors, elles sont toujours prêtes à donner des explications.

Il règne sur l'esplanade qui entoure l'église une ambiance de foire; des touristes venus de tous les horizons flânent entre les lieux historiques et les baraques à souvenirs, les bateleurs et les musiciens. Derrière l'église Mathias se dresse le **bastion des Pêcheurs** (Halászbástya) avec ses tours, ses colonnes, ses galeries et ses escaliers. Ce monument a été élevé à la fin du siècle dernier en hommage aux valeureux pêcheurs qui ont défendu Buda au Moyen Age.

Derrière le bastion des Pêcheurs, la **tour Nicolas** (Miklós torony), ultime vestige de ce qui fut jadis l'église des Dominicains, s'adosse à la façade en verre du nouvel hôtel Hilton, dont elle fait maintenant partie intégrante. Ce monument historique qui s'élève au milieu d'un complexe hôtelier moderne forme un contraste saisissant et plein de charme, auquel ne sont pas étrangers les reliefs et les reflets du bastion des Pêcheurs dans les surfaces vitrées.

La **porte de Vienne** (Bécsi kapu) ferme le versant nord de la colline du Château, d'où l'on a une belle perspective sur les montagnes de Buda. La **place de la Porte de Vienne** (Bécsi-kapu tér) est dominée par l'immeuble monumental qui abrite les Archives nationales.

Le bastion des Pêcheurs.

Sur la place voisine, la Kapisztrán tér, qui doit son nom à saint Jean de Capistran, qui prêcha la croisade contre les Turcs en 1456, se dresse la **tour Madeleine** (Magdolna torony), qui faisait partie de l'église gothique Sainte-Marie-Madeleine, totalement détruite en 1944-1945, et qui abrite aujourd'hui une galerie d'art.

La colline du Château est bordée ici par la **promenade du Bastion** (Tóth Arpád sétány), longue d'environ 1 km, sur laquelle sont exposés des canons et des mortiers vieux de plusieurs siècles. La présence d'un factionnaire, coiffé d'une casquette typique, au pied du mât du drapeau qui flotte au coin du rempart, entretient l'allure martiale du lieu.

Les rues et ruelles des parties nord et est de la colline sont d'un calme envoûtant, si on les compare à l'agitation et à l'activité qui règnent autour de l'église Mathias et du bastion des Pêcheurs. Dans ce quartier, presque tous les bâtiments sont des maisons anciennes, de style classique, baroque ou rococo. Il est recommandé, chaque fois qu'on en a l'occasion, de jeter un coup d'œil à l'intérieur des cours; on y découvre souvent des vestiges médiévaux, telles par exemple ces niches qui servent de sièges, de style gothique. Depuis toujours, c'est le quartier que les Budapestois rêvent d'habiter. De nos jours, les hôtels et les maisons ont presque tous été restaurés. Au bas de l'Úri utca se trouve la maison qu'habitait Franz Liszt, signalée par une plaque.

De nombreux cafés et restaurants invitent à la détente — en particulier la célèbre **pâtisserie Ruszwurm** (Ruszwurm cukrászda). Certes, la salle, aménagée dans le plus pur style *Biedermeier* (style autrichien qui correspond à l'époque de la Restauration et de la monarchie de Juillet), est exiguë, mais avec un peu de chance, on peut trouver une place sur les coussins verts élimés. Ruszwurm est la plus ancienne *cukrászda* de Budapest; elle est célèbre par ses gâteaux, qui sont toujours frais et délicieux.

Statue commémorant l'union de Buda et de Pest.

Le mont Gellért

Il est possible aussi de gravir le **mont Gellért** (Gellérthegy) par des sentiers sinueux et des escaliers; on peut saluer au passage le monument érigé en 1902 en hommage à l'évêque Gellért: c'est de l'endroit où s'élève sa statue que les païens précipitèrent le prélat dans le Danube en 1046.

La **citadelle** qui occupe le sommet du mont a été construite par les Habsbourg après la répression des insurrections de 1848-1849. Les casemates dans lesquelles, en 1945, les troupes allemandes tinrent désespérément leurs positions ont été transformées en restaurant de 1500 places et en grand hôtel. On voit encore dans les murs les impacts des balles, témoins des ultimes combats.

Devant les murs de la citadelle, la **statue de la Liberté** (Szabadság szobor) se dresse vers le ciel avec beaucoup de majesté; cette statue, véritable emblème de la ville, rappelle l'entrée des troupes soviétiques en Hongrie et la fin de l'occupation allemande. Pourtant, à l'origine, c'est par le régent de la défunte monarchie, l'amiral Horthy, qu'elle avait été commandée à la mémoire de son fils tragiquement disparu dans un accident.

Au pied du mont Gellért, juste à côté de l'entrée du **pont de la Liberté** (Szabadság híd) qui relie Buda et Pest, se trouve le fameux **hôtel Gellért** et son établissement thermal. Avec ses colonnes, ses mosaïques et ses coupoles trouées de vitraux multicolores, il donne vraiment l'impression d'être dans un de ces «temples de bains» antiques. Tout ici est élégant.

Il en va tout autrement dans les **bains Rác** (Ráczfürdö) tout proches. Là, le faste et la splendeur passés ont moins bien résisté aux outrages du temps. Les curieux y sont les bienvenus; ils peuvent emprunter des sandales et grimper dans les salles voûtées embrumées de vapeur chaude pour rejoindre les baigneurs qui se détendent avec volupté dans les bassins d'eau chaude.

Un portraitiste aux goûts variés, place Vörösmarty.

Pest

En franchissant le **pont de la Liberté** (Szabadság híd), pour passer sur la rive de Pest, on tombe directement sur l'université des sciences économiques.

Le **musée des Arts décoratifs** (Iparmüvészeti Múzeum) est sur la droite, Üllöi út. Ce beau bâtiment de la fin du XIXe siècle est dû à Ödön Lechner.

Le **Musée national** (Nemzeti Múzeum), boulevard du Musée (Múzeum körút), au n° 14-16, a été fondé en 1802 par Ferenc Széchenyi; avec son immense salle à colonnes, ses lustres monumentaux et ses vastes escaliers, il mérite une visite. C'est de la dernière marche de l'escalier monumental, au pied des colonnes corinthiennes du portique, qu'en 1848 Petöfi déclama son *Chant de la nation*. Ce musée construit par l'architecte viennois Mihály Pollack entre 1837 et 1847 est intéressant par son architecture. On y voit une mosaïque romaine intacte, le piano de Beethoven, qui appartint plus tard à Liszt, et les insignes royaux de saint Étienne, dont les États-Unis restituèrent en 1978 la couronne, que les Allemands avaient volée à la fin de la Seconde Guerre mondiale et dont on avait perdu la trace.

Le **marché couvert** est à proximité (entre le boulevard Vámház körút et les rues Sóház utca et Pipa utca), avec ses éventaires surchargés de légumes frais et secs et de viande. Les étrangers sont souvent surpris de l'abondance et de la variété des denrées.

Il n'y a que quelques pas entre le marché couvert et la **Baross tér**, une des places sur lesquelles la circulation est la plus dense. C'est là que se trouve la gare de l'Est (construite en 1872), décorée de peintures murales dues à Károly Lotz et Mór Than. Malheureusement, on les distingue assez mal de la rue car elles sont hautes et assez sombres.

A proximité de la gare, le cimetière dans lequel sont enterrés des personnages célèbres, le **Kerepesi temetö**, offre la possibilité de se reposer un peu de l'agitation de la ville. C'est là

Ci-dessous à gauche, la fontaine de la Váci utca; à droite, statue solitaire dans une cour.

que les écrivains, les musiciens et les comédiens dorment de leur dernier sommeil. Même Marocsy et Charousek, les fameux joueurs d'échecs, reposent dans ce cimetière. Néanmoins, c'est aux hommes politiques que les mausolées les plus imposants ont été réservés : Lajos Kossuth, Ferenc Deák et le comte Károlyi, jusqu'aux personnages des années quarante et cinquante qui, après avoir été éliminés, ont bénéficié d'une réhabilitation posthume. Le splendide mausolée de Kossuth est vide ; sa dépouille mortelle se trouve à Turin ; beaucoup de Hongrois sont enterrés hors de leur pays d'origine.

Si, au lieu de franchir le Danube par le pont de la Liberté, on emprunte le **pont aux Chaînes** (Lánchíd), dont les plans ont été dessinés par István Széchenyi et qui a été inauguré en 1849, on arrive directement sur la **place Roosevelt** (Roosevelt tér). Elle est bordée sur la gauche par l'**Académie des sciences** (Magyar Tudományos Akadémia) : le comte Széchenyi avait lancé l'idée de sa construction en 1825, mais elle n'a été réalisée qu'après sa mort, de 1862 à 1865, dans le style néo-Renaissance. De l'autre côté de la place se trouve l'hôtel Atrium-Hyatt.

Si l'on suit la **József Attila utca**, qui prolonge le pont aux Chaînes, et que l'on tourne à gauche, on arrive à la **basilique Saint-Étienne** (Szent István bazilika), dont la construction commença en 1851 et dont la coupole s'effondra en 1868. La basilique fut achevée entre 1873 et 1905 par Miklós Ybl, qui a construit également l'opéra d'État. Sa coupole, haute de 96 m, domine tous les autres clochers de Budapest. A l'intérieur, elle est ornée de mosaïques qui sont l'œuvre de Károly Lotz, et la statue de saint Étienne, sur le maître-autel, est due à Alajos Stróbl.

Le quartier commerçant

Le principal quartier commerçant de Budapest se situe entre la József Attila utca et la Kossuth Lajos utca ;

La place des Héros.

elle a été aménagée, dans sa majeure partie, en zone piétonnière. La **Vörösmarty tér**, place dédiée au poète le plus éminent de l'époque romantique, est un endroit envahi par tout un peuple de touristes et d'autochtones, d'artistes des rues (musiciens ambulants, clowns, mimes, portraitistes, etc.) et de pigeons. Le célèbre **café Gerbeaud** est toujours là. L'activité qui règne sur cette place est contagieuse, l'argent file entre les doigts au profit de ces artistes des rues, et des spécialistes du change font des affaires en or sans se donner grand mal.

La fameuse **Váci utca**, centre du commerce et de l'élégance de Budapest, donne sur la Vörösmarty tér; elle est de toute beauté, et pas seulement du point de vue architectural. Ici, c'est le mouvement perpétuel, entre les boutiques de mode, les agences de voyages, les parfumeries, les cafés et les restaurants. Les temples de la consommation d'une architecture moderne et des grands magasins distingués voisinent avec des boutiques qui offrent les toutes dernières créations de la mode. Tout cela à des prix très abordables pour les détenteurs de devises étrangères. Il y a aussi des magasins occidentaux dans cette rue. Même un *fast food* voisine avec un snack local dans lequel on trouve des sandwichs authentiquement hongrois, à la viande de porc et au paprika. Tout cela permet aux visiteurs de faire connaissance avec l'atmosphère typique de cette ville à la fois orientale et occidentale, marquée par une certaine ivresse de consommation.

Pourquoi ne pas aller tromper sa faim, après les heures de lèche-vitrines, les essayages et les achats, chez Vitamin Porta? On trouve ces magasins de fruits et de légumes dans tous les quartiers; ils sont tout à fait indiqués pour combler un «petit creux» et on peut les recommander sans hésitation car ils sont tous convenablement approvisionnés.

Les glaces aussi sont exquises à Budapest, surtout celles qui sont vendues en cornets, à l'italienne. Rien

Patinage dans le Bois de Ville de Budapest.

d'étonnant que l'on rencontre partout des Hongrois qui sucent avec délices leurs *fagylalt Fagyi*.

Culture et histoire

La large **Andrássy út** revient vers la basilique Saint-Étienne. Elle a retrouvé son ancien nom après s'être appelée «rue de la République populaire» (Népköztársaság utja), nom qui mettait toutes les langues à rude épreuve, même celles des Hongrois, et on comprend que presque tous, jeunes ou vieux, avaient bien des raisons de continuer à employer son ancien nom.

C'est dans cette rue que l'**Opéra** d'État a été construit de 1844 à 1875. Devant son portail d'entrée se font face les bustes sculptés de Franz Liszt et de Ferenc Erkel, compositeur de l'opéra «national», *Bánk bán*. Cet édifice somptueux avait alors vocation à rivaliser avec ceux du Ring de Vienne. Quantité de petites scènes de théâtre plus ou moins pittoresques se sont établies à l'ombre de l'opéra: les théâtres Mikroszkóp, Thália, Vidám, Radnóti; le Fővárosi Operettszínház, théâtre de l'Opérette, offre des distractions familiales de bon aloi; il voisine avec le Moulin Rouge et le théâtre des Marionnettes, Jókai tér.

A l'extrémité de l'Andrássy út se dresse le **monument du Millénaire**, sur la **place des Héros** (Hösök tere). Érigé en 1896 à l'occasion des fêtes du millénaire de l'établissement des Magyars dans le pays, il représente l'archange Gabriel juché au sommet d'une colonne de 36 m de haut, avec à ses pieds des princes chefs de tribus, dont Arpád au centre. La présence devant la colonne de la tombe du soldat inconnu, gardée par deux factionnaires, et par les statues de nombreux rois, princes et chefs d'État de Hongrie derrière elle, souligne l'importance de ce monument. On reconnaît saint Étienne, Jean Hunyadi, Lajos Kossuth, contemplant la grande place que sillonnent les cyclistes.

De part et d'autre de la place se trouvent le **musée des Beaux-Arts**

Le musée des Arts décoratifs.

(Szépmüvészeti Múzeum), Dózsa György út (le bâtiment néo-classique est l'œuvre d'Albert Schickedanz et Fülöp Herzog), et en face la **galerie des Arts** (Mücsarnok), qui présente des expositions temporaires d'art moderne. Le musée des Beaux-Arts conserve des collections égyptiennes, grecques et romaines ainsi que des sculptures et des dessins modernes. Le premier étage offre un panorama de la peinture du XIIIe au XIXe siècle.

Aux alentours du monument du Millénaire, chacun peut trouver l'occasion de s'amuser et de se reposer. Derrière le musée des Beaux-Arts s'étend un vaste parc appelé le **Bois de Ville** (Városliget). A la lisière nord-ouest de ce parc, juste à côté de l'entrée du zoo (**Allatkert**), le célèbre **restaurant Gundel**, dans lequel on respire les derniers effluves de l'élégance des temps révolus, est établi depuis des temps immémoriaux. C'est le lieu d'origine des fameux *palacsinták* (sorte de crêpes fourrées aux noix, couvertes de chocolat chaud et passées au four) *à la Gundel* que l'on peut déguster partout en Hongrie. Mais le Gundel est l'un des restaurants les plus chers de Budapest!

A défaut de vous offrir le Gundel, on peut se consoler dans le parc d'attractions (**Vidámpark**) du Bois de Ville ou se réfugier dans l'établissement de **bains et piscines Széchenyi**, de style néo-baroque, où l'on a au moins la satisfaction de faire quelque chose pour sa santé : l'eau qui sourd d'une profondeur de 1 256 m à la température de 70°C alimente des bains de vapeur, des thermes et des saunas. Non loin du parc d'attractions, un vaste chapiteau abrite des tables alignées autour d'un orchestre ; on y sert des bières et des plats rustiques.

En hiver, le plan d'eau artificiel du Petit Bois est aménagé à l'intention des patineurs sur glace. En quelques coups de patins, on atteint l'île sur laquelle se dresse l'étrange **château de Vajdahunyad**. Plusieurs ponts la relient à la rive. Ce château, construit à l'occasion du millénaire, est la copie

Plafonds de Károly Lotz au Musée national.

de l'ancien château de Jean Hunyadi, actuellement en Roumanie. A l'origine musée de l'Architecture, il abrite désormais le musée de l'Agriculture. Les parties distinctes reproduisent des monuments célèbres de Hongrie. Le résultat est imposant; l'idée d'allier ainsi le faste et le kitsch est en tout cas originale.

On franchit le Danube par le **pont Marguerite** (Margithíd), on tourne vers la droite pour arriver au **Parlement**, édifice de style néo-gothique visiblement inspiré du parlement de Westminster, sur la **Kossuth Lajos tér**. Sa coupole s'élève à 96 m, exactement la même hauteur que celle de la basilique Saint-Étienne, ce qui n'est pas le fait du hasard. La construction en fut commencée en 1884; avec ses 268 m de longueur et ses 116 m de largeur, il dépasse de loin la superficie de la basilique. L'édifice est orné de 233 statues à l'extérieur, et décoré à l'intérieur d'innombrables fresques. Les visites n'en sont autorisées qu'en groupe et avec un guide officiel. Il faut s'adresser à une agence de voyages de Budapest.

Face au Parlement, de l'autre côté de la place, se trouve le **Musée ethnographique** (Néprajzi Múzeum), de style néo-baroque, construit de 1893 à 1896 pour abriter la curie royale.

En s'enfonçant dans les rues vers la basilique Saint-Étienne, on débouche sur la **Szabadság tér**. Sur cette place, l'ambassade des États-Unis, reconnaissable à sa façade pimpante, fait curieusement face au monument à la gloire de l'Armée rouge. Sur le mur de l'ambassade, une plaque rappelle que le cardinal Mindszenty y a été hébergé de novembre 1956 à sa mort en 1971, sans que les autorités hongroises consentent à lui laisser quitter le pays.

En face de l'ambassade se dresse l'immeuble de la télévision. Les immeubles du quartier, qui datent du début du XXe siècle et des années trente, ont des façades abondamment sculptées, un peu lourdes mais fort pittoresques, et des squares ombragés agrémentent les places.

Dans le métro de Budapest.

L'île Marguerite

Entre le pont Marguerite et le **pont Arpád**, la célèbre **île Marguerite** (Margitsziget) surgit au milieu des eaux brunâtres du Danube : c'est un monde exotique qui a toujours inspiré les poètes, les penseurs et les compositeurs, dont on voit d'ailleurs de nombreux bustes. On ne peut y accéder en voiture que par le pont Arpád ; mais, de toute façon, elle est fermée à la circulation automobile, à l'exception des autobus. Il y circule aussi des voitures à cheval et des bicyclettes.

Avec ses 57 m de hauteur, le **château d'eau** domine l'île, au-dessus d'un grand théâtre en plein air. Du sommet de cette construction du début du XXe siècle, on a une belle vue sur le Parlement et le château, qui semblent émerger d'une mer d'arbres. Cette tour sert de galerie d'art contemporain.

Bien que reconstruite, l'**église médiévale des Prémontrés** a gardé le mur sud et les vitraux du XIIe siècle. La tour abrite l'une des plus anciennes cloches du pays (XIVe-XVe siècle), découverte en 1914 sous un vieil arbre déraciné par la tempête. A côté de l'église se trouve le buste de Janus Pannonius.

Un peu plus loin au sud se trouvent les ruines d'un **couvent de dominicaines** construit en 1241 sur ordre de Béla IV (1235-1270) après la victoire sur les Mongols, conformément à un vœu. Béla IV y fit entrer sa fille Marguerite ; elle a donné son nom à l'île, qu'on appelait l'île aux Lièvres jusqu'à la fin du XIXe siècle. Autre témoin du passé, au sud de la roseraie, les ruines d'une **église franciscaine** du XIIIe siècle.

Les amateurs ne peuvent qu'être comblés par la richesse de ce parc, le plus vaste de la capitale. Il y pousse des chênes séculaires, des ormes, des bouleaux, des frênes, ainsi que des noyers noirs d'Amérique, des sophoras de Chine, des marronniers d'Inde à fleurs rouges, des tulipiers, des acacias. On y trouve plusieurs jardins bota-

Dans une rue de Budapest.

niques. Dans le jardin japonais, une source thermale inonde de ses vapeurs une falaise artificielle. Toutes les roses du monde, dit-on, sont représentées dans la roseraie.

On trouve sur l'île deux piscines à ciel ouvert (le Palatinus Strand, avec de grands toboggans), des courts de tennis en parfait état et des hangars à bateaux. L'**hôtel Thermal** accueille les curistes et dans les salles de bains du **Grand Hôtel**, à l'ambiance feutrée et au personnel stylé, coule une eau chaude qui jaillit directement d'une source.

En quittant l'île Marguerite à son extrémité sud, par le pont du même nom, et en revenant vers Buda, il ne faut pas manquer d'admirer deux vestiges du passage des Turcs. Près de la tête du pont, côté Buda, à l'angle de deux rues, Turbán út et Mecset utca, se trouve la **tombe de Gül Baba**, célèbre derviche dont le nom signifie «Père de la rose» : c'est lui en effet qui introduisit en Hongrie la culture de cette fleur chérie des Hongrois. Aussi a-t-on planté de roses le petit parc qui entoure le tombeau, par ailleurs dépouillé.

Second vestige du passage des Turcs, le **Bain royal** (Királyfürdö), construit en 1556, existe toujours Fö utca. Sous les coupoles vertes frileusement serrées les unes contre les autres, dont la plus haute est surmontée d'un croissant de lune doré, se trouve un bassin octogonal, accessible par quatre escaliers.

On peut aussi partir à la recherche des traces du passé romain : les ruines du théâtre militaire (à l'angle de Korvin Ottó út et de Nagyszombat utca) et de l'amphithéâtre (Szentendrei út), derrière le passage souterrain.

Mais les ruines de la ville romaine d'**Aquincum**, avec son musée, sont plus intéressantes encore. Elle fut fondée au Ier siècle apr. J.-C. sur le territoire d'une agglomération celtique, Ak-Ink, qui avait été elle-même fondée au IIIe siècle av. J.-C. sur les pentes du mont Gellért. Ces Celtes s'intégreront parfaitement à la nouvelle colonie romaine. Aquincum accéda en 106

Restaurant de l'île Marguerite.

apr. J.-C. au rang de capitale de la Pannonie inférieure, dont l'un des gouverneurs deviendra l'empereur Hadrien.

Obuda

Bien qu'elles ne soient pas aussi anciennes, les habitations d'**Obuda** sont également les témoins du passé. Dans ce quartier assez pauvre, les maisons exiguës et resserrées et les murs ont pris une teinte noire : les combats de rues du XXe siècle et la patine du temps y ont laissé leurs traces. Derrière les portails d'entrée non restaurés se cachent des arrière-cours et des cours intérieures, qui sont également laissées à l'abandon — et cela vaut pour tous les bâtiments d'Obuda. L'architecture de certaines maisons anciennes du bourg favorise un contact plus humain que celle des immeubles sociaux monotones qui occupent la périphérie. On se croirait dans un village dont les habitants entretiennent une certaine communauté de vie : on échange les nouvelles d'une cour à l'autre, on surveille les bébés des voisins ; le linge sèche au milieu des effluves culinaires de l'étage supérieur ; sur les galeries en forme de balcons, les grand-mères se réunissent pour bavarder. Une observation plus attentive des lieux permet de faire nombre de découvertes : statuettes, carreaux en céramique, décorations en fer forgé, marques qui indiquent le niveau des crues du fleuve, et une profusion de motifs en stuc et de mosaïques. Au milieu de tout cela se dressent quelques églises isolées et une synagogue ancienne.

Non loin de la Szentendrei út, la **Fö tér**, vieille place d'Obuda, se cache au milieu d'immeubles peu avenants qui ne laissent pas deviner sa présence, mais elle est charmante et abrite trois restaurants accueillants.

Les Budapestois sont fiers de leur métro, le plus ancien du continent, sur le modèle de celui de Londres, et achevé en moins de deux ans pour les fêtes du millénaire, en 1896.

Le pont de la Liberté.

LES CAFÉS

Il fut un temps où l'on appelait Budapest «la ville des cafés». Durant les deux décennies qui ont précédé la Grande Guerre, elle s'est prise à rêver de devenir une grande capitale. Vers la fin du XIXe et le début du XXe siècle s'ouvrirent, l'un après l'autre, des établissements appelés *kávéház*, car c'était une importation de Vienne. C'est là que le monde des artistes se donna rendez-vous: poètes, journalistes, acteurs dont la poussière des planches collait encore au col, récitantes de cabarets et vedettes d'opérettes.

Les bourgeois se mirent aussi à fréquenter les cafés, ainsi que les maquignons venus de la campagne et les filles. Les tables et les célèbres supports de bambou croulaient sous les gazettes et les journaux hongrois et étrangers. Empressés, les serveurs apportaient le café, le verre d'eau ou l'œuf à la coque du petit déjeuner.

Ce monde éclectique et somptueux du café style 1900 a presque disparu, détruit par la guerre ou sacrifié aux transformations qui ont suivi: il parut alors judicieux de se servir de ces vastes espaces qu'avaient occupés les cafés pour vendre des chaussures ou pour héberger des fonctionnaires.

Un seul *kávéház* authentique existe encore, le **New York**, qui a retrouvé son ancien nom après s'être appelé un temps le Hungária, au rez-de-chaussée du palais de la Presse, Erzsébet körút (ancien boulevard Lénine). Il a ouvert ses portes en 1894, et malgré plusieurs rénovations il a su conserver au fil du temps son éclat et sa pompe d'origine. Les murs ont gardé leurs fresques et leurs miroirs; les portraits des artistes qui le fréquentaient, les dessins et les caricatures suspendus aux murs rappellent la vie qui animait ces lieux au début du siècle.

Néanmoins, quelques-uns de ces établissements d'un genre difficile à déterminer sont restés insensibles aux changements et aux destructions; si l'on veut, on peut les appeler, eux aussi, des cafés. Dans Andrássy út, l'une des rues les plus élégantes de la ville, qui traverse Pest presque de part en part, se trouve,

L'ambiance des cafés n'est parfois pas sans rappeler l'époque impériale.

au n° 70, la **pâtisserie Lukács**, au décor baroque.

Dans la même rue, en allant vers la Vörösmarty tér, réaménagée depuis peu, arrêtez-vous au n° 29, le **café Müvész**, ou café des Artistes. C'est le plus luxueux de ceux qui ont résisté dans le centre, et celui qui a la patine la plus authentique. On rencontre, dans ses salles habillées de miroirs et ornées de sculptures, un public d'artistes de l'Opéra tout proche, de banquiers, de retraités et de dames d'un certain âge.

Sur cette Vörösmarty tér où grouillent les musiciens de rues, à la sortie du métro, on tombe sur le salon de thé le plus élégant de la ville, le **Gerbeaud**. La première maison Gerbeaud fut fondée en 1858. Restauré dans son éclat d'antan, il a un cadre superbe tant par l'architecture et le décor que par le mobilier de styles divers. C'est le lieu de rencontre des derniers représentants de la grande bourgeoisie, des Hongrois d'Occident nostalgiques de leur patrie et des étrangers curieux de savourer les spécialités magyares.

Quant à avaler un bon café, mieux vaut aller dans le petit *eszpresszó* d'en face, à l'angle de la Dorottya utca, qui sert le café noir le plus corsé de Budapest; plus loin, à l'écart des lustres et des ors du centre ville, le salon de thé **Hauer**, au n° 49 de la Rákóczi út, dégage une atmosphère d'harmonie et de paix; lui aussi s'est couvert d'une patine de bon aloi. Malgré un intérieur élimé, la foule qui ne cesse d'entrer et de sortir emplit les salles d'une couleur locale «vraie».

Dans les années trente, cafés et salons de thé se sont multipliés. L'époque a amené une architecture fonctionnelle qui a donné naissance à toute une série d'établissements vastes et élégants; malheureusement, beaucoup ont dû se transformer ou cesser leur activité: l'architecture moderne se heurtait au mépris, et cette attitude a duré plusieurs décennies.

Aussi Budapest ne possède-t-elle qu'un seul café «moderne»: il s'agit du **Dunapark**, au rez-de-chaussée d'un immeuble imposant, à l'angle du parc Saint-Étienne et de la Pozsonyi út. La galerie, les larges fenêtres, les colonnes, le hall, tout respire le style des années trente.

Ceux qui la connaissent savent qu'on appelle aussi Budapest «la ville de l'*eszpresszó*». A la fin des années trente, quantité d'*eszpresszók* à l'italienne ouvrirent leurs portes. Des petits bourgeois d'avant-guerre se retrouvèrent au comptoir, derrière les machines Pavoni rutilantes, et se mirent à servir les couches moyennes enrichies.

Puis durant les années cinquante s'ajoutèrent aux *eszpresszók* de la première génération, comme le Mocca, l'American, le Parisien, le Joker, l'Intim et le Darling, plusieurs centaines de petits cafés qui donnèrent à la ville une atmosphère originale. C'en était fini des enseignes aux sonorités étrangères; ils arborèrent des panneaux au néon sur lesquels scintillaient des noms à consonance révolutionnaire: «Plan», «Essor», «Spartacus», etc.

Ils existent toujours, ces *eszpresszók* d'après-guerre, mais bien peu témoignent encore du style des années cinquante. Les néons rouges et verts ont disparu; évanouies aussi les mini-tasses à café et les limonades de toutes les couleurs. A l'angle de la Bem tér, le **Bambi**, avec son sol en mosaïques et ses sièges en simili-cuir, a survécu.

Comme à Vienne, l'emblème du café est un petit Turc.

ELSŐ DUNA - GŐZ

AJÓZÁSI TÁRSASÁC

LES ENVIRONS DE BUDAPEST

Au bout de trois jours de visite de la ville, on se sent attiré par la campagne pleine de charme, l'art et la culture, la flore et la faune. Il y a tant à voir qu'il est nécessaire de faire un choix.

Première excursion : lac de Velence-Székesfehérvár

On quitte Budapest par l'autoroute M 7 (E 96) en direction du sud-ouest. Il faut compter 50 km environ jusqu'à Székesfehérvár à travers un paysage vallonné, couvert de prairies, de vergers et de vignobles. **Érd**, à la périphérie de Budapest, possède l'un des trois minarets qui rappellent l'occupation turque. Peu avant Székesfehérvár, on longe le lac de Velence, parsemé d'îlots de roseaux; sa rive méridionale est bordée de nombreuses stations balnéaires.

Székesfehérvár est l'une des plus anciennes villes de Hongrie, l'une de celles qui a conservé le plus de traditions. La colonie romaine de Gorsium, située au sud du lac, était au début du Ier siècle le centre spirituel de la Pannonie. Arpád, chef de la tribu des Magyars qui s'installa dans le pays, bivouaqua en ces lieux après avoir traversé le Danube. Son arrière-petit-fils, saint Étienne (1000-1038), choisit cette ville pour y établir sa résidence et fit ériger la basilique royale en 1016. C'est là que, durant près de cinq cents ans, eurent lieu toutes les cérémonies royales, couronnements et funérailles. Puis Buda prit de l'extension et finit par éclipser Székesfehérvár, mais celle-ci a gardé son aura quasi mythique : malgré les destructions et l'industrialisation, malgré l'accroissement de la circulation et du trafic de transit, elle est restée le centre de la royauté magyare.

Bien que Székesfehérvár ne jouisse plus de la même considération qu'au Moyen Age, elle continue à faire gran-

Pages précédentes : le siège de la compagnie de navigation du Danube. Ci-dessous : pêcheur au bord du lac de Velence.

de impression. En parcourant ses rues et ses ruelles, on croit sentir les effluves de son passé et de son esprit façonné par l'histoire, et cela d'autant plus facilement que sa conformation générale n'a pas changé depuis l'époque médiévale. Certes, les édifices ont tous été détruits au cours de l'occupation turque, sauf un seul, la chapelle Sainte-Anne. Heureusement, les églises et les constructions en style rococo, les musées aménagés avec amour et les rues étroites ont fait oublier la fureur de démolition des envahisseurs.

Le centre de la ville, presque entièrement transformé de nos jours en zone piétonnière, est occupé par la **place de la Liberté** (Szabadság tér), qui a toujours été la grand-place de Székesfehérvár. De là, par des petites rues montantes, on atteint la partie la plus ancienne de la ville, ce qui fut le cœur de la cité au Moyen Age, la place du Prince Géza. C'est là que se trouve la fameuse **chapelle Sainte-Anne** (1470), édifice gothique.

A proximité se dresse la **cathédrale**, fondée par Béla IX. On voit encore des vestiges de fenêtres gothiques sur les deux tours. Au centre de la place, les pavés ont conservé les contours d'une église byzantine, mais il faut un effort d'attention pour les distinguer.

Puis on revient place de la Liberté, sur laquelle s'élevait jadis la majestueuse basilique royale. Comment ne pas éprouver un léger frisson en pensant que l'on marche pour ainsi dire sur les ruines de l'édifice médiéval le plus important de Hongrie ? La tour sud-ouest de la basilique se trouve maintenant sous la fontaine, les nefs latérales sous les rues asphaltées. Dans le **jardin des Ruines** (Romkert), derrière la place, on voit encore l'abside, quelques restes de piliers et la tombe du roi Étienne Ier.

Le côté sud est fermé aujourd'hui par l'**hôtel de ville**, avec les statues allégoriques de la Justice et de la Prudence au-dessus du portail principal. Devant l'hôtel de ville se dresse un monument représentant un cava-

Le palais épiscopal de Székesfehérvár.

lier hussard nu et, en face, la **maison Hiemer** (Jókai út 1), qui s'y trouvait déjà au début du XVIIIe siècle; elle présente une décoration en stuc ouvragé ainsi qu'un balcon d'angle de style rococo; mais elle aurait besoin d'une sérieuse restauration. A quelques pas se trouve une église franciscaine baroque (1720-1742) avec son monastère. Le côté est de la place est occupé par le **palais épiscopal** (1800-1801), l'un des édifices rococo les plus marquants du pays.

Au nord de la place, au n° 15 de la rue Március, s'élève l'**église baroque des Cisterciens**, avec ses deux tours et son monastère, édifiée par les jésuites de 1745 à 1751; l'ensemble forme un complexe de toute beauté. Après la dissolution de cet ordre en 1773, le monastère passa à des moines pauliniens, et depuis 1813, l'église est redevenue propriété des cisterciens. La sacristie est remarquable; elle représente un décor, unique en Hongrie, de boiseries sculptées dans le chêne et le tilleul qui datent des années 1764 à 1767. On peut y accéder par l'entrée latérale de l'église, qui donne sur le passage Jean (János kös). Grâce à la présence d'esprit du curé de l'époque, ces boiseries précieuses ont échappé aux destructions de la Seconde Guerre mondiale: il protégea la sacristie avec tous les sacs de sable dont il put disposer, car, ne pouvant sauver l'ensemble, il préféra sacrifier l'église elle-même.

En face de cette église, de l'autre côté de la rue, se trouve la pharmacie dite **A l'Aigle Noir** (Fekete Sas patika), dans laquelle est installé un ravissant musée de la pharmacie, décoré de boiseries et de pièces de mobilier sculpté de style baroque (1758). Il expose des récipients et des fioles médicales dont les plus anciennes datent encore de l'époque des jésuites.

Le lac de Velence

On quitte Székesfehérvár par la route 70 en direction de **Velence**. Les îlots de roseaux du lac (Velencei tó) servent d'abri à des espèces rares d'oiseaux aquatiques pour lesquels on a aménagé en cet endroit un parc naturel protégé. Le lac est également le paradis des pêcheurs: il y vit des carpes et des anguilles, parfois aussi des silures. En été, des bateaux de tourisme partent presque toutes les heures du Touring Hotel d'Agárd pour en faire le tour.

Les Hongrois ont surnommé ce lac «le petit-fils du Balaton»; comme son «grand-père», il est très peu profond et se réchauffe donc vite en été. Les principales stations balnéaires, établies sur la rive sud, sont **Agárd** et **Gárdony**, villes mitoyennes qui n'en forment pratiquement qu'une.

Sur la route qui mène à Budapest, la départementale 70, il ne faut surtout pas manquer de s'arrêter à **Martonvásár** pour lui consacrer une petite visite. Beethoven a logé à plusieurs reprises dans le ravissant petit **château** qui date de 1773, invité par la famille Brunswick. Le superbe parc du château lui aurait inspiré, dit-on, sa *Sonate au clair de lune*, qu'il composa effectivement en ce lieu; on dit aussi qu'un merle lui aurait «murmuré à

Le jardin des Ruines de Székesfehérvár.

l'oreille» le troisième mouvement de son concerto pour violon et orchestre. Un institut de recherche agronomique est installé dans ce château, qui abrite aussi un petit musée consacré à Beethoven.

Deuxième excursion : vers le sud

Pour aller à la découverte du sud de Budapest, il est préférable d'éviter les deux artères importantes, la M 5 (autoroute en direction de Kecskemét) et la E 15 (n° 4 en direction de Szolnok). Si l'on veut vraiment faire connaissance avec le pays, il vaut mieux choisir les routes secondaires, à condition qu'elles figurent sur la carte et qu'elles soient asphaltées. Mis à part quelques charrettes tirées par des chevaux, c'est à peine si l'on rencontre un véhicule sur ces routes. Elles sont si étroites qu'il serait absurde d'y tracer une ligne blanche. On n'y entend d'autre bruit que le gazouillis des oiseaux à la belle saison. Un horizon sans fin de taillis et d'arbrisseaux s'ouvre devant les yeux, interrompu çà et là par un lopin de terre labourée. C'est déjà le commencement de la **Nagyalföld**, la Grande Plaine.

Dans le petit bourg d'**Ocsa**, de nombreuses maisons basses aux toits de chaume se serrent autour d'une vaste et majestueuse basilique qui date de 1560, malheureusement fermée parce qu'elle menace de s'effondrer.

Dans cette contrée, les gens ont la peau plus bistre qu'à Budapest; on y voit de vieilles paysannes chevauchant d'antiques bicyclettes, un foulard sur la tête et des bottes aux pieds, tandis que les paysans cahotent dans leur charrette tirée par un cheval, sur des sentiers sablonneux.

Plus au sud, à l'est d'**Apaj**, on trouve encore la **puszta** authentique, uniformément plate, couverte d'une végétation de steppe et creusée de puits. Quelques troupeaux isolés de moutons et de chèvres paissent sur la plaine, et, avec un peu de chance, on peut croiser un fier cavalier vêtu du costume local.

Vue de Székesfehérvár.

Troisième excursion: Budapest, Gödöllö et Hatvan

Quitter Budapest par l'autoroute M 3, en direction du nord-est. Au bout de 30 km, on arrive à **Gödöllö**. Le gouvernement hongrois avait fait cadeau aux Habsbourg du **château** baroque. Construit entre 1744 et 1750 pour le prince Grassalkovich. Il leur servit de résidence d'été de 1867 à 1918. L'impératrice Élisabeth (Sissi) venait s'y distraire de la vie à la cour de Vienne. Un monument a été érigé à la gloire des soldats tombés au cours de la Première Guerre mondiale, dans la chapelle du château qui sert aujourd'hui d'église paroissiale. Les travaux de restauration du château ne font que commencer.

Une partie de l'édifice sert de foyer pour personnes âgées. Aucune visite «officielle» n'est autorisée, mais n'importe qui peut s'y promener, de même qu'à Aszód d'ailleurs. Comme cela arrive si souvent aussi en Hongrie, les édiles de Gödöllö n'ont fait poser aucun panneau indiquant la présence de ce monument. On tombe littéralement dessus quand on arrive au grand carrefour des routes Budapest-Aszód et Vác-Isaszed. De l'autre côté de ce carrefour, la cour intérieure d'un immeuble ancien abrite le marché hebdomadaire. Là, on a tout loisir d'étudier les différences entre un bourg de province et une grande ville; les éventaires sont occupés par les paysans qui écoulent leurs surplus auprès d'artisans qui vendent des fruits confits, des jus de fruits et des cuillers en bois sculptées à la main.

Un institut d'agronomie est installé dans l'ancienne et somptueuse **école des Prémontrés**, dont le toit est surmonté d'une étoile rouge, en pleine zone industrielle. A l'orée du bourg, sur la gauche en direction de Hatvan, la route passe devant une **église** baroque. Un sentier comporte encore plusieurs stations d'un chemin de croix dont le départ est marqué par un portail de bois sculpté et peint. Un panneau devant l'église avertit de prendre

Les moutons (il y en a trois millions dans le pays) occupent la route.

garde aux éboulements. La nef a un plafond remarquable, décoré de peintures aux couleurs vives; au-dessus se trouve une chapelle.

Au bout de 10 km, on atteint **Aszód** qui possède, elle aussi, un **château** baroque dans un état lamentable de délabrement (1767-1772) et d'isolement: pas un panneau pour indiquer sa présence. Il fut propriété de la famille Podmaniczky, laquelle, au siècle dernier, a donné plusieurs bourgmestres à Budapest. On ne peut pas non plus visiter ce château, qui menace de tomber en ruine; il sert de parc de stationnement, d'atelier et d'entrepôt. Au sommet de la colline s'élève une église baroque.

Devant la propriété, une flèche indique le musée sur la droite, mais il serait vain d'en attendre des renseignements sur le château et ses habitants. L'ancienne école (1771) abrite actuellement le **musée Petöfi**. C'est là que le poète fréquenta l'école de 1835 à 1838. Le musée explique l'histoire d'Aszód; il expose des costumes régionaux et des souvenirs de Sándor Petöfi.

Les cigognes, oiseaux porte-bonheur, sont protégées.

On trouve enfin un troisième **château** dans le même état à **Hatvan,** à 55 km de Budapest, mais son parc est entouré d'une clôture; les visiteurs ne peuvent donc avoir qu'une vague idée des lieux. Ce château remonte lui aussi à la famille Grassalkovich. A la suite d'un mariage, il passa aux Hatvány, famille qui jouissait déjà d'un grand renom à l'époque du roi Mathias et qui a donné son nom à la petite cité.

Quatrième excursion: Budapest et Tata

Prendre à Budapest la direction nord-ouest et l'autoroute vers Tata. En chemin, il est recommandé de faire un détour par **Zsámbék** pour voir les ruines de l'église et de son monastère du XIIIe siècle. Peu avant Tata, la route traverse **Vértesszölös**, bourg qui doit sa célébrité à la découverte, en 1963, d'ossements de l'*Archanthropus, Homo erectus*, ancêtre de l'homme. Les ossements, outils et restes de foyer sont exposés dans un village-musée.

Tata est une charmante petite cité où abondent sources et étangs; les rois Sigismond et Mathias en avaient fait leur lieu de villégiature. Sur la rive de l'Öreg tó, le vieux lac aux sources chaudes, s'étend un vaste parc avec les ruines de l'église de Vértesszentkereszt, qui date du XIIIe siècle. Au bord du lac se dressent encore les ruines de l'Öregvár (le vieux château), des XIVe et XVe siècles, qui fut détruit par les Turcs et les Autrichiens. Les pièces restaurées abritent le musée Kuny-Domonkos et sa collection de céramiques. La place Kossuth est dominée par une église rococo à deux tours, et la place du 7 Novembre par un château datant de 1769, qui a appartenu aux Esterházy.

On peut revenir à Budapest par la route 10, pour avoir une petite idée de **Tatabánya**, centre minier dont la production couvre presque les besoins de la Hongrie en charbon. Au sommet d'un mont trône une statue représentant l'animal héraldique des Magyars, le turul, mélange d'aigle et de faucon.

LE DANUBE

Nom hongrois: Duna.
Longueur: 2 857 km (deuxième fleuve d'Europe, après la Volga).
Débit: 6 500 à 7 197 m³ par seconde.
Superficie du bassin: 817 000 km².
Source: Donaueschingen, en Allemagne, au confluent de la Breg et de la Brigach, qui coulent du sud de la forêt Noire.
Embouchure: Dans la mer Noire, près d'Izmaïl, par un large delta dont la majeure partie se trouve en Roumanie, et le reste en Ukraine.
États danubiens: Allemagne, Autriche, Slovaquie, Roumanie, Hongrie, Bulgarie et Ukraine.
Affluents: Plus de 300, parmi lesquels l'Iller, la Lech, l'Isar, l'Inn, la Wörnitz, l'Altmühl, la Naab, le Regen en Allemagne; la Traun, l'Enns, la Leitha en Autriche; la Váh en Slovaquie; la Raba en Hongrie; la Drave, la Tisza, la Sava en Yougoslavie; l'Iskar en Bulgarie; l'Olt, le Siret et la Prut en Roumanie.
Industrie: Peu profond, le Danube convient moins aux transporteurs lourds que le Rhin. Néanmoins, avant la Seconde Guerre mondiale, de grandes quantités de céréales voyageaient par bateaux vers l'Europe occidentale, en provenance de Hongrie, de Yougoslavie et surtout de Roumanie. De l'autre côté des Portes de Fer (en Roumanie), la circulation est plus intense. Plusieurs centrales électriques se sont établies le long de son cours. On construit un système de biefs entre Bratislava et Budapest. Le canal du Rhin-Main-Danube relie Rotterdam à la mer Noire.
Histoire: Dès le VIIe siècle, des marins grecs parviennent au Danube inférieur et y pratiquent un commerce actif. Plus tard, le fleuve marque la frontière nord de l'empire romain avec les camps de Vindobona (Vienne), Aquincum (Budapest) et Singidunum (Belgrade). Au XVe siècle, l'empire ottoman assure sa domination sur les Balkans en construisant une ligne de fortifications sur la rive sud. Mais il faut attendre l'expulsion définitive des Turcs pour que le fleuve retrouve la place, qu'il occupait depuis le Moyen Age, de voie commerciale entre l'Est et l'Ouest. En 1616, une convention est signée entre les États riverains; les accords conclus en 1838 et 1840 par l'Autriche avec la Grande-Bretagne et la Russie garantissent la libre navigation, clause confirmée en 1856 par le traité de Paris; une commission internationale de contrôle, à Galatz, opérera jusqu'en 1945. En 1948, les États de l'Est et la Yougoslavie signent la convention de Belgrade, qui ôte aux pays non riverains tout droit d'ingérence dans les questions danubiennes. En 1980, l'Autriche adhère à cette convention, mais l'Allemagne fédérale s'y refuse. C'est pourquoi la circulation des bateaux étrangers sur le cours allemand du fleuve est soumise à des accords bilatéraux.

Pages précédentes: un bras du Danube non loin de Szentendre.

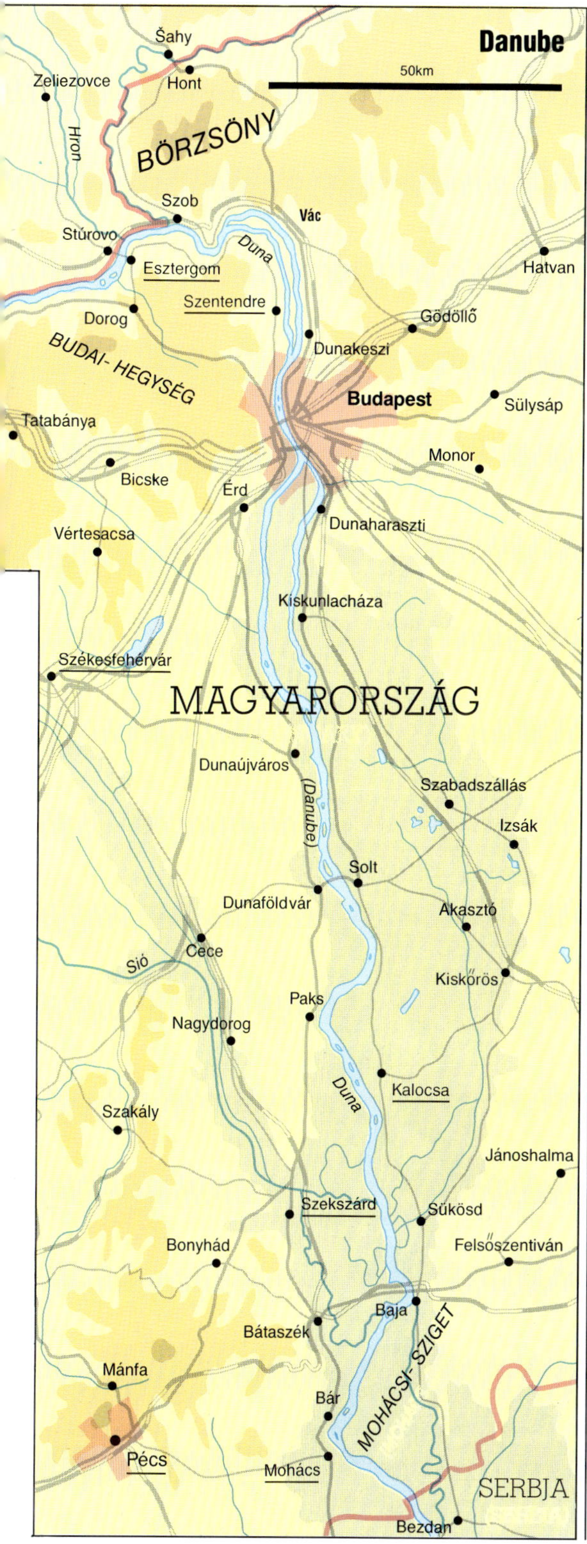

LE DANUBE HONGROIS

Pour faire le trajet de Vienne à Budapest sur le Danube — éventuellement même l'aller et le retour — on a le choix entre les hydroglisseurs hongrois et les autrichiens. Des paquebots soviétiques, roumains et bulgares circulent également sur le fleuve, et par l'intermédiaire des compagnies de navigation il est possible d'organiser un séjour à Budapest. On peut faire la traversée à bord de sa propre embarcation, à condition d'être muni des papiers nécessaires.

L'aller

Il faut compter 60 km entre Vienne et la frontière austro-hongroise. Le Danube longe la petite ville ancienne fortifiée de **Hainbourg** jusqu'au confluent de la March. Puis le fleuve franchit la **porte de Thèbes** (ancienne porte Hungarica), gorge resserrée entre des rochers que surplombe le **fort de Devín** (Thèbes, qui a donné son nom actuel au défilé), ancien château slave, d'un côté, et le **Braunsberg**, hauteur qui se trouve encore en territoire autrichien de l'autre. Il poursuit alors sa course le long de la frontière slovaque. Sur la rive gauche apparaît la ville de **Bratislava** (Presbourg), capitale de la Slovaquie. Pendant les cent cinquante années de domination ottomane, Bratislava joua le rôle de capitale de la Hongrie et porta le nom de Pozsony, tandis que Buda et Pest étaient soumises à l'occupant.

Trajet hongrois

Le passage du Danube en Slovaquie est relativement court, puisqu'il ne dépasse pas 22 km. Seule une tour très discrète sur la rive droite indique le changement de nationalité du fleuve. Pendant les 160 km suivants, il marque la frontière entre ces deux pays. Notons ici une particularité qui peut surprendre : plus on s'éloigne de la source, plus le chiffre qui indique le kilométrage diminue, car le Danube est le seul fleuve qui se mesure de l'embouchure à la source.

Entre la Slovaquie et la Hongrie, les rives présentent assez longtemps un aspect identique : d'épaisses forêts très humides au milieu desquelles des bras plus ou moins larges du fleuve se glissent subrepticement, formant des îlots couverts de fourrés épais, ou s'étalent en forme de lagunes, paradis des cormorans et des canards sauvages.

On ne voit pas âme qui vive dans cette zone livrée à l'eau et à la végétation; aucun village ne s'est établi à proximité des rives du Danube, à une exception près, **Gönyü**, sur la rive hongroise, auquel d'aucuns attribuent une fonction qu'il est bien loin de remplir : celle de port de Györ.

Derrière la digue, on aperçoit les toits de plusieurs maisons basses, et quelques barques vermoulues oscillent. Sinon, dans cette contrée perdue, soumise au seul règne de l'eau et d'une végétation abondante, une petite cabane blanche et les dragues qui arrachent la vase et les gravillons du lit du fleuve pour en former des monticules jaunâtres rappellent çà et là la présence de l'homme. A certains endroits, les sédiments et les crues ont surélevé le lit du Danube, de sorte que le terrain riverain se trouve au-dessous du niveau de l'eau.

Komárom

La civilisation ne reprend ses droits qu'à **Komárom** (versant hongrois) et Komárno (versant slovaque). A l'époque où la Slovaquie appartenait encore à la Hongrie, ces deux villes situées l'une en face de l'autre, de part et d'autre du Danube, n'en faisaient qu'une. Elles formaient une agglomération fortifiée qui eut un grand rôle à jouer dans les guerres contre les Turcs et dans les insurrections de 1848-1849. Aujourd'hui, elle est scindée en deux parties, reliées par un pont ferroviaire et un pont routier.

La seule chose intéressante à voir est la vieille forteresse encerclée par

Voitures à cheval et automobiles se partagent la place sur le bac.

les bras du Danube, ou plutôt ce qu'il en reste. En revanche, la ville hongroise est liée à un grand nom de la musique légère : c'est là que naquit, en 1870, Franz Lehár, fils d'un musicien de l'armée, morave d'origine, compositeur de la célèbre *Veuve joyeuse* qui a valu à l'opérette viennoise une deuxième époque de gloire.

Peu après Komárom, le paysage se métamorphose. Côté hongrois, les forêts de broussailles s'éclaircissent ; puis les contreforts des **collines de Gerecse** se rapprochent du fleuve, et les villages réapparaissent. Jusqu'à ce qu'enfin se découpe à l'horizon la grande coupole de la basilique d'Esztergom sur le plateau rocheux, devant les **monts Pilis**.

Si l'on veut visiter Esztergom, il faut renoncer au voyage sur le Danube, car les bateaux ne s'arrêtent nulle part entre Vienne et Budapest. En revanche, si l'on vient de Vienne en voiture, il faut quitter la nationale 1 après la traversée de Györ et prendre la nationale 10 jusqu'à Dorog.

Le berceau de la Hongrie

Esztergom fut la première capitale de la Hongrie, à l'époque des rois Arpád. La ville garde une certaine importance, car elle est le siège de l'archevêque primat de Hongrie, qui préside la conférence épiscopale.

La **basilique** néo-classique d'Esztergom est la plus vaste église du pays. La coupole, soutenue par 24 colonnes, a une hauteur intérieure de 71,50 m. Les guides ne manquent jamais de préciser que c'est la quatrième du monde par ses dimensions.

L'édifice a été commencé en 1822 et achevé en 1856 ; il mesure 118 m de long et 40 m de large. Il est précédé d'un portique tourné vers la Hongrie et soutenu par huit colonnes corinthiennes hautes de 22 m. La basilique a été consacrée le 31 août 1856, et c'est à cette occasion que Franz Liszt composa la *Messe de Gran*.

Mais la partie la plus intéressante de la basilique date d'une époque plus ancienne : c'est la chapelle Bakócz,

Ci-dessous à gauche, près d'Esztergom, le pont vers la Slovaquie avant qu'on le fasse sauter ; à droite, les vitres du café Nostalgia à Szentendre.

construite au sud de l'édifice et qui fait office de chapelle latérale; son nom lui vient de Tamás Bakócz, l'un des archevêques les plus éminents d'Esztergom. Elle a été construite entre 1506 et 1511; les murs en sont recouverts de marbre rouge.

A l'origine, la chapelle faisait partie de l'**église Saint-Adalbert**, qui date du Moyen Age; elle seule a survécu aux destructions qui ont accompagné la retraite des Turcs en 1683. Lorsque l'on édifia la basilique au XIXe siècle, on découpa la chapelle en fragments pour l'intégrer au nouvel édifice. L'église Saint-Adalbert, aujourd'hui disparue, est la première église qui ait été construite sur la colline du Château; elle date du XIe siècle et porte le nom du premier évêque de Bohême qui occupa le siège épiscopal de Prague. D'après la tradition, c'est lui qui aurait baptisé le prince Géza, de la famille des Arpád, et son fils Étienne, premier roi de Hongrie. C'est également à Esztergom, dit-on, qu'eut lieu le sacre du roi Étienne Ier; à cette occasion, le souverain reçut solennellement la couronne envoyée de Rome par le pape Sylvestre II en l'an 1000.

L'ancien **palais royal** dans lequel résidèrent par la suite les prélats est mieux conservé que l'église Saint-Adalbert; il est encore livré aux fouilles des archéologues, qui ne cessent d'en dégager des vestiges. Les visiteurs peuvent y admirer quelques belles portes romanes des XIIe et XIIIe siècles, celle qui donne dans la chapelle du palais, par exemple. Il reste aussi quelques salles en assez bon état; d'autres ont été en partie reconstruites, comme la salle voûtée qui passe pour la plus ancienne pièce d'habitation de Hongrie.

Outre la basilique et le palais royal élevés sur la colline du Château, Esztergom possède d'autres trésors qu'il serait dommage de négliger. Le **palais du primat de Hongrie**, entre la colline et le Danube, abrite le **musée d'Art chrétien** qui conserve la collection d'art la plus importante du pays, exception faite de la capitale. Les

Esztergom, ville épiscopale.

précieux tableaux et des objets en bois sculpté des XVe et XVIe siècles qui y sont exposés ne proviennent pas tous de la Hongrie actuelle; il en vient de l'ancien et vaste territoire où avait fleuri la culture hongroise aux siècles précédents. On y trouve également des œuvres de peintres autrichiens et allemands originaires du bassin du Danube, datant de la même époque, ainsi que des maîtres italiens de la fin du Moyen Age. La visite d'Esztergom n'est cependant pas complète si on ne va pas voir les maisons baroques et rococo et les constructions néo-classiques de la **Széchenyi tér** et des petites rues adjacentes à cette place, en particulier l'**hôtel de ville**, qui date des XVIIe et XVIIIe siècles.

Le coude du Danube

L'**Ipolja** (Ipel), fleuve qui descend des montagnes de Slovaquie, se jette dans le Danube à 10 km à l'ouest d'Esztergom, sur la rive gauche. La frontière avec la Slovaquie suit l'Ipolja; elle oblique donc vers le nord, et le Danube devient exclusivement magyar.

Le «coude du Danube» se situe entre Esztergom et Visegrád: c'est certainement l'endroit le plus beau que le fleuve ait à offrir sur tout son parcours hongrois. Il est particulièrement impressionnant à Visegrád, où les **monts Börzsöny** et les **monts Pilis** resserrent le fleuve et ne lui accordent qu'un étroit passage. Le spectacle de la vallée vue du haut du château de Visegrád est véritablement grandiose; l'**hôtel Sylvanus**, situé derrière, et les collines environnantes offrent également un panorama superbe.

Visegrád, ville résidentielle

Ce petit bourg niché en bordure du Danube était une des résidences des rois de Hongrie aux XIVe et XVe siècles. Le **château** qui domine la ville abritait périodiquement la couronne de saint Étienne et les autres insignes de la royauté. Dès la première moitié du

Le Danube à Visegrád.

XIVe siècle, les rois de la maison d'Anjou firent de Visegrád la résidence royale. Sigismond de Luxembourg continua à agrandir et embellir la forteresse. Mais Visegrád connut sa véritable heure de gloire dans la seconde moitié du XVe siècle, sous Mathias Corvin, le «roi de la Renaissance», et sa femme Béatrice d'Aragon.

La **tour de Salomon** s'élève à l'extrémité inférieure de la forteresse; du haut de cette tour, on devait, semble-t-il, surveiller et contrôler la circulation fluviale et la route qui longe le Danube. Cette tour est reliée à la forteresse proprement dite par un rempart à demi en ruine sur lequel on peut grimper pour accéder au château. Mais on peut y aller en voiture, par l'une ou l'autre des routes carrossables, à l'est et à l'ouest de la colline du Château, qui offrent des perspectives toujours nouvelles sur la vallée du Danube, les villages et les chaînes de collines de la Hongrie du Nord-Est.

Derrière Visegrád, les monts Pilis atteignent l'altitude de 750 m. Les versants, pour la plupart couverts de forêts denses, étaient les terrains de chasse réservés aux monarques. Aujourd'hui, seuls quelques rares villages se cachent dans les vallons. On y chasse le chevreuil, le cerf, le sanglier et le mouflon.

La digue

En face de Visegrád, sur la rive opposée du Danube, se trouve le village de **Nagymaros**. A l'époque brillante de Visegrád, il y avait, dit-on, de superbes palais en ces lieux, mais il n'en reste plus trace. De nos jours, ce village est connu pour deux raisons tout à fait différentes: en été, les Budapestois viennent y faire leur récolte de framboises; par ailleurs, quand les écologistes entendent prononcer le nom de ce bourg, ils voient rouge: malgré leurs protestations, c'est près de Nagymaros que l'on construit le barrage inférieur ainsi que les écluses de la centrale électrique hungaro-slovaque Nagymaros-Gabcíkovo. Cette centrale

Le monument aux saints patrons de la Hongrie.

changera notablement l'aspect de la vallée. L'Autriche participe également au financement de cet ouvrage.

Le véritable «coude du Danube» se trouve à quelques kilomètres de Visegrád: c'est l'endroit où le fleuve opère un angle droit vers le sud. En même temps, il se sépare en deux bras: celui de l'est, qu'emprunte la navigation internationale, arrose Vác; celui de l'ouest, qui a la préférence des amateurs de sports nautiques, arrose **Szentendre**, petite cité d'un charme et d'un pittoresque rares. Entre ces deux bras, l'**île de Szentendre** s'allonge sur 38 km, avec une largeur moyenne de 3 km. Nombreux sont les habitants de la capitale qui possèdent une résidence sur cette île, en particulier à l'extrémité nord où l'on trouve quelques belles plages.

Vác, ville des églises

Vue du fleuve ou de l'île, **Vác** fait l'effet d'un petit nid intime. Pas un établissement industriel, pas une installation portuaire ne gâtent la silhouette de cette ville baroque, située à 34 km de Budapest et qui vit encore à l'ombre de la métropole. Ses racines sont profondes. Dès le XIe siècle, Étienne Ier fonde à Vác un siège épiscopal et fait élever une cathédrale qui malheureusement ne résistera pas aux siècles.

La **cathédrale** actuelle, place Constantin (Konstantin tér), bordée d'une double rangée d'arbres, compte parmi les plus grands exemples du classicisme hongrois. Commencée en 1760, elle est le résultat du travail de trois architectes et d'un maître d'œuvre entêté, ce qui n'a pas favorisé l'harmonie générale de l'ouvrage. Certes, la façade principale, avec ses puissantes colonnes corinthiennes, est imposante; mais les tours et les coupoles jurent avec l'ensemble. A ne pas manquer cependant, à l'intérieur, les fresques du chœur représentant *la Visitation de la Vierge* et, dans la coupole, *le Triomphe de la Trinité*, dues au peintre baroque Anton Maulbertsch.

Ci-dessous à gauche, l'arc de triomphe de Vác, le seul du pays; à droite, sur une ancienne maison de marchand serbe.

La cathédrale est le centre vital de Vác, dite «la ville des églises». En face d'elle, le **palais épiscopal** de style baroque possédait un grand parc bien aménagé, qui descendait en pente douce jusqu'au bord du Danube, mais il est à l'abandon. A quelques minutes de là, sur la rive qui, à cet endroit, surplombe le fleuve, se trouve la place du Roi Géza (Géza Király tér), où s'élevait au Moyen Age la forteresse de Vác; l'église des Franciscains, baroque elle aussi, borde la place.

Si, en partant de la Konstantin tér, on prend la direction du nord, on arrive tout d'abord à la **place de la Trinité** (Szentháromság tér), qui doit son nom et son caractère à la colonne de la Trinité et à l'ancienne église à deux tours des Piaristes, qui datent toutes deux de l'époque baroque. La pièce la plus précieuse de cette église est un tabernacle orné de miroirs vénitiens biseautés.

Enfin, à la périphérie de la ville, l'ancienne église dominicaine occupe le côté sud de la **place du 15 Mars** (Március 15 tér). Cette place était jadis le centre de la ville bourgeoise, et elle l'est encore en partie. Ainsi en témoignent l'**hôtel de ville**, palais baroque datant de 1764, avec un charmant petit balcon au-dessus du portail d'entrée, plusieurs édifices qui ont en général un seul étage et datent de la seconde moitié du XVIIIe siècle, ainsi que, au centre de la place, sous les parterres fleuris... la grande cave.

Vác possède aussi, à la sortie nord de la ville, un **arc de triomphe** de style baroque tardif, que l'évêque Migazzi, maître d'œuvre de la cathédrale, fit ériger en 1764 à l'occasion de la visite de l'impératrice Marie-Thérèse. Aujourd'hui encore, avec les petites maisons qui l'entourent, il a un air bizarre, de même que, tout à côté, la sombre prison ceinte de remparts.

Szentendre

Szentendre est située au bord du bras droit du Danube, à 18 km seulement de Budapest, et reliée à la capitale par une ligne de chemin de fer électrique à grande vitesse. C'est la ville la plus intéressante de toute la région. On peut même dire qu'elle n'a pas sa pareille en Hongrie, tant par son histoire que par son atmosphère. Tout d'abord, elle compte sept églises: quatre serbes orthodoxes, deux catholiques et une protestante. Elle avait jadis six églises orthodoxes, qui toutes portaient un nom serbe, celui qu'elles gardent aujourd'hui. En effet, des Serbes sont venus s'établir à Szentendre à la fin du XVIIe siècle, alors qu'ils fuyaient les Turcs. Avec quelques familles dalmatiennes et grecques, ils firent de Szentendre, au XVIIIe siècle, un centre de commerce avec le Sud-Est. Les vastes et solides maisons bourgeoises, avec leurs immenses entrepôts, témoignent de la prospérité que cette petite ville a connue.

Par la suite, le commerce s'est cherché d'autres moyens d'accès vers le Sud-Est, et ce furent les artistes de Budapest qui découvrirent cet endroit enchanteur et vinrent s'y établir, au moins l'été. Autour de 1900, certains

Les rives du Danube au soleil.

de ceux qui hantaient Szentendre étaient déjà célèbres, tel l'impressionniste Károly Ferenczy, dont on peut voir les œuvres, ainsi que celles de ses enfants, dans un **musée** qui porte son nom; de même Béla Czóbel, Jenö Barcsa et Lajos Vajda sont d'autres grands noms de la peinture hongroise, inséparables de Szentendre; Margit Kovács, artiste potier et céramiste, dispose d'un **musée** qui lui est propre.

Budapest

L'endroit où les deux bras du Danube qui enserrent l'île de Szentendre se rejoignent marque la lisière nord de **Budapest**. La rive droite s'appelle Római part, la rive romaine, et Rómaifürdö, les bains romains: c'est là que s'élevait Aquincum, capitale de la province de Pannonie.

L'**île d'Obuda** (Obudai sziget) cache au voyageur qui navigue sur le Danube l'ancienne ville d'**Obuda** (Vieux Port), mais il ne faut pas le regretter car la majeure partie de son territoire est occupée par des chantiers navals. Au cours des dernières décennies, cette partie de Budapest, qui est sans doute la plus ancienne, est devenue un nouveau quartier d'habitation.

La capitale accueille le voyageur à la hauteur de l'**île Marguerite**. Celui-ci a alors sous les yeux le spectacle qui fait la célébrité de Budapest; en arrière-plan, les monts de Buda, plus ou moins cachés par la colline du Château, l'église Mathias, le bastion des Pêcheurs, l'hôtel Hilton et le Palais Royal reconstruit. Puis le mont Gellért tombe en pente abrupte sur le Danube, couronné par la citadelle et la statue de la Liberté.

Sur la rive gauche se dessinent les édifices publics: le Parlement néo-gothique, l'académie des Sciences et des Arts, puis les nouveaux hôtels et la redoute, et enfin, par-derrière, l'océan d'immeubles qui forme la ville de Pest.

La croisière se poursuit en passant sous le pont aux Chaînes, le plus vieux de Budapest, et on arrive alors directement sous le château, donc en plein

La patience du pêcheur.

cœur de la capitale. A gauche, sur la rive de Pest, en amont et en aval du pont Élisabeth (Erzsébet híd) s'étire le quai de Belgrade (Belgrád rakpart) : c'est là que se trouvent les embarcadères et débarcadères des paquebots qui sillonnent le Danube, ainsi que les bâtiments de la douane.

Le **mont Gellért** n'est pas seulement un haut lieu de la légende chrétienne; il a aussi sa place dans le trésor des légendes germaniques. Les premières racontent que les païens hongrois auraient enfermé l'évêque suisse Gerhardus (Gellért) dans un tonneau hérissé de clous et l'auraient fait rouler du sommet jusque dans le fleuve. Quant à la légende germanique, elle parle de la belle Lau, reine des Eaux, qui, malgré les avertissements de son mari, le roi du Danube Ingold, se serait jetée en plein sabbat des sorcières sur le mont Gellért qui, à l'époque, n'était qu'un gros rocher en bordure du Danube. Elle fut sauvée par Faust, qui étendit sur elle sa cape au moment où Satan approchait…

Industrie

Là où le Danube quitte le territoire de Budapest, l'**île Csepel**, longue de 47 km, la sépare en deux bras inégaux. Seule son extrémité nord fait encore partie de la capitale. Elle est occupée par l'entreprise la plus importante de Hongrie dans le domaine de l'industrie lourde, les aciéries et sidérurgies de Csepel. Elles emploient 30 000 travailleurs, qui sont intervenus à plusieurs reprises dans la vie politique; ils ont aussi joué un rôle dans la révolution de 1956. Sur l'île se trouvent également le port franc international et le plus grand port intérieur.

Au sud de Budapest

La navigation emprunte le bras droit du Danube, le plus large, qui reprend à présent sa flânerie à travers des forêts de taillis et dont les rives sont très peuplées. Il n'y a pas de pont entre la rive et l'île, sur ce bras du fleuve, et la circulation ne se fait donc

La plus vieille église serbe orthodoxe du pays (1487), à Ráckeve.

que par bacs; le premier pont, au sud de Budapest, se trouve à **Dunaföldvár**, à 70 km de la capitale.

En revanche, le bras gauche, qui longe l'île Csepel sur son côté est, est plus «civilisé». Il est enjambé par plusieurs ponts et est bordé de villas et de jolis jardins bien entretenus. Il est également fréquenté par les amateurs de sports nautiques et les pêcheurs. Sur sa rive ouest, au sud de l'île, se trouve la ville de **Ráckeve**. Elle possède un **château** construit par Lukas von Hildebrandt pour le prince Eugène de Savoie, ainsi que la plus ancienne **église serbe orthodoxe** de Hongrie (1487).

Entre Budapest et la frontière serbe, la croisière est plus monotone qu'entre Vienne et Budapest. Seules quelques agglomérations se sont établies sur ses rives. Aussi la compagnie de navigation sur le Danube n'organise-t-elle ni croisière ni transports réguliers en hydroglisseur.

Seuls les bateaux russes ou ukrainiens, roumains et bulgares naviguent sur ce trajet, lorsqu'ils descendent vers la mer Noire ou en reviennent; mais ils ne font aucune escale. C'est peut-être pour cette raison que les échanges internationaux y sont plus importants, car les matières premières que la Russie ou l'Ukraine envoient à l'industrie de l'île Csepel, aux raffineries et à la centrale de Százhalombatta, ainsi qu'aux aciéries de Dunaújváros, continuent, pour l'essentiel, à être transportées par voie d'eau.

Un «paradis» socialiste

Dunaújváros, à 50 km de Budapest, a surgi de terre après la Seconde Guerre mondiale. Là où sont groupées une trentaine d'usines et où s'étend une vaste zone d'habitation, il n'y avait que le village de **Dunapentele**.

Dunaföldvár, à 20 km au sud, mérite d'être mentionnée, ne serait-ce que pour son pont: c'est en effet l'unique pont sur le Danube entre Budapest et Baja. Il y avait déjà ici, dans l'ancien temps, un passage au-dessus du Danube, protégé par une forteresse

La riche décoration intérieure de l'église serbe orthodoxe de l'île de Csepel.

dont il reste encore une tour quadrangulaire sur le mont Löss. Le pont assure une liaison importante entre la Transdanubie et la Grande Plaine. Dunaföldvár compte un hôtel, un établissement thermal et un terrain de camping.

Après Dunaföldvár, le fleuve oblique vers l'est et coule dans un pays presque désert. Sur 30 km, mis à part deux hameaux, on ne rencontre aucun village en bordure du fleuve. Puis on arrive à **Paks**, où se trouve l'unique centrale nucléaire de Hongrie.

Depuis le bac de Gerjen, 15 km en aval, on peut faire un détour de 10 km par **Kalocsa**, ancienne ville épiscopale située entre le Danube et la Tisza. Elle passe pour être, elle aussi, la capitale de l'« or rouge », autrement dit du paprika, et un haut lieu de l'artisanat pour ses céramiques et ses broderies.

On arrive, 8 km plus loin, à **Fadd-Dombori**, bourg qui se niche au bord d'un lac formé par un bras mort du Danube. C'est une station de repos appréciée même des étrangers.

Un parc naturel

Bien que située à 12 km du fleuve, **Szekszárd**, ville de 35 000 habitants, fait partie du bassin danubien. Elle est en quelque sorte la porte d'entrée de la **forêt de Gemence**, longue de 25 km, qui s'étire vers le sud et représente la plus grande réserve de gibier du pays. Une partie de cette forêt est d'ailleurs interdite au commun des mortels, parce que le gouvernement y reçoit ses invités de marque.

En revanche, tout le monde est autorisé à pénétrer dans la zone d'inondation traversée de digues et couverte d'une végétation vierge, dans laquelle se succèdent des étangs entourés de roseaux, des cours d'eau morts et des clairières; saules et peupliers vieux comme le monde, chênes et sorbiers constituent, avec les chevreuils, les cerfs et les sangliers, la population de cette contrée humide. On peut la traverser sur une piste étroite, à condition que le passage ne soit pas submergé par une crue.

Cette fois, ça mord !

Pour les amateurs de sports nautiques, c'est là que le **canal de Sió**, en provenance du lac Balaton, se jette dans le Danube. Il n'est navigable que sur les derniers kilomètres avant son confluent avec le Danube et seulement pour les petits bateaux, étant donné sa faible profondeur. En revanche, on peut risquer la descente en canoë jusqu'à **Siófok**, sur la rive méridionale du **lac Balaton**. Entre Szekszárd et la forêt de Gemence se trouve le **Sárköz**, district connu pour son artisanat et ses costumes régionaux. Il y a là quatre communes, situées sur une ondulation de terrain. Elles sont restées des siècles fermées aux influences extérieures, de sorte que les coutumes s'y sont maintenues plus longtemps qu'ailleurs. On ne peut plus admirer ces costumes aux couleurs vives que dans la maison du peuple de **Decs** ou dans les ateliers de la coopérative du Sárköz, qui produit des jupes rouges, noires et bleues et des broderies blanches et noires pour l'exportation.

Le niveau des crues du Danube, à Baja.

Fin de la croisière

Baja et Mohács sont les dernières villes que le Danube arrose avant de quitter la Hongrie. **Baja** est une ville très agréable ; tout ce dont le visiteur a besoin, hôtel, restaurant, terrain de camping et piscine, se trouve réuni en face de la grand-place, la Béke tér, dont l'un des côtés ouvre directement sur la **Sugovica**, autre bras du Danube. Le musée principal donne aussi sur la place ; il s'appelle **musée István Türr**, du nom d'un enfant du pays qui fut général d'état-major de Garibaldi.

Baja compte deux églises serbes orthodoxes et un lycée dans lequel l'enseignement est dispensé en allemand. En effet, après la défaite et l'expulsion des Turcs, à la fin du XVIIe siècle, on est allé chercher des paysans serbes et allemands pour repeupler le sud de la Hongrie. C'est pourquoi on appelle parfois cette région la « Turquie souabe ». A Szekszárd, il y a une troupe théâtrale allemande qui se produit dans tous les endroits où habitent encore des « Souabes ».

Le nom de **Mohács** est lié au plus grand désastre de l'histoire nationale. C'est là que, le 29 août 1526, les Turcs anéantirent la cavalerie hongroise ; le roi Louis II périt dans la bataille et le centre du pays, y compris Buda et Pest, tomba sous domination turque. Plusieurs artistes hongrois se sont associés pour composer le monument commémoratif de cette bataille, le **Sátorhely** ; il se trouve au sud-ouest de la ville. Le musée municipal expose les reliques que l'on a pu glaner au cours des dernières décennies sur ce champ de bataille. Mohács est encore connue pour ses céramiques noires et son cortège de Busó. Ce cortège a lieu tous les ans le dernier dimanche du carnaval. Ce jour-là, une foule de personnages plus effrayants les uns que les autres débarque de l'île de Mohács ; ils portent des masques cornus et, à grand tapage, ils annoncent l'arrivée du printemps, ou, d'après une autre version, l'expulsion des Turcs.

Il ne reste plus que 14 km de Mohács à la frontière serbe par voie fluviale.

L'Ouest hongrois
50km
Mödling
Wien
Vienna
Donau
Petronell
Baden
Bruck
a.d.Leitha
Rusovce
Blatná
na Ostrove
Gattendorf
Dunjaská
N.Zámky
Bad Vöslau
Leitha
Neusiedl a.S.
Rajka
(Danube)
Günseldorf
Nickelsdorf
Moson-
magyaróvár
TCHÉCOSLOVAQUIE
Wiener
Neustadt
Eisenstadt
Neusiedler
See
Albertkázmér-
puszta
Hurbanovo
Čalovo
Mosoni-Duna
Komárno
Neunkirchen
Sopron
Abda
Gönyü
Komárom
ÖSTER-
REICH
Győr
Nagycenk
Markt
St. Martin
Csép
Krumbach
Markt
Győrszemere
Pannonhalma
Lövő
Kisbér
Tét
Beled
Gic
Kőszeg
Bad Tatzmannsdorf
Rába
Pápa
Oberwart
Celldömölk
Zirc
Grosspetersdorf
Szombathely
Sárvár
Várpalota
AUTRICHE
Városlőd
BAKONY
St. Michael
Jánosháza
Veszprém
Körmend
MAGYARORSZÁG
Balatonakarattya
Heiligenkreuz
Rábafüzes
Batyk
Balatonfüred
Sümeg
Szentgotthárd
Tihany
Felsőbagod
Tapolca
Balatonakali
Siófok
Zala
Zalalövő
Zalaegerszeg
Balatonföldvár
Keszthely
Balaton
Bak
Fonyód
Murska Sobota
Andocs
Balatonkeresztúr
Rédics
Lendava
Zalakaros
Osztopán
Letenye
Čakovec
Nagykanizsa
Böhönye
Dombóvár
Kaposvár
Varaždin
Dráva
Csurgó
Sásd
YOUGOSLAVIE
Nagyatád
N.Marof
Kadarkút
Koprivnica
Pécs
Križevci
Durdevac
Szigetvár
Barcs
Dráva
Vrbovec
Bjelovar

L'OUEST DE LA HONGRIE

Pour la Hongrie, il y a longtemps que le «Rideau de Fer» n'est plus un obstacle. Les Autrichiens se pressent chez leur voisin pannonien pour faire des achats; et depuis que les Hongrois peuvent aller à l'étranger à leur guise, certaines rues commerçantes viennoises sont entre des mains magyares. Cependant, le passage de la frontière est toujours soumis au contrôle douanier, lequel se limite à apposer un cachet sur la carte frontalière, l'*Adatlap*, qui remplace le visa pour les Autrichiens.

Des six postes frontières ouverts sur l'Autriche, les trois principaux sont: Nickelsdorf-Hegyeshalom, sur la route directe Vienne-Budapest; Klingenbach-Sopron, sur la route de Vienne qu'empruntent les habitants de la Hongrie occidentale, au sud du lac de Neusiedl; enfin Heiligenkreuz-Rábafüzes, liaison directe entre Graz et Budapest, et trajet le plus pratique pour la région du lac Balaton.

Budapest par Hegyeshalom

C'est sans aucun doute par **Nickelsdorf-Hegyeshalom** que passe le plus grand nombre de voitures en provenance d'Occident. La construction de la liaison directe entre Vienne et Budapest progresse rapidement, du moins du côté hongrois; on peut déjà emprunter environ 125 km d'autoroute sans péage jusqu'à Györ.

C'est à Moson, l'ancienne Wieselbourg, que fut décidé en 1809 le cessez-le-feu entre Napoléon Ier et l'empereur d'Autriche, prélude au traité de Schoenbrunn. Wieselbourg fut également l'un des quatre comitats de Hongrie occidentale (Presbourg, Wieselbourg, Odenbourg et Eisenbourg), et c'est ce comitat qui devint par la suite la nouvelle province autrichienne du Burgenland. Par ailleurs, depuis la fin de la monarchie, le comitat d'Eisenbourg est rattaché à celui de Györ-Sopron.

Entre deux fleuves

Les autoroutes E 5 en provenance de Vienne et E 15 en provenance de Bratislava se confondent à **Moson-Magyaróvár** avant de traverser Györ en direction de Budapest. Il est cependant recommandé aux voyageurs qui aiment les paysages vierges de quitter l'autoroute pour faire un léger détour vers la **Szigetköz**, petite île danubienne couverte d'une végétation basse et touffue de 275 km^2, entre le bras principal du Danube et un bras secondaire, appelé le Petit Danube (ou encore Danube de Moson, ou Danube de Wieselbourg). Malgré les travaux de régularisation des eaux principales, cette île striée de nombreux cours d'eau a conservé son charme originel.

Au retour, on traverse **Hédervár**, **Asványráró** et **Mecsér** et on coupe la route nationale; 5 km plus loin, on arrive au bourg le plus intéressant de la région: **Lébénymiklós**. L'**église** (achevée en 1208) de l'ancienne

Pages précédentes: un portail roman (le style roman est commun en Transdanubie). A droite, clocher et colonne votive de Köszeg.

abbaye bénédictine est l'un des édifices religieux hongrois les plus représentatifs du roman, avec la cathédrale de Pécs et les églises de Ják et de Zsámbék. Comme ces deux dernières, la basilique à trois nefs de Lébénymiklós, avec ses trois absides semi-circulaires, est également l'une des églises dites «de famille» qui, au début du XIIIe siècle, furent érigées par un donateur noble et transmises à un ordre monastique. Elle a été victime des troubles qui ont secoué le pays: au XVe siècle, les troupes impériales incendièrent le monastère et l'église (soit dit en passant, toute la Hongrie occidentale n'a cessé d'être frappée et envahie par les armées germaniques, et plus précisément autrichiennes). A peine rebâtie, l'église tomba aux mains des Turcs qui la détruisirent à nouveau en 1529, et une fois encore en 1683. Puis les jésuites se chargèrent de la relever et de veiller sur elle… jusqu'en 1773, date de la dissolution de l'ordre. Cent ans plus tard, l'église fut entièrement restaurée dans son état d'origine. La façade ouest est impressionnante, avec ses deux puissantes tours (dont les coupoles pyramidales datent de l'époque de la restauration), et son portail à trumeau d'une exceptionnelle beauté. Le portail sud, qui donne sur l'ancien cloître, avec la superbe statue d'un ange, unique décoration figurative de tout l'édifice, est lui aussi de toute beauté.

Györ

On retrouve la route nationale, et déjà **Györ** se profile à l'horizon; il ne reste que 15 km à parcourir pour y arriver. Cette ville industrielle est le centre administratif et économique du **Kisalföld**, la Petite Plaine. Györ, capitale du comitat de Györ-Sopron, se situe au confluent du Petit Danube, de la Raab (Rába) et de la Rábca. Ce territoire est habité depuis des temps immémoriaux. Après les Celtes et les Romains, les Avars y construisirent leur forteresse circulaire (*gyürü*, d'où le nom hongrois de Györ). Agrandie,

Le palais épiscopal de Györ, ancienne forteresse.

la forteresse, réputée imprenable, tomba malgré tout aux mains des Turcs à la suite d'une trahison. Elle fut ensuite reconquise par les troupes impériales, avec à leur tête le baron Schwarzenberg. Par la suite, elle demeura possession autrichienne.

Entourée de faubourgs industriels, la vieille ville est resserrée autour de la colline sur laquelle s'élève la **cathédrale** (Kaptalam domb, colline de la Cathédrale); elle surprend par l'opulence des anciennes demeures bourgeoises des XVIIe, XVIIIe et début du XIXe siècles. Au sommet de la colline, à côté des restes des anciennes fortifications, se dressent aussi les **bastions Sforza**, qui comprennent la cathédrale elle-même et le palais épiscopal, bâti à la place de la forteresse.

Les fondations de la **cathédrale Notre-Dame** remontent à l'érection de l'évêché, au début du XIe siècle. Après avoir subi bien des destructions, l'édifice fut remanié en style baroque et reçut au XIXe siècle une façade en avant-corps néo-classique. La chapelle Hédervary abrite le buste reliquaire du roi Ladislas le Saint, l'un des plus grands chefs-d'œuvre de l'orfèvrerie médiévale (vers 1405). Le trésor de la cathédrale est riche en pièces d'orfèvrerie à usage liturgique, ostensoirs, ornements sacerdotaux, etc.

Le **palais épiscopal** (Püspökvár), qui jouxte la cathédrale, est une véritable forteresse. Remanié au XVIIIe siècle, c'est alors qu'il acquit cette note baroque qu'on lui voit aujourd'hui. Une tour d'habitation date du XIIe siècle, et la **chapelle Dóczy**, gothique tardif, de 1481. Le plus beau monument baroque de Györ est certainement l'**église des Carmélites** (1721). Parmi les nombreux musées de la ville, les plus intéressants sont le **musée de la Forteresse** et le **musée János-Xantus**, avec sa riche collection d'objets d'art populaire.

Les premiers chrétiens

A 20 km seulement de Györ, sur la route 82, qui conduit à Veszprém, se

La troupe de danseurs Ivan Markos de Györ, connue dans le monde entier.

trouve le plus ancien monastère de Hongrie : **Pannonhalma**. L'abbaye bénédictine construite sur le **mont Martine**, qui domine la région à 100 m d'altitude, a été fondée par le prince Géza, père du premier roi de Hongrie, Étienne Ier. C'est de là qu'est partie la christianisation du pays magyar. Les archives du monastère conservent encore le premier document en langue hongroise : la lettre de fondation de l'abbaye bénédictine de Tihany, sur le lac Balaton, en l'an 1055.

Le monastère est dédié à saint Martin de Tours, patron de la France, des mendiants et des oies. Saint Martin était « hongrois » de naissance : il est né en 317 dans la ville de garnison Savaria, l'actuelle Szombathely.

La partie la plus ancienne de l'abbatiale qui ait survécu est la crypte du XIIIe siècle, avec le trône de l'abbé : dans le langage populaire, ce siège sacré devient tout simplement le « trône d'Étienne Ier ».

Le cloître de style gothique tardif, qui vient d'être restauré, ne fut construit que sous le roi Mathias Corvin. Dans son aspect actuel, l'abbaye date du début du XIXe siècle. La haute tour à coupole néo-classique se voit de très loin.

La fille du roi des Belges, Stéphanie, est enterrée dans la crypte de Pannonhalma à côté de son second mari, le comte de Lonyay, de nationalité hongroise. Stéphanie de Belgique avait été la femme en premières noces de Rodolphe de Habsbourg, héritier du trône d'Autriche, qui se donna la mort à Mayerling en 1889. Elle lui survécut plus de cinquante ans et connut même la fin de la Seconde Guerre mondiale : elle est morte en 1946.

De Vienne à Sopron par Klingenbach

Le poste douanier de **Klingenbach** est sans cesse assailli par une colonne de voitures en provenance de l'ouest : ce sont les Autrichiens qui viennent faire leurs achats à Sopron. Combien parmi eux ont conscience de flâner ainsi dans

Un habitant de la vieille ville de Sopron.

une ville magnifique ? Quant à ceux qui ne sont pas obnubilés par la consommation, ils apprécient ce désintérêt général : ainsi ont-ils tout loisir d'admirer les beautés de cette ville et d'en jouir sans être gênés par la foule.

Sopron, l'ancienne Ödenbourg, se niche juste derrière la frontière austro-hongroise, entre les monts du même nom à l'ouest et le lac de Neusiedl au nord-est. Entourée de plusieurs rangées circulaires de maisons qui datent des XIXe et XXe siècles, la vieille ville, en forme de fer à cheval, se trouve enserrée comme dans une coquille, et encerclée aussi à l'intérieur des remparts, dont on est en train de dégager les fondations. Ce quartier est l'ensemble urbain le plus riche en monuments historiques de Hongrie.

L'emblème de la ville est la **tour du Feu**, haute de 61 m. Des pierres romaines ont servi à la construction de la partie inférieure, qui date du Moyen Age (sous les Romains, la ville s'appelait Scarbantia) ; la partie médiane, avec sa galerie à colonnes d'où l'on a une très jolie vue, est de style Renaissance, et le haut de la tour, avec son bulbe baroque en cuivre vert, date du XVIIe siècle. Contigu à la tour, l'immeuble du conseil municipal abrite le musée de l'Histoire de la Ville. La tour ferme la **Fö tér**, la Grand-Place, qui est bordée de magnifiques demeures des XVe, XVIe et XVIIe siècles, parmi lesquelles la **maison gothique Fabricius**, la **maison Storno** avec sa façade Renaissance, la **maison Gambrinius** et la **pharmacie de l'Ange**. La **colonne de la Trinité** (vers 1700), de style baroque, au centre de la place, passe pour être la plus belle colonne votive de Hongrie (les colonnes votives sont des colonnes dédiées à la Trinité par suite d'un vœu consécutif à la grande peste qui ravagea l'Autriche du Nord et la Hongrie en 1679 ; on en trouve également en Autriche).

A l'angle de la place, rue de l'église (Templom utca), se dresse l'**église Notre-Dame** (construite à partir de 1280), église la plus imposante de Sopron ; c'est un vaste édifice gothique à trois nerfs d'égale hauteur, dont on considère la tour élancée, haute de 43 m, comme le plus bel exemple de clocher gothique du pays. Trois reines de Hongrie y ont été couronnées au XVIIe siècle. Dans l'ancien monastère franciscain qui jouxte l'église, la superbe salle du chapitre est de style gothique également.

Dans la Templom utca et dans les rues parallèles de la vieille ville, l'Új utca (rue Neuve) et la Kolostor utca, presque toutes les maisons valent la peine d'être mentionnées et visitées. Dans ce labyrinthe de rues étroites, le Moyen Age semble toujours vivant ; on est comme ensorcelé, on a l'impression que la roue du temps s'est mise à tourner à l'envers, on se croit revenu aux siècles passés. Tout ce quartier ancien est restauré avec beaucoup de goût. Les deux synagogues de l'ancienne rue aux Juifs, l'Új utca, dominent la vieille ville. Après l'expulsion des juifs, elles ont été transformées en maisons bourgeoises ; ces dernières années, on s'est résolu à leur rendre leur aspect initial, et un petit musée y a été installé.

Sopron, ville où la Hongrie et l'Autriche se rencontrent.

La vieille ville est ceinte du boulevard Lenin körút; de l'autre côté, sur une hauteur, s'élève l'église gothique Saint-Michel, du XIVe siècle. Le cimetière abrite le monument religieux le plus ancien de la ville, la chapelle Saint-Jacques, romano-gothique.

Il serait dommage de ne pas aller jusqu'à **Fertörákos**, à 10 km seulement de Sopron et à proximité du **lac de Neusiedl**, où se trouve l'ancienne résidence d'été des évêques de Sopron, un ravissant petit palais baroque.

Mais le véritable centre d'intérêt de ce village est la carrière de calcaire de la Leitha, qui date des Romains et a été exploitée jusqu'en 1945. C'est là qu'ont été taillées les pierres qui ont servi à la construction de la cathédrale Saint-Étienne de Vienne et des monuments qui bordent le boulevard circulaire, le Ring. Les énormes pierres de taille, dressées à la verticale, forment des voûtes imposantes qui rappellent irrésistiblement les temples souterrains de l'Égypte ancienne. L'une des immenses salles a été aménagée en théâtre. Dans ce décor naturel grandiose se donnent chaque été des manifestations musicales, à l'occasion du festival de Sopron.

On reprend la route qui mène à **Balf**, petit établissement thermal pour les personnes atteintes de rhumatismes, qui était déjà connu à l'époque des Romains. Là, on a le choix entre deux directions: soit continuer tout droit vers **Fertöd** pour visiter le grand **château Esterházy**, soit obliquer vers le sud pour rejoindre la nationale 84, qui conduit à **Sárvár**.

Nagycenk est le pays natal du «plus grand de tous les Hongrois», comme on avait surnommé le comte István Széchenyi (1792-1860) de son vivant. A l'instar de son contemporain, l'archiduc Jean de Habsbourg en Styrie (quoique celui-ci fût un peu plus âgé que lui), le comte Széchenyi fit tout ce qui était en son pouvoir pour aider son pays à s'adapter à l'époque industrielle. A partir de 1820, il lança un train de réformes tendant à libérer les paysans et à abolir les privi-

Vitrail de l'abbaye bénédictine de Pannonhalma.

lèges nobiliaires, à cultiver les sciences et la recherche et à instaurer une économie libre. C'est lui qui a fondé l'Académie des sciences et a posé les premiers fondements de la navigation sur le Danube. Budapest lui doit aussi son pont suspendu. Széchenyi était un grand patriote; il fut le premier à prononcer un discours au parlement en langue hongroise; mais, à la longue, il ne réussit pas à s'imposer contre les «vautours» de l'entourage de Lajos Kossuth.

Le **château**, qui est resté jusqu'en 1945 propriété de la famille Széchenyi, a été construit vers le milieu du XVIIIe siècle et remanié entre 1834 et 1840; c'est de cette époque que date la modeste façade néo-classique. L'intérieur n'a rien de la splendeur et de l'éclat que l'on aime à trouver dans les palais de l'aristocratie hongroise; on y sent l'esprit plein de modération et de sagesse du «géant hongrois», auquel une exposition est consacrée dans une aile. Le château de Nagycenk fut le premier bâtiment hongrois à être équipé de l'éclairage au gaz. On y installa des toilettes et des salles de bains vingt ans plus tôt que dans la Hofburg de Vienne, où, il est vrai, l'empereur menait une vie spartiate.

Köszeg et Szombathely

A 15 km de Nagycenk, la route tourne sur la droite, vers Köszeg. Quelques instants d'arrêt à **Sopronhorpács** suffisent pour jeter un coup d'œil sur le magnifique portail en plein cintre de l'**église** romane. A ce sujet, il est bon de noter le nombre étonnamment élevé de monuments de l'époque romane que possède la Hongrie occidentale; on en découvre même dans de petites localités où l'on ne s'y attend pas, comme par exemple à **Csempeszkopács**.

Köszeg, ancienne place frontière autrefois appelée Gün, est une petite cité médiévale qui comprend une forteresse, des fossés et des remparts bien conservés à l'intérieur desquels se blottit la minuscule vieille ville.

A Oriszentpéter, la foi peut de nouveau s'exprimer.

Le temps semble s'être arrêté lorsque, après avoir franchi la **porte des Héros** (Hösi kapu), construite en 1932, qui se veut la copie d'une porte de ville gothique, on arrive **place Jurisics** (Jurisics tér). Cette vaste place est entourée de maisons anciennes magnifiques; malheureusement, elles n'ont pas toutes été restaurées avec soin. Au beau milieu de la place se dressent deux églises côte à côte: **Saint-Jacques**, édifice gothique, baroquisé par la suite, et **Saint-Emmerich**, qui date des débuts de l'époque baroque (XVe siècle).

La **forteresse** qui, dans ses parties les plus anciennes, remonte au XIVe siècle, n'a été restauré que récemment, mais avec beaucoup de minutie et de goût, car elle a retrouvé tout son éclat d'antan. Elle abrite le **musée Jurisics**, en souvenir de la grande page d'histoire qui fit la gloire de la forteresse de Gün: sa résistance héroïque aux Turcs sous Miklós Jurisics, en 1532. Depuis lors, les cloches de Köszeg sonnent midi à onze heures.

Seuls quelques kilomètres séparent Köszeg de **Szombathely**. La capitale du comitat de Vas est, après Györ, la deuxième ville de la Transdanubie, comme on appelle aussi la Hongrie occidentale; c'est une agréable localité, propre et accueillante, avec quelques jolies maisons bourgeoises dans la zone piétonnière aménagée au centre de la ville. Comme le laisse prévoir son nom hongrois (*szombat* signifie samedi; et *hely*, lieu, ce qui fait allusion au marché hebdomadaire), cette ville reste encore un centre commercial, après avoir été un centre d'échanges de marchandises. Son passé remonte à plus de 1 800 ans: c'est là que se trouvait la grande ville romaine de Savaria, qui fut à plusieurs reprises le siège du gouverneur de la Pannonie; c'est là aussi que Septime Sévère fut proclamé empereur en 193 apr. J.-C. et que naquit saint Martin de Tours en 317 apr. J.-C.

Juste derrière la cathédrale, le **jardin des Ruines** offre un chantier de fouilles qui met à jour les vestiges de

Ci-dessous à gauche, des panneaux évocateurs; à droite, une cour de ferme où sèche le paprika.

la **basilique Saint-Quirin**, édifiée avec les pierres du palais du gouverneur, un superbe sol en mosaïques et un authentique carrefour de routes romaines. En revanche, la reconstruction, à un autre endroit de la ville, d'un temple d'Isis est plutôt décevante. Ces deux chantiers datent des années quarante et cinquante.

L'architecture actuelle de la ville est dominée par des bâtiments de la fin du XVIIIe siècle. Sous le règne de Marie-Thérèse, Szombathely fut élevée au rang de siège épiscopal, ce qui entraîna la construction de vastes édifices — cathédrale, palais épiscopal, séminaire — en style 1900, transition caractéristique entre le baroque tardif et le néoclassique.

A vrai dire, ce n'est pas tellement pour ses monuments que l'on visite Szombathely: elle est aux Styriens et aux Autrichiens du Burgenland méridional ce que Sopron est aux Viennois et aux habitants de la Basse-Autriche: le paradis des achats. Cela vaut surtout valable pour les produits alimentaires et pour certains services: coiffeur ou dentiste; en outre, on peut s'y faire faire des chaussures et des costumes sur mesure à bon compte.

Les établissements thermaux profitent aussi des écarts de prix entre les deux pays. Les principales stations thermales et balnéaires de Transdanubie sont Bük et Sárvár.

Bük se situe à la pointe d'un triangle dont Köszeg et Szombathely sont les deux autres sommets. Le village possède la source thermale la plus abondante d'Europe centrale, qui alimente même un petit lac. Une vaste piscine couverte permet de se baigner en toutes saisons.

Contrairement à la station thermale de Bük, qui est ancienne et pétrie de tradition, **Sárvár** est une nouvelle venue: la source a été découverte dans les années soixante. Aussi l'établissement dispose-t-il d'installations modernes et d'un confort répondant aux normes occidentales. Sárvár se trouve à 25 km à l'est de Szombathely, sur la nationale qui mène à Sopron.

De retour du marché.

En route pour le lac Balaton

Comparée aux postes frontaliers de Nickelsdorf et Klingenbach, **Heiligenkreuz** n'est qu'une pauvre Cendrillon. Mais, là aussi, il arrive que l'on fasse la queue. La nationale 8 est aussi un peu étroite pour mériter son titre d'autoroute européenne, E 66; mais elle est en très bon état.

Dès que l'on a passé la frontière austro-hongroise, on peut être tenté de faire un détour vers **Saint-Gotthard** ou **Szentgotthárd**, sur la Raab, où fut remportée la victoire de Mogersdorf-Szentgotthárd sur les Turcs en 1664. En fait, ce détour de 5 km n'en vaut pas la peine : exception faite d'une assez belle **église baroque**, il n'y a rien à y voir. Tout au plus s'étonnera-t-on qu'un millier de soldats turcs aient pu se noyer dans le filet d'eau que draine ici la Raab, comme le prétend la tradition orale.

En revanche, il ne faut pas manquer un autre détour de 25 km environ : en suivant la nationale sur 15 km, puis en obliquant vers le nord par une petite route secondaire; on arrive à **Ják**, qui possède sans contredit l'un des monuments les plus marquants de la région: la vaste **église** de l'ancienne abbaye bénédictine, avec son imposante façade à deux tours, date du début du XIIIe siècle; c'est peut-être le plus bel édifice roman de Hongrie. Par malheur, un incendie l'a ravagée au début du siècle; mais elle a été reconstruite à l'identique. A noter le magnifique portail étagé orné d'un grand nombre de sculptures figuratives. A l'intérieur, les arcs en plein cintre se terminent par des voûtes en ogives évasées. La décoration des murs extérieurs des trois absides à voûtes romanes sont d'une beauté exceptionnelle, et en particulier les fenêtres en plein cintre, elles aussi, les arcades aveugles et les restes de sculptures figuratives.

En revenant vers la E 66, au bout de quelques kilomètres, on arrive à **Körmend**. Le **château des princes Batthyány-Strattman** mérite une visite. C'est un édifice baroque dont les quatre tours d'angle sont cependant plus anciennes.

A 25 km de Körmend, sur la E 66, on peut prendre la nationale 87 vers le nord. A 10 km de l'embranchement, on arrive au village de **Csempeszkopács**, qui possède un autre petit bijou architectural, son **église** paroissiale. C'est une toute petite église à nef unique; avec son abside en plein cintre, sa façade et sa tour, qui trahissent l'influence de Ják, elle est un joyau de l'architecture villageoise de Hongrie.

Avant d'arriver au carrefour de cette route avec la E 66, on traverse **Vasvár**. Cette petite ville a connu des jours meilleurs, à l'époque où elle s'appelait encore Eisenbourg. C'est là que fut conclue en 1664 la paix (prématurée) d'Eisenbourg, qui annula en quelque sorte la victoire de Mogersdorf-Szentgotthárd. Les cités anciennes d'Eisenbourg, Presbourg, Altenbourg et Ödenbourg ont donné leur nom à la jeune province autrichienne qui avait vu le jour et grandi sur le territoire de la Hongrie occidentale : le Burgenland.

A droite, la basilique Saint-Georges, à Ják; à gauche, le lion de pierre qui en garde l'entrée n'impressionne pas cet enfant…

AUTOUR DU LAC BALATON

Les Hongrois sont fiers du lac Balaton; ils l'appellent même «la mer de Hongrie». Et ils n'ont pas tort, car ce lac est vraiment superbe. Avec ses 595 km² de superficie, c'est le lac le plus vaste d'Europe centrale et occidentale. Durant l'été il est impossible d'y trouver une chambre, ni à l'hôtel, ni chez l'habitant, pas plus qu'un appartement ou une villa à louer, et les terrains de camping sont pleins à craquer.

Le paradis des sportifs

L'eau, d'un gris-vert lumineux, est chaude en été, sa température monte jusqu'à 28°C; la rive nord est pittoresque, avec ses montagnes volcaniques en forme de cônes, ses vignobles et ses larges criques; la rive sud présente les conditions idéales pour les vacances en famille, avec ses dunes de sable et ses eaux peu profondes. On y pratique depuis toujours la voile, tandis que les bateaux à moteur y sont maintenant interdits. En hiver, quand il fait très froid et que l'épaisseur de la glace le permet, les amateurs de vol à voile se le partagent avec les patineurs.

Le lac Balaton a 77 km de longueur; il s'étire du sud-ouest au nord-est et partage la Transdanubie en deux parties inégales. Le lac lui-même est presque coupé en deux par l'isthme de Tihany: la partie orientale, plus petite mais plus large et plus profonde, la partie occidentale, plus étendue mais plus étroite. Entre Tihany et Szántód, là où le bac à voitures fait la navette entre les deux rives, il n'a que 1,5 km de largeur. Quant au tour complet du lac, il fait 197 km.

Pages précédentes: la pêche, une industrie en déclin. Ci-contre, coucher de soleil sur le lac Balaton.

Dans le jargon des spécialistes, le Balaton est un lac lagunaire. Sa profondeur moyenne varie entre 3,50 m et 4 m. Elle atteint son maximum dans l'isthme de Tihany: 11 m. Les pêcheurs appellent cet endroit le «puits» du lac.

Étant donné sa faible profondeur, le Balaton se réchauffe vite au soleil. En cas de mauvais temps, il se refroidit aussi rapidement, naturellement. Dans l'ensemble, on peut être certain de pouvoir se baigner à loisir sur le littoral jalonné de plages, mais il faut s'attendre à partager ce plaisir avec une foule dense.

Le Balaton est également célèbre pour ses tempêtes soudaines et violentes, qui déferlent en général du nord-ouest. Les voiliers surtout doivent rester sur leurs gardes et se méfier des sautes d'humeur du vent, car il prévient rarement de son arrivée! Lorsqu'il y a alerte à la tempête, les paniers sont baissés à mi-hauteur des mâts sur les débarcadères. Des fusées jaunes annoncent un vent violent: les bateaux de petite taille, voiliers et barques à rames, ont intérêt alors à rester à proximité du rivage. Les fusées rouges annoncent l'imminence d'une véritable tempête; ordre est donné de gagner de toute urgence le port le plus proche.

A la hauteur de l'isthme de Tihanya, la violence des vents donne souvent une impression de flux et de reflux. Un fort vent du sud-ouest, par exemple, repousse l'eau dans le bassin oriental, et une fois qu'il est apaisé, l'eau redescend en trombe.

Il y a plus de cent ans que le lac Balaton se targue d'être le paradis de la voile. Tous les types de voiliers y sont représentés, du plus petit dériveur au gros yacht à voile. La navigation à vapeur a pris son essor vers le milieu du XIXe siècle à Balatonfüred, sur la rive nord du lac, et depuis, cette station balnéaire et thermale est devenue également un haut lieu de la voile. La saison débute en mai par l'ouverture de l'école de voile. On trouve des écoles analogues à Siófok, Balatonszemes et Tihany.

Les bateaux de la compagnie de navigation du Balaton font escale dans la plupart des localités qui sont établies sur les rives du lac. Il faut compter une petite demi-heure pour en traverser la partie occidentale d'une rive à l'autre; dans la partie orientale, la traversée dure trois quarts d'heure.

Mais il ne faudrait pas oublier les poissons. Il en vit, dit-on, 42 espèces. La plus connue est le *fogas*, variété de sandre à la chair délicieuse. Les pêcheurs amateurs attendent patiemment que le grand *fogas* vienne mordre à leur hameçon, mais d'aucuns prétendent, avec un sourire entendu, qu'ils n'attrapent jamais d'autres *fogas* que ceux qui sont suspendus dans les placards… Car, en hongrois, *fogas* signifie aussi cintre.

L'accès au lac

Pour aller directement au lac en venant de l'ouest, on a intérêt à passer la frontière à Klingenbach-Sopron, et à prendre ensuite la nationale 84, par Sárvár et Sümeg, vers le sud. Mais, les jours de congé, on risque de tomber sur des embouteillages à Klingenbach; aussi vaut-il mieux choisir le poste frontalier de Mannersdorf-Köszeg, un peu plus au sud, et poursuivre vers Keszthely, au sud du lac, en passant par Szombathely et Zalaegerszeg. Si l'on vient du nord-ouest et qu'on préfère rejoindre le Balaton à la hauteur de Tihany et de Balatonfüred, on passe la frontière à Nickelsdorf-Hegyeshalom, et on suit la route de Györ et Veszprém.

Pour aller de Budapest au lac Balaton, on a le choix entre l'autoroute M 7 et la nationale 70. La première longe le littoral nord du lac de Velence; la seconde traverse Martonvásár, où vécut l'«immortelle aimée» de Beethoven, puis Székesfehérvár, ville dans laquelle les rois de Hongrie se sont fait couronner jusqu'au XVIe siècle. L'une et l'autre aboutissent à Siófok, ville principale de la rive méridionale du lac oriental.

La rive sud

Ce qui frappe surtout, en comparaison avec la rive nord, c'est sa platitude et sa relative monotonie. Les vents en provenance du nord-est, de la forêt de Bakony, «démontent» les eaux peu profondes, et les vagues rejettent sable

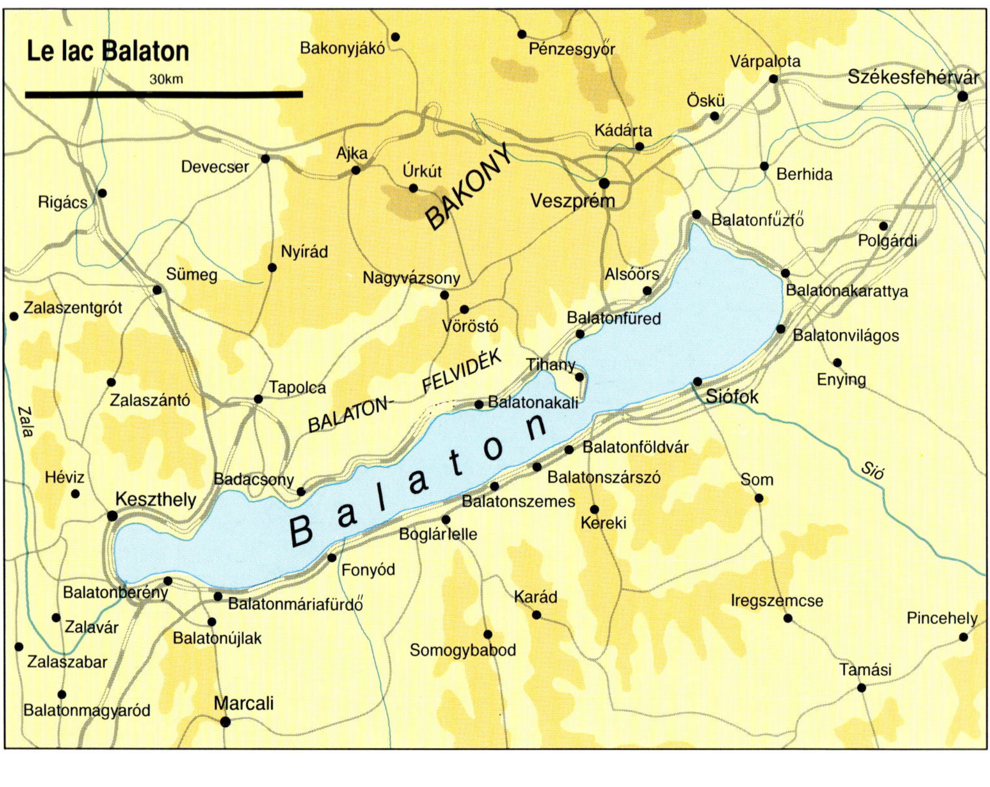

et vase sur le littoral. C'est ainsi que se sont formées les longues rangées de dunes, pour la grande joie des enfants et la tranquillité des parents, qui peuvent laisser jouer les petits sans surveillance. Derrière ces dunes s'est établi un cordon de stations balnéaires : entre Balatonberény et Siófok (environ 65 km), elles sont au coude à coude, car les terrains restés libres entre les vieux villages de pêcheurs et de paysans ont été comblés, au cours de ces dernières décennies, par des villas et des résidences d'été. *Eszpresszók*, glaciers, *csárdas* (auberges) et autres établissements indispensables à toutes les régions fréquentées par les vacanciers ont surgi.

Mais le charme de la rive sud ne se limite pas à ces aspects : elle offre aussi une vue superbe sur les extravagances naturelles de la rive nord, ses colonnes, ses dômes et ses falaises basaltiques qui ne peuvent nier leur origine volcanique et confèrent au paysage une note à la fois émouvante et angoissante.

Outre sa plage, **Balatonberény** possède une petite église remarquable datant du XVe siècle, et dans les villages qui l'entourent, il reste quelques fermes au toit de roseaux, avec leurs curieuses galeries à colonnes.

Ainsi ne faut-il pas manquer d'aller voir de près la ferme située au n° 68, Csillagvár utca, à **Balatonszentgyörgy**. C'est une construction typique de cette région.

En remontant vers le nord, on trouve une station de repos de 7 km de long, de **Balatonmariafürdö** à **Balatonfenyves**, où l'on a la surprise de découvrir une plage ombragée par une pinède.

Balatonboglár compte parmi les plus anciens lieux de villégiature de la rive sud. Du haut de la tour panoramique du Várhegy, on a une vue étendue sur les vignobles et les vergers.

Buzsák, village situé à 20 km au sud, vaut un détour pour son art populaire varié et ses costumes régionaux.

Fonyód, localité qui précède Balatonboglár, a elle aussi sa «mon-

Pêcheurs sur les rives du lac Balaton.

tagne», montagne à deux sommets, entre lesquels se niche l'ancien village. Fonyód est le deuxième port du lac Balaton avec un môle de 464 m de long; c'est aussi la plage la plus étendue, après Siófok.

Les entreprises et les syndicats ont construit de nombreuses maisons de repos entre Balatonboglár et Balatonföldvár, mais on y trouve aussi des *csárdas* et des gentilhommières des temps passés.

A ne pas manquer, l'église rouge du village de **Balatonlelle**.

Siófok

Un peu plus à l'est, on pénètre dans la circonscription de **Siófok**, localité la plus importante de la rive sud. C'est elle aussi qui possède la plage la plus étendue de tout le lac, plage qui s'étire sur 16 km. Bien entendu, un grand nombre d'hôtels s'y sont implantés, rivalisant de taille et de confort, soit à proximité du lac, soit en retrait dans les terres.

Siófok est le berceau d'un homme qui, par la suite, deviendra une célébrité dans le domaine de la musique légère: Imre Kálmán, dont le nom est indissociablement lié à l'époque dorée de l'opérette. Si sa maison natale n'existe plus, on a installé un **musée** à sa mémoire à la place qu'elle occupait, au n° 5, Kálmán Imre sétány, dans lequel ont été rassemblés de nombreux objets rappelant le souvenir du compositeur de *la Comtesse Maritza* et de *la Princesse Csárdas*.

C'est également à Siófok que le **Sió**, fleuve navigable qui assure la liaison entre le Danube et le lac Balaton, quitte le lac. Les Romains lui attachaient déjà une grande valeur: ils régularisèrent le cours du fleuve et construisirent sous l'empereur Galère (IIIe siècle) une écluse dont on peut voir les vestiges.

La rive nord

Quand on vient de Budapest, on découvre la partie nord-est du Balaton

Attractions au bord du lac Balaton.

entre Siófok et Balatonkenese. Le spectacle est saisissant : l'eau s'étale jusqu'à l'horizon où se dessine la silhouette des collines derrière Balatonfüred et la presqu'île de Tihany. On a l'impression d'avoir une crique marine sous les yeux.

On peut quitter l'autoroute M 7 ou la nationale 70 à l'embranchement de la 71, vers le nord. Au début, le littoral n'a pas grand intérêt. **Balatonkenese** et **Balatonfüzfö**, à la pointe nord du lac, ne comptent ni l'une ni l'autre parmi les grandes stations balnéaires. La rive couverte de lœss est plutôt monotone, et la ville industrielle de Balatonfüzfö n'a rien d'une localité où l'on vient chercher le repos et la détente. Mais entre ces deux villes, on trouve deux curiosités : sur les hauteurs, derrière Balatonkenese, pousse une plante rare ; en mai, elle donne des grappes de fleurs blanches, parfumées au miel ; cette plante est encore souvent appelée dans le langage populaire « le pain des Tatars ». On raconte que, pendant l'attaque des Mongols, au XIIIe siècle, la population aurait déterré les énormes racines de cette plante, qui atteignent jusqu'à 1,5 m de longueur, pour les couper, les cuire au four et les manger en guise de pain. D'autre part, les falaises de lœss, qui peuvent atteindre une hauteur de 40 m, sont percées de trous qui donnent accès à des cavernes appelées également « trous des Tatars » et dans lesquelles la population aurait cherché refuge contre les Mongols et les Turcs.

Cloche à bord d'un bateau, à Balatonfüred.

Balatonalmádi s'est érigée en station balnéaire depuis 1850 ; elle a l'avantage d'être protégée des vents du nord par les hauteurs de l'arrière-pays. On y pratiquait également les cures hydrothérapiques dites Kneipp dans de petits pavillons en bois dont quelques-uns subsistent. De nos jours, l'activité thermale se concentre dans l'**hôtel Aurora**, vaste bâtiment à deux étages. Le faubourg de **Vörösberény** possède sur la hauteur une église de style inhabituel dans cette région : c'est une église fortifiée, ceinte d'un rempart de pierre, comme on en trouve en Transylvanie ou dans la haute Hongrie, l'actuelle Slovaquie orientale. Elle date du XIIIe siècle et sert de temple protestant.

Veszprém

Bien que **Veszprém** (à 13 km au nord de Balatonalmádi) ne se trouve pas au bord même du lac, elle fait partie de la visite de la région. La fondation de ce premier évêché de Hongrie remonte à Étienne Ier. Seuls l'évêque de Veszprém pouvait couronner la reine de Hongrie. Du château du XIIIe siècle et de la cathédrale, il n'est pas resté pierre sur pierre après les guerres contre les Turcs. La ville ayant été longtemps occupée par les Ottomans, l'évêque ne put y revenir qu'en 1628. Mais elle souffrit encore plus des guerres contre les Kourouzes, en 1702, ainsi que toute la colline. Au XVIIIe siècle, on reconstruisit le quartier du château, dont l'unité est incomparable, dans le style baroque autrichien.

Une seule rue, bordée de palais baroques, mène à la colline du Château, quartier restauré qui domine le reste de la ville. La jolie tour qui en marque l'entrée date de 1817, mais son carillon, aujourd'hui automatique, est un peu froid. La porte des Héros, construite en 1936 sur le site de l'ancienne porte de la ville, abrite un petit musée. Un peu plus loin se trouve l'église des Piaristes, toute simple avec son unique clocher. Le **palais épiscopal** baroque (1765-1776) dû à Jakob Fellner a été édifié avec les pierres de l'ancien palais royal qui s'élevait à cet endroit. Il est flanqué de bâtiments annexes — le séminaire, la maison des chanoines capitulaires de la cathédrale, l'ancienne école des piaristes. La chapelle Gisèle (du nom de la femme d'Étienne Ier, une princesse de Bavière), à l'extrémité nord du palais, est aussi de Fellner. Sur la place centrale de la colline du Château s'élève une colonne de la Trinité baroque et une petite fontaine, sans doute médiévale. Les deux autres églises, celle des Franciscains (à un clocher) et la cathédrale Saint-Michel (à deux clochers) ont été reconstruites au début du XXe siècle en style néo-roman. La fondation de la cathédrale remonte pourtant au XIe siècle, époque de la conversion du pays. La colline du Château se termine par des bastions d'où l'on a une belle vue sur la ville et ses environs. Les statues d'Étienne Ier et de la reine Gisèle datent de 1938, pour le neuvième centenaire de la mort du fondateur de l'État hongrois. L'ensemble du site rappelle un peu le château de Prague, mais en plus petit et en style baroque.

La «Riviera»

Entre Felsöörs et Alsóörs, on atteint cette partie de la rive du Balaton que les Hongrois désignent sous le vocable de «Riviera». Elle jouit d'une végétation abondante, surtout si on la compare aux normes habituelles en Europe centrale; de petits sentiers courent sur les versants des collines, pour se perdre dans les vignobles. Le raisin qui pousse dans cette région donne un vin blanc.

Repos sur les rives du lac Balaton.

Felsöörs possède une église médiévale en grès rouge, dotée d'un beau portail sculpté et d'une tour un peu bizarre, coiffée d'un dôme imposant.

Alsóörs est un centre de pêche assez important dont la ferme de pisciculture a été fondée dans les années cinquante. Cette exploitation comprend un système de cordes de 600 à 700 m de long auxquelles sont fixées des branches de genévriers, d'épicéa et d'autres arbres; à l'époque du frai des sandres, les cordes sont tirées et plongées dans l'eau, car les poissons viennent pondre leurs œufs sur les branches. Puis on hisse de nouveau les cordes et on dépose les branches porteuses d'œufs dans des bassins. Dès que les œufs éclosent, les jeunes poissons sont dirigés vers le lac à travers le canal.

C'est à Alsóörs que se trouve la plus ancienne gentilhommière de la région. Elle fut construite vers l'an 1500 et porte le nom de «maison du Percepteur turc». Est-ce à cause de sa cheminée en forme de turban? Ou le percepteur aurait-il logé dans cette maison à l'époque turque?

Balatonfüred

A 9 km d'Alsóörs, quand on longe la côte vers l'ouest, se trouve la station thermale la plus traditionnelle de toute la région du lac. Or, ce n'est pas au lac que cette petite ville doit sa renommée, mais à ses eaux bicarbonatées sodiques et radioactives. Leurs vertus médicinales ont été découvertes en 1632 par le géographe allemand Martin Zeiller.

Les premières piscines et pavillons thermaux y furent construits au XVIIIe siècle, et au XIXe siècle suivirent des maisons de repos. La plus vaste, bâtie dans le style de la Sécession, reçut le nom de l'impératrice Élisabeth; après avoir fait l'objet de nombreuses transformations et améliorations, elle est l'un des hôpitaux les mieux équipés pour soigner les affections cardiaques et les troubles de la circulation sanguine. Ce sont cinq sources, jaillies du

Un bateau de croisière sur le lac Balaton attend ses passagers.

sous-sol volcanique, qui alimentent toute la ville.

La place centrale de Balatonfüred, la Gyógy tér, est bordée sur le côté est par l'« hôpital du Cœur », comme on l'appelle ; et sur le côté nord elle est fermée par le complexe de bâtiments de la maison de repos syndicale. Tous les ans, le 26 juillet, donc en pleine saison, a lieu dans la grande salle de la maison de la culture le fameux « bal d'Anne », qui représente l'événement de la vie mondaine de Balatonfüred. Cette tradition remonte au début du XIXe siècle, époque à laquelle la maison de la famille Horváth, construction de style baroque tardif sise sur le côté ouest de la place, était le lieu de rencontre de l'élite politique et culturelle hongroise. En 1825, un bal fut donné pour la première fois en l'honneur de la jeune fille de la maison, et cette tradaition a survécu à toutes les vicissitudes. Le centre de la place est occupé par un établissement thermal datant de 1800, de style classique, qui porte le nom de Kossuth. Les curistes peuvent y boire l'eau d'une des cinq sources.

Entre la Gyógy tér et la promenade qui longe le lac se dressent trois monuments : celui du poète Sándor Kisfaludy, celui du réformateur István Széchenyi et celui du poète indien Rabindranath Tagore.

L'œuvre lyrique de Kisfaludy est fortement imprégnée de l'atmosphère du Balaton. Széchenyi est l'homme qui, à partir de 1840, a donné l'impulsion à l'économie de la région ; il introduisit en 1846 la navigation à vapeur sur le lac ; avec son voilier l'*Himfy*, il lança aussi la navigation à voile en tant que sport et c'est également à lui qu'on doit le concours bisannuel dit du « Ruban bleu » du Balaton.

Quant au poète indien, il est venu à Balatonfüred en 1926 pour soigner ses troubles cardiaques et, outre le monument de la Gyógy tér, il a laissé son nom à la promenade du lac, Tagore sétány, qui perpétue son souvenir. Jusqu'en 1972, elle était bordée de peupliers centenaires qui se sont abat-

L'abbaye bénédictine de Tihany.

tus sous les coups de boutoir d'une tempête. Tagore a planté lui-même un tilleul, sur lequel il a écrit ces vers :

Quand j'aurai quitté cette terre, mon arbre,
Laisse tes feuilles toujours neuves au printemps
Murmurer au promeneur qui passe :
Tout le temps qu'il vécut, le poète aima.

Ceux qui s'intéressent aux constructions de style baroque tardif et néoclassique ne manqueront pas de flâner Blaha Lujza utca, entre la Gyógy tér et la curieuse église ronde, où ils découvriront une pharmacie datant de 1782 et la pâtisserie Kedves de 1795. Ne pas oublier non plus la villa du « Rossignol de la nation », la cantatrice Lujza Blaha qui enthousiasma la Hongrie au début du XXe siècle.

Les Anglais ont été attirés très tôt par Balatonfüred. C'est d'ailleurs un Anglais qui a pris l'initiative de construire des bateaux pour le Balaton. En 1881, Richard Young y ouvrit un petit chantier naval qui commença par fabriquer des voiliers, puis des bateaux à moteur à partir de 1920, et au début des années cinquante — après la nationalisation — les bacs qui sillonnent le lac.

Tihany

C'est le site le plus pittoresque du lac. La presqu'île se détache de la rive nord et pénètre profondément dans le lac; les versants sont couverts d'herbe grasse et semés de rochers aux formes extravagantes. Le site est couronné par les tours jumelles d'une **abbatiale** baroque entourée de fermes et de maisons de pêcheurs dont la plupart sont transformées en boutiques, cafés et restaurants.

Pour vraiment admirer **Tihany** dans son ensemble, il faut la découvrir depuis le lac, d'un des paquebots réguliers qui viennent de Balatonfüred ou du bac en provenance de la rive opposée. Lorsque le bateau accoste à l'extrémité du môle incurvé dans le

Un mont volcanique, sur la rive nord du lac Balaton.

port de plaisance, juste au-dessous de l'abbaye, c'est de là qu'on a la plus belle vue sur Tihany.

Les **Geysirkegel**, vestiges pétrifiés de l'activité des sources thermales de l'ère quaternaire, sont les témoignages du passé volcanique de Tihany. Pour trouver autant de «ballons» de cette sorte, il faut aller en Islande ou dans le parc de Yellowstone, aux États-Unis. Le plus beau de tous, surtout au coucher de soleil, quand il s'illumine de teintes dorées, se trouve sur le Hármashegy, au sud du **Belsö tó** (ainsi s'appelle le lac intérieur situé à 26 m au-dessus du niveau du lac Balaton, vestige lui aussi de l'époque préhistorique de la presqu'île).

Tihany est un site ancien du point de vue géologique, mais aussi une terre chargée d'histoire. C'est là que le roi André Ier, *«porteur le plus chrétien du sceptre du souverain»*, selon les termes de la lettre de fondation, fonda un monastère en 1055, destiné à devenir la nécropole des rois de Hongrie. Mais seul le roi fondateur est inhumé dans la crypte romane, seule partie qui reste de la construction initiale. Aussi l'inscription de la crypte dit-elle, avec une certaine mélancolie: *«Voici l'unique tombeau royal qui nous soit resté dans son état original du royaume hongrois vieux de mille ans.»* Les colonnes trapues et dépouillées qui supportent la voûte puissante de la crypte impressionnent toujours; mais la tombe étroite et solitaire du roi ne manque pas, elle aussi, d'émouvoir. La dalle funéraire en calcaire blanc porte à une extrémité une crosse torse avec une simple croix ciselée en relief.

L'**église** baroque construite au-dessus de la crypte, avec ses deux tours visibles de très loin, fut érigée entre 1719 et 1754, donc après l'expulsion des Turcs. Un incendie détruisit la première construction en 1736; mais l'abbé de l'époque, Agoston Lécs, ne se laissa pas décourager et mena les travaux à terme. La beauté de cette église réside surtout dans ses dimensions à la fois imposantes et harmonieuses. La décoration aussi en est

Veszprémfajsz, l'une des nombreuses «collines de Calvaire».

remarquable, en particulier la chaire, les autels, l'orgue et la sacristie. Ils sont l'œuvre d'un ébéniste autrichien, Sebastian Stuhlhoff, qui travailla vingt-cinq ans à Tihany, au XVIIIe siècle.

Les cellules des ermites, creusées dans la paroi basaltique qui tombe à pic dans l'eau, à l'est de l'église, reflètent aussi l'histoire de Tihany et l'époque où la Hongrie entretenait encore des relations étroites avec l'Église d'Orient. Elles datent de la fondation de l'abbaye, au XIe siècle : André Ier y installa des moines originaires de Kiev. En effet, après avoir passé une partie de sa jeunesse à la cour du grand prince de Kiev, Jaroslav le Sage, il avait épousé Anastasie, fille de ce dernier.

Pour terminer, une anecdote plus récente sur Tihany : c'est dans l'abbaye que le dernier roi de la maison de Habsbourg-Lorraine, Charles Ier, passa sa dernière nuit sur le territoire de son ancien royaume. Après l'échec de sa seconde tentative de restauration sur le trône de Hongrie, en octobre 1921, il fut interné à Tihany, puis transféré le 31 octobre au port de Baja, sur le Danube. Là, il monta à bord du navire de guerre britannique le *Glowworm*, sur lequel il partit pour toujours en exil à Madère, où il mourut en 1922.

Badacsony

A l'est de Tihany, les plages sont étroites et la plupart des criques envahies par les roseaux; la route 71 et le chemin de fer longent souvent la rive; il y a peu d'hôtels, mais de plus en plus de terrains de camping. Entre Tihany et Badacsony, on peut voir de curieuses pierres tombales en grès blanc dans le cimetière de **Balatonudvari**, qui datent du début du XIXe siècle.

A 30 km à l'ouest de Tihany, le paysage devient plus accidenté. Le bloc que forme le **mont Badacsony** s'élève brusquement et plonge dans le lac. En même temps, il se dresse à l'entrée de

Ci-dessous à gauche, église du XIIe siècle à Oskü; à droite, façade du palais de Festetics, à Keszthely.

la **plaine de Tapolca**, semée d'autres buttes volcaniques de formes bizarres.

La partie inférieure du versant de Badacsony s'élève en pentes douces couvertes de vignobles d'où l'on tire les vins blancs de Balaton, appréciés aussi hors des frontières du pays, tels le *grüner sylvaner*, le *welschriesling*, le *blaustengler*, entre autres. Mais ensuite, les parois rocheuses s'élèvent à pic et soutiennent le plateau couvert d'une épaisse calotte sombre de forêts.

Le vignoble de Badacsony a une longue tradition. Aucun viticulteur, raconte la légende, ne pouvait devenir maire d'un des villages qui entourent le mont s'il avait laissé passer un étranger devant sa cave sans lui offrir un verre. Aujourd'hui, les vignobles sont en général exploités par des coopératives et les deux plus grandes caves sont propriétés de l'État. Bien entendu, il existe aussi de petites caves dans lesquelles les vignerons entreposent le vin de leur propre production.

Au milieu des vignobles s'élève toute une série de jolies maisons campagnardes ainsi qu'un musée du vin, avec dégustation et vente. Deux maisons perpétuent le souvenir du poète lyrique Sándor Kisfaludy et de sa femme Róza Szegedy, qui passèrent là une partie de leur existence. La **maison Kisfaludy**, transformée en restaurant réputé d'où l'on a une vue superbe sur le lac, servait de pressoir au poète. Dans la maison de sa femme a été installé un musée littéraire consacré au poète qui a tant aimé le Balaton et y a puisé si souvent son inspiration, et à d'autres écrivains transdanubiens. Tout près de là, un château qui a appartenu aux princes Esterházy, le **Szigliget**, est actuellement aménagé en foyer pour les écrivains. A Badacsonytomaj, l'un des quatre villages qui entourent la butte, se dresse une **église** en basalte, à quelques pas de la nationale 71, qui vaut la peine d'être vue. Elle a été construite en 1932, et avec ses deux clochers elle serait seule de son espèce en Europe.

Dans les environs de Badacsony, il faut faire aussi l'excursion du **mont**

Le lac Balaton en automne.

Saint-Georges (Szent Györgyhegy), à 414 m d'altitude. On y découvre un curieux spectacle appelé les Grandes Orgues, une paroi de 30 à 40 m de rochers basaltiques alignés comme des tuyaux d'orgue.

Avant d'arriver à Keszthely, il faut également faire une petite escale à **Balatongyörök**. Pour sa belle plage, certes, mais surtout pour son Belvédère (Szépkilátó). De cette promenade, on a une vue panoramique qui embrasse les vignobles et la crique de Szigliget, les ruines des châteaux forts sur les anciens volcans, dans la plaine de Tapolca, le bloc formé par le mont Badacsony et, dans une brume légère, la ligne tendre de la rive méridionale du lac.

Keszthely

Dans cette petite ville qui s'incline doucement vers le lac, l'attention est attirée en premier lieu par l'immense **château** et ses dépendances. A part l'aile sud, qui date de l'époque baroque (1745), sa forme actuelle lui a été donnée entre 1883 et 1887 par le comte Festetics, qui est aussi à l'origine du développement de la cité.

Devant le château se dresse la statue du comte György Festetics (1755-1819) : esprit éclairé et digne fils du siècle des Lumières, il a aussi beaucoup contribué à la croissance de la ville. Il a constitué dans son château la bibliothèque **Hélicon**, l'une des plus précieuses du pays, qui compte 60 000 ouvrages. Avec son plafond à caissons néo-gothique, la bibliothèque est la pièce la plus intéressante. En 1797, le comte Festetics fonda à Keszthely le **Georgicon**, première académie agricole de Hongrie, devenue par la suite l'université d'agronomie. Animé par l'esprit de la Grèce antique, il organisa les « rencontres Hélicon », groupe de poètes qui joua un rôle important dans la renaissance de la nation hongroise. Il n'est donc pas étonnant que le grand parc de Keszthely, à proximité du lac, ainsi que l'hôtel moderne construit sur la rive, portent le nom de cette mon-

Le calme du lac.

tagne qui, dans la mythologie grecque, est le siège des muses.

On trouve quelques maisons baroques rue de la Liberté (Szabadság utca), qui descend directement vers le lac. C'est au n° 22 de cette rue qu'est né Karl Goldmark, compositeur de l'opéra *la Reine de Saba*. Outre la plage de l'**hôtel Hélicon**, il y en a deux autres, l'une à l'ouest de l'hôtel et l'autre en direction de Fenékpuszta.

A **Fenékpuszta**, à 7,6 km au sud de Keszthely, on découvre les ruines de la place forte romaine de **Valcum**, avec les fondations d'une basilique chrétienne; c'est là aussi que se trouvent les stalles et les communs néo-classiques du haras du comte Festetics.

Au nord-ouest de Keszthely, à 6,6 km, **Hévíz**, célèbre même à l'étranger, est alimentée par les eaux du lac, le plus vaste lac thermal d'Europe.

Zalavár

Les amateurs d'histoire ne manqueront pas de faire un détour par **Zalavár**, à 20 km au sud de Keszthely, dans la plaine marécageuse, presque entièrement asséchée actuellement, qui entoure le **Kis-Balaton** (*kis* signifie petit en hongrois) et la **Zala**. Il n'y a pas grand-chose à y voir à part les fondations d'une petite église du IXe siècle. Mais cet endroit a un riche passé historique. Zalavár est en effet le Mosapurc dont parlent les sources bavaroises relatives à la christianisation des Slaves en Pannonie, avant l'invasion du bassin du Danube par les Magyars. C'est à Mosapurc, capitale des princes slaves, qu'éclata le conflit entre les missionnaires de l'archevêché de Salzbourg qui proclamaient la doctrine du Christ et la liturgie en latin, et les apôtres slaves Cyrille et Méthode, qui préféraient prononcer leurs sermons en vieux slave et célébrer la messe d'après la liturgie byzantine. Les conséquences de ce conflit se répercuteront sur l'histoire chrétienne de toute l'Europe. Le futur schisme entre l'Orient et l'Occident, entre Rome et Byzance, entre la papauté et l'orthodoxie, partit de Mosapurc-Zalavár.

Un « commandant » de la compagnie de navigation du Danube.

Les collines du Balaton

Pendant les cent cinquante ans que dura l'occupation turque en Hongrie centrale, la frontière entre les pays soumis à la domination ottomane et le royaume des Habsbourg suivit les collines de la rive nord du lac Balaton. Cette frontière était hérissée de places fortes de part et d'autre.

Il n'en est pas resté grand-chose. Au cours du soulèvement mené par Ferenc Rákóczi contre l'empereur, de 1703 à 1711, ils servirent de bases aux Kouroutz, les troupes rebelles, ce qui incita les armées impériales à les détruire systématiquement les unes après les autres.

Nagyvázsony était l'une de ces places fortes frontalières, à 25 km du nord de Tihany. Avec sa puissante barbacane chargée de protéger l'entrée de la forteresse et son donjon haut de 28 m, elle est bien conservée, ou, pour être plus précis, elle a été restaurée avec soin. Le nom de Pál Kinizsi, l'un des généraux du roi Mathias Corvin, est lié à Nagyvázsony. C'est grâce aux qualités militaires de cet homme que la Hongrie a été relativement épargnée par les Turcs dans la seconde moitié du XVe siècle. Mais le peuple a surtout conservé de lui le souvenir de sa force prodigieuse, illustrée par une image qui se trouve à l'intérieur du château: on le voit saisir un Turc au pourpoint avec les dents, le soulever de terre, et, une épée dans chaque main, exécuter une sorte de danse guerrière. Cette région vallonnée est aussi un paradis de l'équitation. Quelques agences de voyages y organisent des randonnées équestres de plusieurs jours. A Nagyvázsony, le **château** baroque du comte Zichy a été transformé en hôtel qui comporte une école d'équitation et un manège. Tous les deux ou trois ans, il est le théâtre de démonstrations hippiques en costumes historiques.

Entre Nagyvázsony et Veszprém, au bord de la route, se trouve la *csárda* (auberge) **Nemesvámos**, qui mérite quelques mots. Située à la frontière de deux comitats, elle était, voici deux cents ans environ, une célèbre *csárda* de *betyárs*. Les *betyárs* étaient des jeunes gens qui voulaient échapper au service militaire. En conflit avec le seigneur local ou, plus généralement, avec la loi, ils se cachaient dans les forêts et n'avaient d'autre solution que de voler pour subsister. Tel Robin des Bois, ils s'attaquaient presque toujours aux riches et ménageaient les petites gens, aussi étaient-ils très populaires; il existe une foule de chants et d'histoires dont ils sont les héros. La taverne de Nemesvámos représentait pour eux un abri sûr, car dès que les gendarmes d'un comitat approchaient, ils avaient le temps de se réfugier dans l'autre comitat, où leurs poursuivants n'avaient pas le droit de pénétrer. Mais cette *csárda* a un autre intérêt: sa galerie en arcades ouvertes du rez-de-chaussée et de l'étage. On la trouve reproduite dans les livres d'art pour illustrer l'architecture rustique de la fin du XVIIIe siècle.

Le lac pris par les glaces à Balatonkenese

LE NORD-EST

Comparée au lac Balaton, à Budapest ou à la puszta, le Nord-Est, en général, n'intéresse pas les voyageurs outre mesure. Sans doute parce qu'ils estiment que cette contrée, caractérisée par des collines et de moyennes montagnes, n'est pas «typiquement hongroise». Mais ceux qui, malgré ces préjugés, iront la visiter seront surpris de ce qui les attend : le charme d'une campagne diverse, de petites villes et des places fortes chargées d'histoire, comme Eger et Sárospatak, des sites comme les grottes d'Aggtelek et, pour clore cette liste non exhaustive, un vin qui est devenu une légende : le tokay.

Vác

Pour accéder aux contreforts occidentaux des monts Börzsöny, au nord de Budapest, il faut aller à Vác, petite ville baroque sise sur la rive gauche du Danube, à 34 km de la capitale, à laquelle elle est reliée par la première ligne de chemin de fer construite en Hongrie.

On comprend pourquoi on la désigne souvent sous le vocable de «ville des églises» en découvrant les nombreux clochers et tours qui dépassent les maisons baroques et néo-classiques, à un étage en général, qui datent des XVIIIe et XIXe siècles ; la ville est construite à 111 m d'altitude, à un endroit où la rive du fleuve est elle-même surélevée. La **basilique** de style néo-classique date de la seconde moitié du XVIIIe siècle. Plusieurs maîtres d'œuvre et architectes ont participé à sa construction, ce qui n'a pas favorisé l'unité des formes et de la décoration ; il suffit de prendre un peu de recul pour remarquer qu'il lui manque une qualité essentielle : l'harmonie.

Pages précédentes : un village du Nord-Est de la Hongrie. Ci-contre, le minaret d'Eger.

Les monts Börzsöny

Vus de la promenade du Danube, ils ont un aspect imposant, bien qu'ils n'atteignent même pas 1000 m d'altitude. Le versant sud tombe directement sur le Danube et abrite de nombreux villages équipés pour accueillir les vacanciers. La population des monts Börzsöny est plutôt clairsemée. Le versant nord-ouest en particulier, qui descend vers la Slovaquie (la frontière suit le cours de l'Ipoly) ne compte que quelques hameaux isolés.

Ceux qui s'intéressent à l'art populaire et à l'histoire de cette région écartée ne manqueront pas de visiter le **musée Börzsöny** de **Szob** (à 30 km de Vác). Avant d'arriver à Szob, on traverse **Verőcemaros**, où se trouve un musée de la céramique, le **musée Géza Gorka**, du nom de l'artiste. De là, on peut prendre un chemin de fer à voie étroite qui pénètre profondément dans la forêt (environ 10 km). Plusieurs chemins partent du terminus du petit train, Királyrét, en direction des sommets environnants.

L'agglomération la plus importante sur le versant occidental est **Nagybörzsöny**. Au Moyen Age, ce petit bourg était le centre d'une exploitation minière florissante qui périclita par la suite. Seules deux églises rappellent encore l'époque glorieuse de ce qui fut jadis une vraie ville : l'église gothique sobre et austère des mineurs, et l'église Saint-Étienne, qui date de la première moitié du XIIIe siècle, enfermée à l'intérieur de remparts, l'une des rares églises villageoises de style roman conservées jusqu'à nos jours.

De toutes les localités établies sur le versant est des monts Börzsöny, **Nógrád** est la plus connue. Protégée par un solide château fort, elle joua un rôle dans les guerres contre les Turcs et changea souvent de mains, mais il ne reste de sa grandeur passée que son nom, qu'elle a donné au comitat.

Le Cserhát et les Palozes

A l'est des monts Börzsöny s'étendent les **collines du Cserhát**, région vallonnée dont le point culminant n'atteint que 652 m. Les vallées larges et fertiles ont favorisé l'implantation d'une population dense.

Les Hongrois qui habitent cette région sont appelés Palozes, mais les ethnographes n'ont pas encore réussi à se mettre d'accord sur leurs origines. Les uns voient en eux les derniers survivants d'un groupe étranger qui se serait établi dans le pays avant les Magyars ou en même temps qu'eux; pour d'autres, les Palozes sont des Hongrois qui ont leur dialecte et leur culture propres et qui, de toute évidence, ont subi l'influence des Slovaques.

Balassagyarmat, petite ville à la frontière entre la Slovaquie et la Hongrie, possède un **musée de l'Artisanat paloze**. Contrairement à l'habitude, les pièces les plus intéressantes ne sont pas des céramiques, mais des objets en bois d'usage courant: des louches à bec, par exemple, au manche gravé de dessins débordants d'imagination, des coffres à vêtements ou à linge dont les panneaux sont sculptés de scènes. Les costumes régionaux sont particulièrement colorés dans cette région, et les hautes coiffes des jeunes filles sont souvent brodées de perles de verre étincelantes. Il ne faut pas manquer non plus d'aller voir les maisons palozes exposées dans le jardin du musée. La plupart sont des constructions en bois relativement vastes et peintes de couleurs sombres, posées sur un socle de pierre et couvertes d'un épais toit de chaume.

Il existe un village entier constitué de ces maisons palozes, niché au pied d'un château fort en ruine, à environ 35 km au sud-est de Balassagyarmat: **Hollókö**. La plupart des maisons appartiennent à des bourgeois de Budapest qui se sont engagés à les respecter. En revanche, les autochtones ont vendu leurs vieilles maisons pour s'établir dans le «village nouveau» où ils peuvent s'installer à leur guise et jouir du confort moderne. En janvier 1988, l'Unesco a inscrit Hollókö au «patrimoine mondial». Ainsi ce petit village niché au cœur du monde vallonné du Cserhát, avec sa structure médiévale intacte (bien que la majorité des maisons aient été reconstruites après l'incendie de 1909) voisine-t-il avec la grande muraille de Chine, la

tour penchée de Pise, l'Acropole d'Athènes et le château de Buda.

Sur le trajet de Balassagyarmat à Hollókö, on traverse **Szécsény**, village assez important avec une église remaniée dans le style baroque, mais dont la sacristie a conservé sa forme gothique initiale. De l'ancien château fort, il ne reste qu'une tour d'angle et le mur d'un bastion, intégrés dans le **château de Forgách**, qui abrite aujourd'hui le musée local. C'est à Szécsény que se tint en 1705 la diète au cours de laquelle Ferenc Rákóczi fut proclamé prince régent de Hongrie par la confédération du Pays hongrois.

Sur le plan historique, **Salgótarján**, chef-lieu du comitat de Nógrád, ne présente guère d'intérêt. C'est une «ville socialiste modèle» de 40 000 habitants et un centre industriel qui regroupe des exploitations minières, des usines métallurgiques, de la verrerie et des tours et blocs à usage d'habitation pour loger les ouvriers.

Au sud de Salgótarján s'étendent les **monts Mátra**, qui comportent, avec les 1 014 m d'altitude du **Kékestetö**, le plus haut sommet du pays. Depuis la tour des Télécommunications, la vue s'étend très loin sur la Grande Plaine. Pour les Hongrois, qui ne sont pas tellement gâtés en montagnes, les monts Mátra représentent un but d'excursion, à cause aussi de leur proximité de Budapest (100 km). On y trouve des pistes de ski et l'une des plus vieilles stations thermales, **Parádfürdö**.

Eger

Eger se niche entre les monts Mátra et les monts de Bükk; c'est à coup sûr la ville la plus intéressante du Nord-Est, pour trois raisons: un passé historique très agité, une architecture diverse et un vin rouge connu dans le monde entier, l'*egri bikavér*, le «sang de taureau d'Eger».

Eger apparaît aussi dans la littérature. *Les Étoiles d'Eger*, roman de Géza Gárdonyi traduit en plusieurs langues, décrit la défense héroïque du **château d'Eger** en 1552 contre une armée

Les montagnes de Hongrie, peu élevées mais impressionnantes.

turque. Sous la direction du commandant de la place, István Dobó, 2 000 hommes, épaulés par leurs femmes, repoussèrent l'armée ottomane, forte de 100 000 hommes. Ce ne fut qu'en 1596 que les Turcs réussirent à s'emparer de la ville et du château, et ils y demeurèrent quatre-vingt-onze ans. Mais ils ne laissèrent pas grand-chose derrière eux : un minaret de 40 m de hauteur, très décoratif, dressé sur un socle à 14 angles, le minaret le plus septentrional du territoire d'occupation turque en Europe, ainsi qu'un bastion du château et les murs de quelques bains, intégrés dans le quartier balnéaire actuel de la ville, à proximité de la Petöfi tér.

La cour du château est occupée par le **palais épiscopal** restauré, avec sa galerie à arcades du rez-de-chaussée. Un **musée** rassemble les souvenirs des courageux défenseurs de la place forte, parmi lesquels la pierre tombale d'István Dobó. Le **musée de la Forteresse** proprement dit, situé à l'étage supérieur, contient entre autres la nouvelle version de la lettre de fondation de l'épiscopat, qui date de la seconde moitié du XIIIe siècle. Mais, en sa qualité de siège épiscopal, Eger rejoint le passé lointain de l'histoire de la Hongrie. Elle faisait partie des dix épiscopats érigés par le roi saint Étienne au début du XIe siècle pour étendre la chrétienté. De l'ancienne église épiscopale, la cathédrale romane Saint-Jean à trois nefs datant du XIIe siècle, il ne reste que quelques pans de murs.

Pour se faire une idée exacte de l'importance qu'a eue la forteresse d'Eger, il faut visiter les casemates plutôt sinistres qui ont été agrandies dans la seconde moitié du XVIe siècle. Le centre ville, au pied du château, entoure l'István Dobó tér ; il a perdu tout caractère martial. Exception faite de la **basilique** néo-classique qui se dresse sur la Szabadság tér, édifice religieux hongrois le plus vaste après la cathédrale d'Esztergom, on est frappé par l'aspect typiquement baroque de la ville : le palais épiscopal,

Eger, siège de l'évêché fondé par saint Étienne.

construction en forme de U, et surtout l'ancien **lycée archiépiscopal**, devenu école supérieure de pédagogie. C'est un complexe de bâtiments en quadrilatère, construit entre 1765 et 1785 par le maître du baroque tardif, Jakob Fellner. Les historiens de l'art considèrent cet édifice comme l'exemple de style rococo le plus significatif du pays. La masse de ce complexe ne laisse pas d'en imposer : les côtés ont chacun 85 m de longueur sur 21 m de hauteur ; ils entourent une belle cour intérieure et sont couronnés d'une tour à dix étages dans laquelle a été installé un observatoire.

La salle la plus somptueuse est la bibliothèque, dont le plafond couvert de fresques dues au peintre bohémien Johann Lukas Kracker procure toujours une vive émotion. Les peintures montrent une scène du concile de Trente, avec 132 personnages parmi lesquels on reconnaît l'empereur Charles Quint. Le plafond de l'ancienne chapelle de l'aile nord est décoré d'une fresque de Franz Anton Maulbertsch ; c'est l'une de ses dernières œuvres.

Dans la Kossuth Lajos utca, le grand palais du prieur, aujourd'hui bibliothèque du comitat, au n° 16, le conseil local au n° 9 et le petit palais du prieur au n° 4, méritent une visite, pour leur architecture, mais surtout pour leurs grilles et balcons en fer forgé.

Il ne faut pas non plus manquer d'aller voir l'**église des Frères mineurs**, István Dobó tér. Elle a été construite, dit-on, d'après les plans du maître de l'art baroque de Prague, Kilian Ignaz Dientzenhofer. La façade principale, dont la partie centrale est voûtée, les deux colonnes qui la flanquent et le fronton arqué, ainsi que les deux tours qui s'élancent vers le ciel, forment un ensemble d'une harmonie extraordinaire, harmonie que reflète aussi l'intérieur de l'édifice. Le retable du maître-autel est l'œuvre de Johann Lukas Kracker.

La place de l'Église des Frères mineurs était au Moyen Age la place du marché. Elle donne l'impression

Un charbonnier dans les monts du Bükk.

d'être le centre, car c'est là que débouchent nombre de ruelles de la vieille ville. Rien n'a pu altérer l'atmosphère intime qui y règne, pas même les monuments élevés au défenseur légendaire du château fort, István Dobó, et aux défenseurs des places frontalières.

L'atmosphère d'Eger ne serait pas ce qu'elle est sans les nombreuses guinguettes et tavernes de la ville et les caves de la périphérie dans lesquelles on peut déguster un petit verre chez des viticulteurs; il n'y a pas seulement du «sang de taureau», mais aussi des vins blancs, riesling, muscat, ainsi que le *leányka*, qui est un vin de dessert.

Vers le Bükk

Bélapátfalva est la seule église monastique conservée intacte en Hongrie. Entourée de tilleuls et de châtaigniers, elle se dresse dans une solitude absolue au pied du versant nord des **monts du Bükk**. Les moines cisterciens français en ont commencé la construction en 1232. La façade principale, avec le portail roman à colonnes, date aussi de cette époque. Mais l'église n'a été achevée que vers la fin du XIIIe siècle, en style gothique. Les piliers trapus qui séparent les trois nefs, la voûte en ogive et la rosace sous le fronton datent également de cette époque.

Szilvásvárad, domaine qui faisait jadis partie des propriétés du margrave Pallavicini, est aujourd'hui un but d'excursion. Parmi ses principales attractions, la première place revient au **haras des Lipizzans**, avec un musée qui raconte l'histoire de ces chevaux prestigieux qui ont fait la célébrité de l'école espagnole de Vienne et continuent à contribuer à sa renommée. Autre pôle d'attraction, le paysage romantique et divers, avec des vallées profondément encaissées, des cascades, des étangs poissonneux et des grottes préhistoriques. Mais c'est de la route étroite qui va de Szilvásvárad à Lillafüred et Miskolc qu'on se rend le mieux compte de la beauté sauvage des monts du Bükk. Pour l'emprunter,

Couleurs et sobriété dans l'église de Szelonna.

il faut un permis spécial, qu'on obtient d'ailleurs au point de départ sans trop de formalités. La route grimpe en lacet jusqu'au haut du plateau. On découvre alors un paysage rude de prés et de forêts, avec des chênes et des hêtres séculaires, des touffes de genévriers et des rochers calcaires, sans aucune présence humaine.

Lillafüred, sur le versant est, est une station climatique fréquentée. Le grand hôtel Palota, construit au milieu d'un vaste parc qui se prolonge par une forêt étendue, était encore ouvert entre les deux guerres; puis il a été transformé en foyer syndical. On trouve aussi un petit lac, le **lac Hámor**, sur lequel on peut faire du canotage, et de nombreux sentiers de promenade. Sur la rive droite du lac, on voit encore une curieuse construction qui ressemble à trois cubes de calcaire superposés. C'est la très ancienne fonderie (*öskohó*) d'Ujmassa, première cellule des usines sidérurgiques Lénine qui ont fait de Miskolc l'un des plus importants districts industriels.

Miskolc

Avant d'arriver à Miskolc, deuxième ville de Hongrie (210 000 habitants), et foyer industriel, on passe devant la **forteresse de Diósgyör**, juchée sur un rocher élevé et solitaire, à 4 km du centre de la ville. Ses quatre tours d'angle en partie en ruine disparaissent presque derrière les immeubles.

Diósgyör a été construite à la suite de l'invasion des Mongols, en 1241. La horde d'Or envahit les vallées, dépourvues à l'époque de tout ouvrage défensif, ainsi que les cités établies sur des sols marécageux, comme Székesfehérvár; toutefois Pannonhalma, bâtie sur une hauteur, demeura imprenable. Après leur retraite, Béla IV fit ériger une ligne de places fortes pour prévenir un éventuel retour des assaillants asiatiques. L'une de ces places fortes fut précisément Castrum Geuru — Diósgyör.

Au XIVe siècle, la forteresse changea plusieurs fois de mains. La famille Erny se souleva contre Charles-

Le château de Diósgyör et ses fortifications du XIIIe siècle.

Robert d'Anjou, et eut le dessous. Diósgyör fut alors livrée au voïvode de Transylvanie, et passa ensuite au souverain de Croatie. A tour de rôle, les rois de Hongrie Louis d'Anjou, Sigismond de Luxembourg, Mathias Corvin, Ladislas II Jagellon et Louis II de Habsbourg se servirent de Diósgyör comme d'une sorte de pied-à-terre dans une région relativement bien abritée. Les Turcs transformèrent le château en poste frontière; le luxe qui avait fait la gloire de Diósgyör n'y résista pas. Lorsque la menace ottomane s'éloigna, ce furent les tensions entre Autrichiens et Hongrois qui éclatèrent. Diósgyör se trouvait alors à proximité de la frontière entre la Hongrie monarchique (autrement dit celle des Habsbourg) et la Transylvanie hongroise, soumise au prince Thököly et à son armée de Kouroutz. Le château subit de nouveaux assauts et changea souvent d'occupants. Léopold Ier ordonna la destruction de ce fort tenu par des Hongrois querelleurs et l'expulsion de toute la population avoisinante. Pendant deux cents ans, les ruines servirent de carrière aux maçons en quête de pierres à récupérer.

A l'approche du millénaire, on se souvint de ce vieux monument. Des fouilles commencèrent en 1930, d'après les plans d'István Möller, puis elles furent reprises dans les années cinquante. En 1968, les ruines finirent par être aménagées en musée et en théâtre en plein air. Mais il fut impossible de restaurer le château dans son éclat d'antan. Cependant, d'après les documents de l'époque, on peut se faire une idée de ce qu'a dû être Diósgyör au temps de sa splendeur, tout en contemplant les tours armées de créneaux et de meurtrières.

Quant à **Miskolc** même, son monument le plus ancien est l'**église réformée**, sur le versant du mont Avas. Cet édifice gothique remonte au XIIIe siècle. Initialement à trois nefs, elle a été transformée entre 1470 et 1489, et ses voûtes à nervures ont été remplacées par un plafond en bois à caissons. Au XVIe siècle, cette église passa aux mains des calvinistes. Elle est entourée d'un cimetière qui est en usage depuis le XIe siècle, et flanquée d'un clocher orné d'une galerie en bois Renaissance, sous une coupole pointue.

La station thermale de **Miskolc-Tapolca** (à 7 km du centre de la ville) est alimentée par une eau radioactive dont la température oscille entre 29°C et 31°C. Elle comporte une piscine creusée dans le roc.

Aggtelek

Les nouveaux districts industriels de **Kazincbarcika** et d'**Ozd**, au nord-ouest de Miskolc, se sont constitués seulement après la guerre.

En revanche, il ne faut pas manquer de visiter les **grottes d'Aggtelek-Jósvafö**, creusées dans le karst et caractérisées par leurs immenses stalactites, à la frontière entre la Hongrie et la Slovaquie, car ces grottes font partie du réseau souterrain le plus ramifié d'Europe. Elles s'étendent sur 22 km et pénètrent profondément en territoire slovaque. La plus vaste est la

Stèles de bois indiquant l'emplacement des tombes d'un mari et de sa femme à Aggtelek.

grotte de Baradla, reliée à la Domica, de l'autre côté de la frontière. Elle contient le plus grand stalagmite du monde, l'Observatoire, de 25 m de hauteur et de 8 m de diamètre au pied.

Le mont Aggtelek et la région accidentée du **Cserhát**, où se trouve aujourd'hui un vaste lac de retenue à proximité de **Rakaca**, forment en quelque sorte le pont qui relie cette région aux monts Zemplén, dernier maillon de la chaîne de montagnes du Nord-Est. Cserhát et Zemplén sont séparés par la vallée de l'Hernád, qui coule de Slovaquie.

Zemplén

La région vallonnée de **Zemplén** n'atteint que la modeste altitude de 894 m, à l'extrême nord. Sur ses versants sud et sud-est s'étend la région vinicole de **Hegyalja** ; c'est là que poussent les raisins qui donnent le fameux tokay.

En allant de Miskolc à Tokaj et à Sárospatak, on commence par traverser **Szerencs**, petite ville de 10 000 habitants. Elle a joué un rôle important dans l'histoire de la Hongrie entre le début du XVIIe siècle et la première décennie du XVIIIe siècle, époque de soulèvements de la noblesse hongroise contre les Habsbourg.

Le **château de Szerencs** est devenu, à la fin du XVIe siècle, propriété de Sigismond Rákóczi, premier membre de cette famille à jouer un rôle politique éminent : il fut un ardent partisan d'István Bocskai, qui se souleva contre l'empereur en 1604 pour défendre les libertés de la noblesse hongroise. C'est à Szerencs que Bocskai, et après lui Sigismond Rákóczi, ont été proclamés princes de Transylvanie. Rákóczi est enterré à Szerencs. Son sarcophage en marbre rouge repose dans l'église calviniste, à proximité de la place du marché.

Lajos Kossuth est né à **Monok**, à 13 km au nord de Szerencs. La modeste maison dans laquelle ce meneur de la révolution de 1848-1849 a vu le jour est transformée en musée.

Paysage karstique près d'Aggtelek.

Tállya et Tokaj

Tállya, à 8 km à l'est de Monok, a rivalisé avec Tokaj. Mais, en fin de compte, c'est le tokay et non le tallyai qui s'est imposé au monde. L'église catholique du village possède un retable placé sur un autel latéral qui convient parfaitement au cadre : les vendanges de saint Wendelin, auxquelles même les anges prêtent leur concours. Cette œuvre superbe est due, une fois de plus, à Franz Anton Maulbertsch.

Tokaj se dresse au sommet d'une butte de lœss qui pénètre à l'intérieur de la Grande Plaine hongroise, telle une presqu'île. Mais le vin de Tokaj ne provient pas uniquement des vignobles proches de la ville. L'ensemble de cette région vinicole, connue en Hongrie sous le nom de Tokaj-Hegyalja, comprend 5 000 ha et 28 localités, sur les versants sud-est et sud de la montagne.

Il semble que les Celtes ont cultivé la vigne à cet endroit : il est certain en tout cas que les rois de Hongrie du XIe siècle ont encouragé la viticulture, particulièrement après l'attaque des Mongols en 1241. Dans ce but, ils avaient fait venir des spécialistes français et italiens. A certaines époques, le tokay jouissait d'une renommée dans toute l'Europe. Sur la carte des vins de Louis XIV, on lui avait accordé le titre de *« vin des rois, roi des vins »*. Goethe le faisait débiter dans la cave d'Auerbach et Schubert en chantait les vertus.

Sárospatak

A 45 km au nord-est de Tokaj, **Sárospatak** donne son nom à une ville et à un château fort qui sont l'une et l'autre remarquables à maints égards : la **forteresse** est considérée comme la place forte Renaissance la plus vaste et la mieux conservée de Hongrie. Sa « tour Rouge » de cinq étages à usage d'habitation, de proportions énormes, domine le site sur la rive abrupte de la Bodrog. Elle fut le fief de la famille Rákóczi à partir de 1616. Plusieurs membres de cette famille furent proclamés princes de Transylvanie, jusqu'à François II Rákóczi, chef de la grande insurrection contre les Habsbourg qui se prolongea huit années durant, de 1703 à 1711.

En outre, dès le milieu du XVIIe siècle, la renommée de Sárospatak s'étendit au-delà des frontières. Le **collège réformé** fondé en 1531 était le foyer intellectuel du calvinisme en Hongrie et en Transylvanie ; c'est là que l'on envoyait la jeunesse aristocratique protestante parfaire sa formation intellectuelle. De 1650 à 1655, le grand pédagogue et humaniste morave Johann Amos Comenius a enseigné dans ce collège ; ses idées ont influé sur les systèmes scolaires jusqu'au XXe siècle. C'est également là qu'il écrivit son œuvre maîtresse, *Orbis pictus*.

De ce collège d'autrefois, situé au centre de la ville, il ne reste strictement rien. Il est remplacé par un ensemble de bâtiments néo-classiques en U, qui comprend une école supérieure, un internat et une bibliothèque. Un édifice baroque à un étage situé dans la cour du collège abrite une exposition Comenius qui relate l'histoire de cette institution.

Les bâtiments de la forteresse qui entourent la cour trapézoïdale manquent d'harmonie, car les ailes ont été construites à des époques différentes. Les éléments Renaissance sont cependant d'une grande beauté, en particulier l'escalier ainsi que la loggia à quatre arcades qui relie l'édifice au deuxième étage de la tour Rouge.

Dans la ville même, il est recommandé de visiter la grande **église** gothique à trois nefs, avec ses belles pierres tombales. L'un des deux hôtels (le Borostyán) est bâti dans le monastère des Trinites, qui date du XVIIe siècle.

Il ne faut pas manquer d'accorder quelques instants à **Hollóháza**. C'est la localité la plus septentrionale, à 38 km au nord de Sárospatak, juste à la frontière slovaque. Ce village possède, après Herend, la plus importante manufacture de porcelaine, qui a la réputation de tenir compte des courants modernes dans la conception de ses modèles.

Une paysanne du Nord-Est.

Hont.-Nemce
Lučenec
SLOVAQUIE
CSEREHÁT
Hernád
ZEMPL
Ózd
Salgótarján
BÜKK
Miskolc
Hont
Balassagyarmat
Kisterenye
Leninváros
CSERHÁT
Pásztó
MÁTRA
Eger
Polgár
Vác
Gyöngyös
Mezőkövesd
Esztergom
Eger
Szentendre
Tiszafüred
HORTOBÁGY
Dunakeszi
Gödöllő
Heves
Hortobá
Tisza
Budapest
Jászberény
MAGYARORSZÁG
Monor
Kunhegyes
Karcag
Püspökladá
Újszász
Kisújszállás
Törökszentmiklós
Szolnok
Hortobágy- Berettyó
Örkény
Túrkeve
Szeghalom
Dunaújváros
Nagykőrös
Tiszaföldvár
Danube
Kecskemét
Szarvas
Dunaföldvár
Kunszentmárton
Bék
Csongrád
Kiskunfélegyháza
Békéscsaba
Szentes
Gyu
Kiskőrös
Orosháza
Tisza
Kalocsa
Kiskunmájsa
Hódmezővásárhely
Kiskunhalas
Dombegyház
Szekszárd
Jánoshalma
Battonya
Mezőhegyes
Szeged
Makó
Bátaszék
Baja
Bácsalmás
Tisa
Subotica
YOUGOSLAVIE
Mohács
Senta

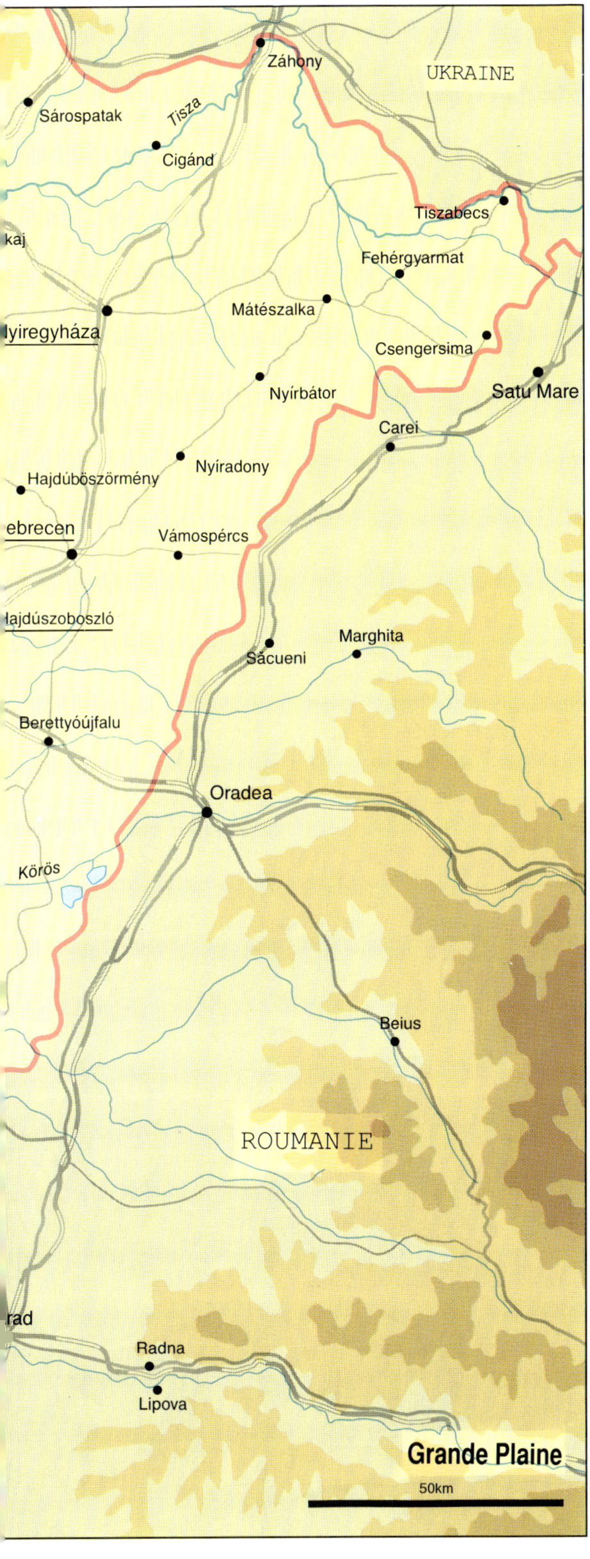

LA GRANDE PLAINE

L'**Alföld**, la Grande Plaine, couvre plus de la moitié de la Hongrie. Le point culminant (182 m) s'en trouve au nord-est, près de Debrecen; le point le plus bas (76 m) au sud, près de Szeged. Il semble qu'à l'époque de la formation de la planète, ce vaste territoire ait été un massif montagneux de plus de 4000 m d'altitude, mais il faut une imagination fertile pour se le représenter ainsi.

Les mouvements telluriques l'ont peu à peu érodé et une mer intérieure a nivelé la dépression. Après assèchement, la mer a donné naissance à la Grande Plaine. Peu après s'être décidée à couler vers le sud, la **Tisza**, principal affluent du Danube et deuxième fleuve de Hongrie, le plus poissonneux aussi, partage cette région en deux parties inégales.

Kecskemét

L'excursion en voiture commence à **Kecskemét**. Soit dit en passant, on peut la faire en chemin de fer: la voie ferrée court parallèlement à la route. La distance qui la sépare de la borne zéro de Budapest est de 86 km par l'autoroute E 5. Centre du comitat cerné par le Danube et la Tisza, Kecskemét est, avec 100000 habitants, *«la plus jolie petite ville du monde»*, comme le proclame Johannes Brahms dans un de ses lieder. Elle s'étend nonchalamment dans un cadre doucement vallonné, après avoir été une simple petite colonie et être devenue une ville à part entière au XIVe siècle. Durant les cent cinquante années de l'occupation ottomane, elle n'a subi aucun dommage car elle était placée sous la protection directe du sultan.

Les vignobles et les plantations d'abricotiers arrachés à grand-peine au sol sablonneux qui entourent la ville pénètrent même dans les quar-

Pages précédentes: un champ de tournesols (cette fleur est l'ingrédient principal de nombreux produits cosmétiques).

tiers périphériques. On n'arrive pas facilement à chasser l'odeur pénétrante d'un million d'abricotiers, les nerfs olfactifs s'en souviennent encore longtemps, surtout s'ils sont soutenus par le *barackpálinka*, alcool d'abricot connu dans le monde entier…

Le centre

Deux grandes places, la **Szabadság tér** et la **Kossuth tér**, forment le centre de la ville, avec la petite Kálvin tér. A l'endroit où la Rákóczi út, rue qui mène à la gare, débouche place de la Liberté (Szabadság tér) se dresse la synagogue. Construite d'après les plans de János Zitterbach le Jeune en style romantico-mauresque de 1864 à 1871, elle est surmontée d'une tour «persane» coiffée d'une coupole. Dans la cour se trouve une autre synagogue, plus ancienne et plus sobre, érigée en 1818. Mais à l'angle de la Rákóczi út et de la place se trouve aussi l'un des plus beaux édifices de la ville, la **Cifrapalota**, palais restauré en 1983. Des majoliques décorées de fleurs stylisées aux couleurs vives ornent la façade. Ce palais est un bel exemple de style 1900 hongrois, importé de la Sécession de Vienne; il a été construit sur les plans de Géza Márkus, élève de Lechner. Mais les Hongrois y ont ajouté des éléments architecturaux et une débauche d'ornements puisés dans l'art populaire d'origine transylvaine et dans l'art islamique. Les majoliques recouvertes d'une glaçure métallique proviennent de la manufacture Zsolnay de Pécs. Le palais conserve des collections de gravures et de tableaux. A l'angle sud-ouest de la Szabadság tér se dresse l'**église réformée**, couronnée d'un clocher Renaissance, construite entre 1680 et 1684. La décoration intérieure est de 1790; elle trahit le baroque tardif, mais la chaire est du pur rococo.

Le monument élevé à Lajos Kossuth a donné son nom à la place contiguë à la Szabadság tér. Elle est surtout marquée par l'**hôtel de ville**. C'est Ödön Lechner (1845-1914), maître du style

Vues de Kecskemét, dans la puszta : à gauche, Jugendstil hongrois; à droite, l'ancienne synagogue.

1900 hongrois, qui a tracé les plans de ce bâtiment construit entre 1893 et 1896; l'ensemble est richement décoré de nombreuses majoliques et d'une remarquable grille en fer forgé.

Kecskemét a la réputation d'être la ville des cloches. Cloches et carillons sont en général en aluminium, matériau moins onéreux que le bronze, plus facile à transporter et d'une belle sonorité. Les Hongrois peuvent se vanter d'avoir inventé ce procédé. L'**église Saint-Nicolas** (Szent Miklós) fait face à l'hôtel de ville; c'est un édifice imposant, dont certaines parties sont les plus anciennes de la ville. Elle occupait déjà la place à la fin du XIIIe siècle et fut remaniée en style baroque au XVIIIe siècle.

Le **théâtre** municipal porte le nom du poète József Katona, qui naquit à Kecskemét en 1791. Il a été construit par Hermann Hellmer et Ferdinand Fellner, architectes de théâtre les plus célèbres d'Europe à l'époque. Devant cet édifice, la colonne de la Trinité fut élevée après l'épidémie de peste de 1739, en gage de reconnaissance. L'**institut Zoltán Kodály** perpétue le nom de l'artiste qui, avec Béla Bartók, fut un pionnier de la musique contemporaine. C'est là que Kodály vit le jour en 1882. Le bâtiment, dans sa forme actuelle, est dû à l'architecte et décorateur J. Kerényi, de même que le **musée d'Art naïf**, le **musée du Jouet** et de nombreux immeubles.

Après l'effort...

On a besoin de reprendre des forces après une aussi longue visite. Où que l'on aille, dans le **Kis-Bugac** au nord-est de la ville, ou dans le **parc Étterem** au sud-est, au restaurant Arany Homok Szalloda sur la Kossuth tér, il ne faut pas manquer de commander une spécialité: la volaille. Du foie gras d'oie cuit au four ou servi dans une sauce à l'ail, ou du canard rôti. On peut y ajouter, à la fin du repas, un *barackpálinka*, alcool d'abricot qu'on boit dans une coupe. On est alors prêt à affronter quelques-uns des onze

Attelage dans la puszta.

musées et galeries de la ville, dont les collections vont de l'art populaire à l'art moderne.

En route pour Szeged

De Kecskemét à Szeged, il faut une demi-heure de trajet par la nationale E 5. Mais il est plus agréable de prendre la route 44, qui s'étire dans un cadre pittoresque, où coulent la **Tisza** et la **Körös**, et dans laquelle la faune et la flore n'ont pas eu à souffrir de la régularisation des fleuves. On franchit la Tisza à **Lakitelek** et la Körös à **Kunszentmarton**, où l'on prend la 45, qui oblique vers le sud et passe par **Szentes** avant de rejoindre **Hódmezövásárhely**.

Fondée au XIIIe siècle, cette ville compte 54000 habitants. Elle porte le nom d'un castor (*hód*) qui vivait jadis dans un lac au sud de la ville, au milieu de la zone d'inondation de la Tisza. Le lac fut asséché à la suite des travaux de régularisation du fleuve et transformé en vaste parc de repos.

Une promenade à travers «la ville des potiers et des puits artésiens» ne s'oublie pas. La plupart des panneaux indicateurs sont en majolique. Plus de 400 potiers travaillaient encore à Hódmezövásárhely au milieu du siècle dernier. L'artisanat s'est maintenu jusqu'à la guerre et ce n'est qu'après l'avènement de l'«ère du plastique» que des étudiants de l'académie des Beaux-Arts de Budapest ont sauvé de nombreuses terrines et cruches.

Sur le côté sud de la Kossuth tér se trouve l'hôtel de ville construit en style néo-classique avec sa tour néo-baroque. Au-dessous, un hussard en bronze brandit son sabre pour charger. Le côté ouest de cette place est fermé par l'hôtel Béke, édifice néo-classique lui aussi, avec de très beaux ouvrages en fer forgé. L'ancienne et la nouvelle église, ainsi que l'église grecque orthodoxe, sont de style baroque.

La guerre contre les Turcs a anéanti bien des trésors en Hongrie. Il ne reste que fort peu de vestiges des monuments et constructions d'avant cette

Une vache hongroise, aux cornes évasées vers l'arrière.

période. C'est la raison pour laquelle les monuments importants appartiennent en général au style baroque autrichien.

Au sud de Hódmezövásárhely, la nationale 47 oblique vers **Szeged**, «ville du paprika». On l'appelle aussi la «ville du soleil», car c'est la ville qui compte un plus grand nombre annuel d'heures de soleil dans tout le pays. Elle a, elle aussi, un passé très agité. Les fouilles montrent que les hommes se sont établis au confluent de la Maros et de la Tisza dès l'âge de la pierre et l'âge du bronze; plus tard, des Illyriens, des Celtes et des Avars y ont vécu à leur tour. Attila, roi des Huns, y établit aussi des campements. Szeged fut mentionnée pour la première fois dans les chroniques de l'an 1183, en tant que centre du commerce du sel.

En 1241, la ville fut mise à sac par les Tatars. Puis vinrent de nouveaux colons; elle retrouva alors sa position et devint un centre de négoce. C'est de Szeged que partiront plus tard le soulèvement de la paysannerie (György Dózsa, 1514), la défense contre les Turcs, ainsi que la guerre de libération sous François II Rákóczi (1703) et la révolution de 1848-1849. Dans la Kárász utca se trouve une maison construite en style néo-classique, avec un encorbellement qui a sa place dans l'histoire: c'est de là qu'après avoir été proclamé administrateur de la Hongrie en 1849 par l'assemblée nationale, Lajos Kossuth prononça, en juillet de la même année, son dernier discours enflammé, qui souleva l'enthousiasme de tous ses compatriotes. Le mois suivant, il se démettait et s'enfuyait en Turquie.

L'inondation de 1879 anéantit Szeged. La ville fut reconstruite grâce à l'aide internationale. En remerciement, on donna à une section du boulevard circulaire qui entoure la ville des deux côtés de la Tisza, le Ring, les noms des villes qui avaient envoyé des subsides. Depuis, la ville de Szeged, reconstruite de façon encore plus pompeuse qu'elle ne l'était aupara-

Une tentative de culture dans la puszta.

vant, divise le temps entre «avant» et «après» l'inondation.

Le plan de la ville est facile à graver dans la mémoire: un Ring intérieur et un Ring extérieur, plusieurs rues rayonnantes, reliées entre elles par des rues transversales.

La brique rouge a fait son apparition avec l'aménagement de la place de la Cathédrale (Dóm tér). Mais la place la plus belle est sans contredit la **Széchenyi tér**; c'est un véritable parc somptueux avec ses rangées d'arbres, ses statues de marbre et de bronze et une fontaine ornée de représentations allégoriques de la Tisza à la fois dévastatrice et source de bénédictions. L'**hôtel de ville**, formé de deux ailes reliées l'une à l'autre par un «pont des soupirs» et décoré de tours, est l'ancien édifice agrandi par Ödön Lechner, qui a résisté à l'inondation.

Si la Széchenyi tér est la plus belle, la Dóm tér est la place la plus vaste de Szeged. La **tour octogonale de Demeter**, devant la cathédrale, date des XIIe et XIIIe siècles. C'est le monument le plus ancien de la ville. Restaurée en 1985, elle sert de baptistère. La place est dominée par la **cathédrale**, puissante construction néo-romane à deux tours qui fut érigée en 1912 et 1929. Au-dessus du portail sud se dresse la statue de la Vierge, patronne de la Hongrie, entourée des douze apôtres. L'intérieur correspond à l'extérieur, avec son marbre blanc, ses anges, ses tabernacles étincelants de dorures et son autel somptueux. Seule la fresque du plafond du chœur est vraiment hongroise; elle représente sainte Marie de Szeged enveloppée d'une cape paysanne et chaussée de pantoufles brodées dites «pavillons», typiques de la ville. Les orgues, avec leurs cinq manuels et leurs 11 000 tuyaux, sont les plus grandes d'Europe après celles de la cathédrale de Milan. Le festival d'été de Szeged (opéra, ballet, théâtre) a la cathédrale pour décor. La place entourée d'arcades peut contenir 6 000 spectateurs. *«Szeged, híres város»* (*«Szeged, ville célèbre»*), proclame un

La nouvelle synagogue de Szeged.

chant populaire... Non seulement cette mélodie, sonnée par des centaines de cuivres, ouvre le festival, mais elle est jouée tous les jours à midi, sur la place, par un carillon.

La remarquable **église serbe orthodoxe**, construite en style baroque de 1773 à 1778, possède une magnifique iconostase et une coupole rococo.

Mais le plus bel édifice religieux de Szeged se trouve place Mátyás Király tér. C'est l'**église de la Ville basse** (Alsóvárosi templom), édifiée sur les restes d'un sanctuaire datant des Arpád: la fenêtre romane de la sacristie en fait foi. Pour le reste, elle est du plus pur style gothique — fenêtres hautes et étroites entre les arcs-boutants. La tour qui flanque le côté nord du chœur atteste l'architecture franciscaine, dont le maître d'œuvre fut frère Jean. Une pierre commémorative de l'achèvement de l'église porte l'année 1503. Le maître-autel et la chaire de style baroque datent de l'année 1700 environ. La «Madone noire», copie de la Vierge de Czestochowa (qui donne lieu à un célèbre pèlerinage en Pologne), du milieu du XVIIIe siècle, est l'objet d'une grande piété; mais elle est aussi l'occasion de fêtes et de kermesses en été, à l'époque de la récolte des melons.

Le **parc Móra**, avec le **palais de la Culture** qui abrite une bibliothèque et un musée, part de la tête du pont côté nord. Il est bordé par les ruines de la forteresse que Béla IV (1235-1270) fit construire après l'agression des Tatars. Avant d'être rasée en 1880, elle servait de cachot. Un enfant du pays, Sándor Rózsa (1813-1878), célèbre *betyár* et Robin des Bois national, y a passé douze ans de sa vie. Les pièces restaurées de la forteresse abritent le musée historique de la ville.

Un omnibus tiré par des chevaux fait le tour de la «ville du paprika». Il recueille les promeneurs aux pieds fatigués et les nostalgiques du passé. Il peut les conduire dans l'un des nombreux restaurants où l'on déguste un *paprikás*, viande en sauce vigoureusement relevée de «poivre rouge».

Ci-dessous à gauche, la chemise blanche d'un cavalier; à droite, coucher de soleil sur la puszta.

L'EST

La nationale 43 mène à **Makó** (à 30 km de Szeged), «ville de l'oignon». A partir de là, on continue presque toute l'excursion (plusieurs centaines de kilomètres) sur des routes de plus en plus étroites. On évite ainsi les longues colonnes de voitures des routes nationales; en revanche, il faudra sans doute avaler beaucoup de poussière, au point de souhaiter un bon bain. Ce ne sont pas les occasions qui manquent dans cette région où les établissements thermaux pullulent: dans leurs recherches pour trouver du pétrole, les Hongrois ont découvert d'innombrables sources d'eaux thermales. Une extrême prudence est requise sur les routes secondaires: volaille, quadrupèdes de tout poil et charrettes s'imaginent que ces routes, qui semblent se perdre au loin, leur appartiennent. Au bout de 22 km à travers un pays agricole, typique de la Grande Plaine, on arrive à **Mezöhegyes**, où se trouve un haras de nonius. Nonius, l'ancêtre de cette race, cheval pris au cours d'une razzia, naquit en Normandie en 1810. C'est lui qui contribua à donner une célébrité mondiale à l'élevage des chevaux hongrois.

Gyula

La route de campagne qui court le long de la frontière roumaine traverse **Battonya**, **Dombegyház**, **Lökösháza**, **Kétegyháza** avant d'arriver à **Gyula**, sur les bords de la **Körös blanche**. Les ancêtres d'Albrecht Dürer étaient originaires de cette ville. C'est aussi là qu'est né, en 1810, Ferenc Erkel, compositeur de l'hymne national et des opéras *Bánk Bán* et *László Hunyadi*. Dans le jardin du **château de Harruckern-Ámassy**, édifice baroque flanqué de deux tours, se dresse l'arbre d'Erkel, érable à l'ombre duquel le maître composait. Un autre compositeur, Béla Bartók, y vint recueillir les chants populaires.

Pages précédentes: un tableau de chasse. Ci-dessous, équipement de cavalier de la puszta de Hortobágy.

Le **château fort** médiéval, construction massive et carrée en brique, armée de créneaux et de meurtrières avec un donjon central, se dresse à l'est de la ville, au coude de la Körös. Il est resté cent trente ans aux mains des Turcs. Si vous entendez du luth franconien, sachez que cet instrument est joué par les descendants des paysans franconiens qui se sont établis dans la région au début du XVIIIe siècle.

Après avoir visité l'hôtel de ville, l'église roumaine grecque orthodoxe et l'église catholique, édifices construits entre 1775 et 1825 en style baroque, on peut s'accorder un entracte dans la petite pâtisserie du n° 1 de la Jókai utca. Dès le milieu du XIXe siècle, elle attirait de nombreux gourmands. La maison elle-même, de style rococo, mais aussi la décoration intérieure sont imprégnées de l'ambiance du «bon vieux temps». Puis un bain aux thermes rend fraîcheur et énergie pour continuer la route jusqu'à Debrecen.

Les calvinistes de Debrecen

Debrecen a été formée par la réunion de plusieurs villages; elle a obtenu le statut de ville au XIVe siècle, est devenue un centre de commerce actif et n'a cessé de se développer par la suite. Depuis son origine, Debrecen est la troisième ville de Hongrie; c'est également un centre culturel, fortement marqué par la Réforme.

Le territoire municipal était déjà habité à l'âge de la pierre. Avant l'arrivée des Magyars au IXe siècle, des tribus, depuis les Scythes jusqu'aux Avars, s'y étaient établies à tour de rôle. Après la scission de la Hongrie consécutive aux guerres contre les Turcs, Debrecen, située à la frontière avec les envahisseurs, a réussi à conserver son autonomie. Ses habitants étaient les citoyens libres d'une ville-république. C'était donc un sol fertile pour l'esprit anti-féodal de la Réforme, et Debrecen devint le centre du protestantisme en Hongrie. La Réforme eut tôt fait de prendre de

Paysans de l'est de la Hongrie.

l'extension bien que le parlement ait manifesté des intentions claires en 1521: *«Il faut exterminer les disciples de Luther.»* La ville résista à la Contre-Réforme introduite par les Habsbourg après le départ des Turcs. Même la menace de finir aux galères ne fit pas flancher ces hommes forts de leur foi.

Une ville commerciale

Debrecen ne se contenta pas de maintenir sa foi; elle s'attacha à demeurer la ville commerciale et le centre culturel qu'elle avait toujours été, et devint une cité opulente. La grand-route qui s'élargit çà et là pour former des places avec leurs rues adjacentes, parcourt la ville du sud au nord. La **Petöfi tér**, place ornée d'une fontaine, devant la gare, est un point de départ judicieux pour une promenade de découverte de la ville. On passe devant des maisons néo-classiques, romantiques et éclectiques qui ont survécu à la Seconde Guerre mondiale. (un combat de blindés a fait rage dans la ville pendant douze jours).

A l'angle de la Béke útja et de la Vörös Hadsereg útja se trouve l'ancienne maison du Comitat, ornée de vitraux multicolores et de jolis carreaux en céramique de Zsolnay.

L'église la plus ancienne, dite **Petite Église**, s'élève sur la Révész tér. Elle fut construite entre 1720 et 1727 sur des madriers de chêne et transformée en 1876 en néo-roman. La puissante tour carrée, avec ses créneaux, ressemble à la tour d'une forteresse. En face de cette église, on trouve l'**hôtel de ville** néo-classique.

La Kossuth tér est une place formée par un évasement du grand axe sud-nord. Elle est fermée par l'**église réformée**, énorme édifice de style néo-classique construit entre 1814 et 1821. C'est là que Lajos Kossuth proclama le 14 avril 1849 la déchéance des Habsbourg et l'indépendance de la Hongrie. Le côté ouest de la place est occupé par le somptueux **hôtel Arany Bika**. Il fut construit dans sa forme actuelle, en style 1900, d'après les plans de l'architecte Alfréd Hajós, athlète qui remporta deux fois la médaille d'or olympique de natation (1920 et 1924). Derrière l'église réformée, le **collège réformé**, construction carrée à deux étages, s'affirme comme une place forte de la foi. Son histoire remonte au XIVe siècle, époque à laquelle il était une école de latin tenue par des dominicains, d'où sortit au XVIe siècle l'une des premières écoles calvinistes de Hongrie et, vers 1750, l'université réformée de théologie. L'écrivain Zsigmond Móricz (1879-1942), lui-même ancien élève du Collegium, décrit dans son roman *Légy jó mindhalálig* cet univers qui n'était guère facile pour les jeunes garçons, avec ses règles rigoureuses fondées sur la tradition. La bibliothèque contient des ouvrages anciens et des manuscrits précieux; c'est la deuxième de Hongrie. L'imprimerie, fondée en 1561 par Gál Huszár, est devenue l'imprimerie de la Grande Plaine, entreprise importante.

Deux événements politiques capitaux se sont déroulés dans l'oratoire

Char fleuri au carnaval de Debrecen.

de ce collège: c'est là que le parlement, sous la présidence de Lajos Kossuth, se réunit en 1849, et, le 22 décembre 1944, c'est aussi en ce lieu que se constitua l'assemblée nationale provisoire — quatre mois avant que la Hongrie ne tombe entre les mains de l'Union soviétique.

Dans l'exposition permanente du collège se trouve aussi un objet curieux: une météorite qui est tombée au sud-ouest de Debrecen en 1857.

On suit la Pérényi utca pour arriver dans cette même rue au **musée Déry**, dans lequel la collection d'art asiatique mérite une visite. Si l'on passe plus d'une journée à Debrecen il faut aller voir les maisons qui entourent la **Kálvin tér**, pour la plupart baroques et néo-classiques, ainsi que l'**église Sainte-Anne** (1719-1746), qui a conservé son pur style baroque, dans la Béke útja; à ne pas manquer non plus, le **théâtre Csokonai**, qui comporte des éléments mauresques et byzantins, rue Franz Liszt (Liszt Ferenc utca).

La plus ancienne maison de la ville donne dans la Széchenyi utca. Elle date de 1710; c'était un relais de poste. On peut se reposer de la visite de la ville en allant au **Nagyerdö** (Grand Bois) situé au nord, où se trouvent un établissement de bains, un zoo et un plan d'eau où faire du canotage. Une partie du Grand Bois s'appelle «quartier de l'Université champêtre». Bien qu'elle soit (depuis longtemps) un centre commercial et (depuis peu) une ville touristique, Debrecen est restée «le plus grand village d'Europe». Les voyageurs qui l'ont parcourue depuis trois cents ans sont unanimes sur ce point. En même temps, qu'on se trouve dans le luxueux **hôtel Arany Bika** ou dans le **café Csokonai**, on sent que Debrecen est «la capitale secrète de l'autre Hongrie».

Le **Danube** trace une frontière à l'intérieur du pays. Côté est commence la plaine, qui rappelle les steppes asiatiques. A l'opposé de la partie occidentale, catholique, cette région est restée calviniste.

Des piétons disciplinés!

LA PUSZTA OCCIDENTALE

C'est au XIXe siècle et au XXe siècle que Debrecen, haut lieu du calvinisme, et Pannonhalma, haut lieu du catholicisme, se sont révélés les deux pôles de l'Est et de l'Ouest. Les racines de cette opposition vieille comme le monde remontent aux IXe et Xe siècles, aux deux cultures antagonistes auxquelles s'étaient alliés les envahisseurs de la Hongrie : à l'ouest la culture occidentale, à l'est, celle des Gréco-Slaves.

Malgré les efforts que fait Debrecen pour attirer les visiteurs (citons, à titre d'exemple, le carnaval des Fleurs du 20 août) elle ne s'adapte pas au tourisme de masse. Mais elle attire ceux qui recherchent les racines de la culture et de l'âme hongroises ; en cela, les cours donnés par l'« université d'été » sont d'un grand secours.

Une excursion en automobile à travers le **Nyírség** (le paradis des bouleaux), vaste étendue de sables mouvants qu'on a défrichée et mise en culture et où dominent aujourd'hui les champs de blé, de tournesol et de betterave à sucre, les bosquets et les immenses plantations de pommiers ne manque pas de charme. Cette région est demeurée pratiquement intacte, même pendant les guerres turques. Elle a conservé ses modes d'habitation médiévaux, ses villages anciens et ses constructions du XIIIe au XVIIe siècle. Mais il s'agit de la région la plus pauvre de Hongrie.

Nyírbátor

A 55 km de Debrecen, sur la route 471, on arrive à **Nyírbátor**, bourg de 15 000 habitants qui fut élevé au rang de ville en 1973. Son nom rappelle les Báthory, lignée originaire de cette région et dont on peut suivre l'ascendance jusqu'au XIIIe siècle. Les Báthory (*bátor* signifie valeureux) comptent dans leur arbre généalogique des voïvodes, de grands princes et un roi de Pologne couronné en 1576 ainsi que la fameuse « Comtesse sanglante », la comtesse Élisabeth, de sinistre réputation, qui, d'après la tradition orale, se baignait dans le sang de jeunes filles afin de préserver sa jolie peau de la flétrissure.

Le **musée Báthory** a été installé dans le monastère des Frères mineurs, édifice baroque construit entre 1733 et 1744 ; à côté d'une importante collection ethnographique, il abrite des objets ayant appartenu à cette famille. On y trouve aussi des découvertes faites dans les marécages de Báthory-liget, région naturelle protégée dans laquelle on rencontre encore la faune et la flore de l'époque glaciaire, des chênes de 30 m de haut et des sauriens vivipares. Mais afin d'assurer la survie de ce secteur, on a pris la précaution d'en soumettre la traversée à une autorisation spéciale.

Deux églises et un clocher en bois constituent les parures de cette petite ville. L'**église réformée**, financée par István Báthory à partir du butin rapporté des expéditions contre les Turcs,

A gauche, l'église des Frères Mineurs de Nyírbátor; à droite, une ménagère prépare le paprika.

fut construite entre 1484 et 1488; elle a été dévastée par les troupes impériales autrichiennes en 1587, reconstruite et entièrement restaurée en 1958. Les voûtes supportées par des pilastres au-dessus de la nef et du chœur sont de toute beauté. De nos jours, les historiens pensent que cette église de style gothique tardif est en rapport direct avec le roi Mathias. Le clocher carré en bois, avec sa galerie supérieure aux fines colonnes et ses quatre petites tours d'angle, est de la fin du XVIe siècle.

A l'opposé de cette architecture plutôt froide, l'intérieur de l'**église catholique** déploie tout le faste baroque. Elle aussi fut construite par István Báthory, et presque entièrement démolie en 1587, mais par les Turcs cette fois. Les franciscains la reconstruisirent au début du XVIIIe siècle, avec des voûtes d'arête baroques et des autels décorés de personnages divers. L'autel de la Passion, devant la tribune d'orgue, est particulièrement émouvant et impressionnant.

La route 471 mène ensuite jusqu'à **Mátészalka**, à 22 km de Nyírbátor. Le plafond de bois peint de l'église réformée donne une idée de l'art populaire. Les fiacres, calèches et traîneaux qui sont rassemblés dans le musée donnent un aperçu des moyens de circulation et de transport d'autrefois. La chronique raconte qu'il fallait par exemple 30 bœufs pour tirer un char à travers la boue et la neige.

Prenez maintenant le temps d'aller jusqu'à l'extrême pointe nord-est de la Hongrie, dans le bassin de la **Tisza**, de la Szamos, de la Kraszna et de la Túr. Cette ancienne région marécageuse a été asséchée et cultivée; elle fournit les bœufs les plus gros et les prunes les plus charnues du pays!

La route 49 oblique vers l'est et passe par **Csenger**, à la frontière roumaine. Ce bourg s'est rallié au culte protestant dès 1540. L'église réformée est ornée de briques vernies et d'un plafond à caissons avec de jolies peintures représentant des motifs floraux. Ceux qui aiment ce genre d'«églises

Un moment de repos.

paysannes» qui, tout comme les chants et les contes populaires, sont l'expression de l'âme hongroise, iront jusqu'à **Csengersima**, à 7 km au nord-est, où les attend un édifice du même genre. Et il y en bien d'autres.

Sur le chemin du retour, on oblique sur la route 491, près de **Györtelek**. A **Fehérgyarmat** se trouve une église réformée gothique, souvent remaniée dans des styles différents.

Puis une route de campagne mène vers le nord, rejoint la 41 à Beregsurány et passe par Nyíregyháza. Le long de cette route, on rencontre des églises intéressantes : ainsi à **Csaroda**, l'église romane du milieu du XIIIe siècle avec des peintures murales du XIVe, un plafond en bois peint du XVIIIe; la charpente du clocher est aussi en bois.

Avec son plafond décoré de fleurs et ses stalles peintes datant de 1766, l'église de **Tákos** (à 1 km à l'ouest), dont le clocher et les peintures intérieures ont été reconstitués, est l'une des plus belles églises paysannes de Hongrie.

Nyíregyháza, détruite par les Mongols au XIIIe siècle, dut attendre la fin du XIXe siècle pour acquérir une certaine importance en qualité de centre d'une région agricole. Quelques maisons d'habitation datant des XVIIIe et XIXe siècles, la maison du Comitat et l'église évangélique de style éclectique sont de plus en plus perdues dans la ville, qui ne cesse de s'étendre dans la campagne.

Avec ses piscines d'eau salée et iodée et un parc boisé de 450 ha planté surtout de chênes plusieurs fois centenaires, l'établissement thermal de **Sóstó**, situé à 6 km, attire un nombre croissant de vacanciers.

Plutôt que d'emprunter la grand-route de Debrecen, mieux vaut faire un détour par la 36 jusqu'à **Tiszavasvári**, elle a beaucoup plus de charme. A Tiszavasvári, une route qui court parallèlement à la ligne du chemin de fer, et par endroits au grand canal, oblique à travers la steppe.

Beaucoup de bourgs de cette région portent le nom de Hajdú; ils rappel-

Le porc, animal de choix... pour la cuisine hongroise!

lent qu'István Bocskai (1556-1606), prince de Transylvanie, avait donné des terres aux Haïdouks, troupe de valets de ferme, de mercenaires et de vétérans, pour les remercier de l'aide qu'ils lui avaient apportée au cours des guerres. En 1606, par la paix de Vienne, il réussit à obtenir la liberté religieuse pour les Transylvains.

Les terres noires favorisent la culture du blé et des betteraves à sucre ; et le sous-sol est riche en nappes de gaz.

La puszta

En partant de Debrecen ouest, on se lance dans une aventure qui marque à jamais une existence, la traversée de la puszta de Hortobágy à Tiszafüred, le bassin de la Tisza. Le mot *puszta* signifie désertique, abandonné. A l'ouest du Danube, ce terme désigne un groupe de maisons et de granges, comparable à nos hameaux. Mais dans l'Alföld, il désigne aussi les vastes pâturages et herbages, les terres salées et les régions sablonneuses ; deux seulement sont encore des zones naturelles protégées, la puszta de Hortobágy et la puszta de Bugac. Les autres ont été fertilisées par les travaux d'irrigation.

Dès le XVIIe siècle, on avait commencé à fixer les sables mouvants en plantant des acacias. Mais les véritables travaux de drainage et de reboisement ne datent que de 1945, et à partir de cette année-là les arbres à feuilles caduques eurent la priorité sur les conifères. Le sous-sol bouillonne à la fois d'eaux thermales, de pétrole et de gaz naturel. Grâce à l'exploitation de ces nappes, au sud et à l'est de la région, l'industrialisation progresse à pas de géant. Si l'on y ajoute les progrès de la fertilisation agricole, on comprend pourquoi la puszta s'est métamorphosée. Elle n'est plus le domaine des immenses troupeaux, comme à l'époque à laquelle Otto de Bismarck traversa la Grande Plaine en voiture, mais celui des machines. Dans une lettre à sa femme, il parle d'un *« monde situé très à l'est, et très beau »*,

Un Christ dans la puszta.

qui, à son époque, était encore vierge. Jadis, les voyageurs étaient escortés par un peloton de uhlans impériaux *« pour les protéger des betyárs, les bandits à cheval enveloppés de grandes fourrures et dont les chefs portaient des masques noirs »*. Mais cela est aussi du passé. Aujourd'hui, les nombreux autocars de tourisme sont accompagnés de charmantes hôtesses.

Tout était différent autrefois, dans la puszta. Les bergers se promenaient avec leurs troupeaux d'un pâturage à l'autre, et ne reprenaient le chemin de leur village qu'en décembre, à la chute des premiers flocons. Le *csikós*, le gardien de chevaux, était le plus haut placé dans la hiérarchie des bergers; puis venaient le *gulyás*, gardien de bœufs, et, en queue de liste, le *juhász*, le pâtre, celui qui gardait les moutons et n'avait pas le droit de pénétrer sur les pâturages avant les bovins. *« Les bovins sont tellement écœurés par l'odeur des moutons et des boucs qu'ils préfèrent mourir de faim plutôt que de paître après leur passage. »* (Péter Veres.) Cette puszta-là fait partie d'un passé révolu. Seuls la littérature, les histoires de *betyárs* et les chants populaires en parlent encore.

Un cheval nonius et son dresseur à Hortobágy.

La puszta de Hortobágy

C'est la plus vaste steppe d'Europe centrale, avec 5000 ha. Ici les chevaux caracolent en troupeaux, et les gardiens vêtus du costume traditionnel — chemise de lin blanche à manches flottantes, large jupe-culotte qui descend à mi-mollet, chapeau plat à large bord — n'hésitent pas à se produire devant les touristes ébahis pour leur montrer l'art et la manière de maîtriser les montures.

Mais si l'on veut faire ici une expérience authentique, c'est en coche qu'il faut parcourir la puszta. *« Par un jour brûlant d'été, les mirages vous font apercevoir des troupeaux de bovins à l'horizon. Ils semblent planer sur d'immenses étangs, et le mouvement ascendant et descendant des perches qui actionnent les puits indique que, là-bas, on est en train de puiser l'eau. »* (Péter Veres.)

La puszta est encore le domaine du bœuf à robe grise armé de longues cornes évasées; ce sont des bêtes infatigables. Du Moyen Age au XIXe siècle, on a pu voir les immenses troupeaux menés en longs convois vers les abattoirs de Hambourg, de Milan et de Paris.

Elle est aussi celui des chiens de berger: le petit *puli* souple et rapide, aux poils touffus et sombres, chien des gardiens de bestiaux, le grand *komondor* à poils blancs et bruns, et le *kuvasz* blanc et brun également, animal à poils ras, gardien fidèle des troupeaux, capable aussi de tenir tête aux loups.

L'ornithologue, ou simplement l'ami des oiseaux, ne sera pas déçu non plus de cette randonnée en calèche. Outre les nombreuses espèces d'oiseaux aquatiques (les œufs de cane permettent aux gardiens des troupeaux de varier leur ordinaire), on trouve ici des hérons, devenus rares en Europe, des outardes et des grues en grand nombre. Quant au gibier à poil, lièvres, cerfs, chevreuils, sangliers et laies courent en toute liberté dans les forêts.

Dans la puszta de Hortobágy, on a la surprise de découvrir un pont de 168 m de long, construit de 1827 à 1833, qui enjambe le cours de la Hortobágy en formant neuf arches. C'est à ses pieds qu'a lieu tous les ans, les 19 et 20 août, le marché du Pont, où l'on peut se procurer des souvenirs... Autre surprise, au milieu du marché, le monument appelé « Monde de l'Alföld », groupe de statues, et une *csárda* qui existait déjà au XVIIIe siècle. On y sert une excellente cuisine et elle offre des possibilités de logement. Enfin, troisième surprise, le **musée des Gardiens de troupeaux** : il est installé dans une ancienne remise ; ses vastes collections d'objets évoquent la vie des bergers et des pâtres d'antan.

Le bassin de la Tisza

La route 33 conduit en vingt minutes à la ville de **Tiszafüred**, au bord du lac artificiel de la Tisza. Le Danube lui-même n'a pas eu autant à souffrir des agressions humaines que la Tisza. Pauvre Tisza, on a corrigé son cours, on l'a endiguée, raccourcie, métamorphosée en un vaste lac de 100 km² — véritable paradis pour les voiliers, les planches à voile, la pêche et le repos, certes ; malheureusement ce n'est plus un paradis secret. A la longue, il risque d'être cerné par les villages de vacances et les terrains de camping, et, tel le Balaton, de devenir la victime du tourisme de masse.

Szolnok

Importante tête de pont sur la Tisza, cette ville est votre prochaine étape. La route 34 rejoint la nationale E 15 à **Kenderes**. Après les vastes champs de blé et de tournesols, on découvre les rizières. Dès l'époque préhistorique, il y avait près de Szolnok un endroit où l'on pouvait traverser le fleuve, et les Romains y entretenaient un camp militaire. Du temps des Arpád, **Szolnok** était une ville florissante car elle servait de lieu de transbordement du sel apporté des Carpates orientales par voie fluviale. Le château fort, construit en 1506, devint au cours des siècles une forteresse importante. En 1552, Szolnok tomba aux mains des Turcs et resta plus de cent trente ans leur centre administratif. Après l'expulsion des occupants ottomans, les Habsbourg firent sauter l'édifice, car la ville s'était ralliée à la lutte de libération menée par Rákóczi. De même, elle joua un rôle important au cours de la révolution de 1848-1849 et à l'époque du mouvement ouvrier, à la fin du XIXe siècle. Vers la fin du XIXe siècle aussi, l'industrialisation lui permit de prendre un essor économique. En partie détruite au cours de la Seconde Guerre mondiale, Szolnok devint un foyer de commerce et de communication, et le plus grand port fluvial sur la Tisza. Mais la ligne de chemin de fer Pest-Szolnok, inaugurée le 1er septembre 1847, avait déjà contribué à faire de cette ville un nœud ferroviaire et routier.

Décor de la façade de l'hôtel de ville de Kiskunfélegyháza.

Le monument véritablement intéressant est l'**église de la Trinité**, Koltói Anna utca, église à nef unique baptisée ainsi d'après le groupe de statues qui décore le côté du fronton. Ceux qui ont besoin de repos pourront aller se détendre dans la **Tiszaliget** (le bois de la Tisza), sur la rive gauche du fleuve. Là, vous pourrez vous baigner, pratiquer les sports nautiques et savourer un excellent plat de poisson dans la *csárda* des pêcheurs. La piscine en plein air est prévue pour plus de 6000 baigneurs. Mais si toute cette foule s'y retrouve en même temps, vous n'aurez plus qu'à vous réfugier dans votre voiture, à reprendre la petite route de campagne qui croise la route 44 à Lakitelek et vous mènera à **Kiskunfélegyháza**.

Après un premier aperçu de la région, grâce au détour pour aller de Kecskemét à Szeged. Les villes hongroises dont le nom contient la syllabe *kun* rappellent les 4000 familles coumanes, autrefois nomades, recueillies par Béla IV (1235-1279), qui se sont établies dans cette contrée, sont passées au christianisme et ont fondé des villes.

Des Tziganes : ils sont 500 000 en Hongrie.

Kiskunfélegyháza fut rayée de la carte pendant les guerres turques et ne retrouva sa position qu'au XVIIIe siècle, grâce à la politique de colonisation de Marie-Thérèse d'Autriche. Il ne faut pas manquer d'aller voir l'**hôtel de ville**, avec ses tours et ses décorations en majoliques, de style hongrois 1900, véritable bijou qui pare la Petöfi tér. De même, le **musée Kiskun**, de style rococo, dans la Vörös Hadsereg útja. On voit dans la cour l'un des 80 moulins à vent qui donnaient son caractère à cette région jusqu'à la fin du XIXe siècle. L'église catholique et le presbytère, Béke tér, ont été construits en 1750; ils sont tous deux de style baroque.

La puszta de Bugac

Le village de **Bugac** se trouve à 14 km à l'ouest de Szolnok, au centre de la puszta de 17000 ha qui a pris son nom.

Ce nom apparut pour la première fois dans les chroniques en 1381, lorsque la région devint propriété d'un Balázs Bugac; elle était alors en partie recouverte de dunes hautes de 20 m qui, sous l'action du vent incessant, formaient un océan de sable aux ondulations mouvantes. Cette région est cultivée surtout depuis 1945, grâce à un reboisement systématique, des plantations de vergers et de vignobles. La *csárda* au toit de chaume dans laquelle on peut déguster une excellente cuisine est un pôle d'attraction et le point de départ d'excursions en calèche et à cheval, et de jeux hippiques. L'été, les badauds se marchent sur les pieds; ils débarquent en autocar ou prennent le train à voie étroite au départ de la gare de marchandises de Kecskemét.

En quittant Kiskunfélegyháza, on traverse le **Kiskunság** du sud et le bourg de **Kiskunmajsa** (sources thermales et minérales, centre de cures, établissements de bains) et, au bout de 40 km, on arrive à la **Kiskunhalas**.

A gauche, l'entrée de la gare de Kalosca; à droite, officier de cavalerie aux rênes d'un attelage.

Personne ne résiste à la tentation d'acheter des dentelles de Halas dont on peut admirer la variété au **musée de la Dentelle**. On peut ensuite «arroser» ses achats avec le vin local, le *kadarka* ou le *sylvaner. «Dans l'ardeur du vin, je me moque de ce monde grossier»*, dit un poème de Petöfi.

On est à 22 km (par la route 33 vers le nord) de sa ville natale, **Kiskörös**, l'étape suivante. Les deux pièces de l'espèce de chaumière au toit couvert de roseaux dans laquelle le grand poète hongrois d'origine slovaque vit le jour ont été aménagées en musée.

Après qu'on a franchi le canal du Danube vers le sud-ouest, une route de campagne mène à **Kalocsa**, siège d'un archevêché depuis Étienne Ier; elle a la réputation d'être la ville la plus colorée de toute la Hongrie. Kalocsa est la cité des *pingáló asszonyok*, les femmes peintres: les femmes de Kalocsa ne peuvent résister devant un meuble ou un mur nu, il faut qu'elles le peignent de motifs populaires; il en résulte une véritable débauche de couleurs, et le paprika rouge suspendu au mur des maisons pour sécher renforce cette impression; car Kalocsa est un centre de la culture du paprika, au même titre que Szeged.

La **cathédrale** à nef unique a été construite entre 1735 et 1754 en style baroque, d'après les plans d'A. Mayerhoffer, architecte de l'église des Piaristes à Kecskemét. A l'opposé des couleurs vives de l'art populaire, l'intérieur est peint de couleurs pastel, rose, jaune, blanc, qui rappellent le style rococo, et orné d'une profusion de dorures. Le retable de l'autel, qui représente l'Assomption de la Vierge, est l'œuvre du peintre autrichien L. Kupelwieser (1796-1852) qui était un adepte de la manière de peindre des nazaréens, peintres religieux allemands des années 1810-1820.

Le **palais archiépiscopal** possède une bibliothèque qui contient plus de 120 000 ouvrages, plus précieux les uns que les autres, parmi lesquels une bible en latin dont se servit Luther et dans les marges de laquelle il écrivit de nombreuses remarques.

SZÁLLÓ

LE SUD-OUEST

Au départ de Kalocsa, on a 43 km à parcourir sur la route 51 à travers l'ancien territoire d'inondation du Danube, avant la ville méridionale de **Baja**. Véritable cité «aux pieds dans l'eau», elle avait déjà une importance considérable au Moyen Age. Les forêts humides et les îlots proposent des vacances idéales et du repos aux pêcheurs, aux amateurs de sports nautiques et aux campeurs. Et, pour couronner une journée d'excursion, on peut s'offrir un bon plat de poisson. Si l'on trouve sur la carte une perche frottée au paprika, panée et servie nappée d'une sauce à la crème fraîche, il ne faut pas laisser passer ce régal. Arrosé d'un vin de sable, c'est un mets de choix! On appelle les vins du pays «vins de sable» parce que les vignobles sont plantés dans la terre sablonneuse de l'Alföld. La cave du clos de Baja peut se visiter.

Les quatre églises, parmi lesquelles une église serbe orthodoxe, datent du XVIIIe siècle et du XIXe siècle. Le **musée d'Art populaire**, installé dans un édifice néo-classique, porte le nom d'István Türr, enfant du pays qui devint chef d'état-major de Garibaldi et, en qualité d'ingénieur, prit part au percement du canal de Panama et du canal de Corinthe.

Traversée du Danube

De Baja, prenez la route 55 vers l'ouest pour franchir le Danube, puis traversez une partie de la **forêt de Gemence** et le **Sárköz**, sillonné de voies d'eau, région célèbre pour son art populaire. Un grand nombre de maisons paysannes aux façades décorées et aux frontons élevés sont classées monuments historiques. A Bátaszék, on n'a pas le choix: il faut prendre la nationale 56, mais la question est ensuite d'opter pour le sud et Mohács (28 km) ou pour le nord et Szekszárd (22 km).

C'est à **Mohács**, ville danubienne la plus méridionale du pays, que les Hongrois subirent en 1526 une défaite lourde de conséquences contre les Turcs. Le poète de l'époque baroque, Miklós Zrínyi, écrivit à ce sujet: *«Notre pays fut écrasé comme l'aurait été un vignoble florissant par un verrat sauvage.»*

Pendant le carnaval, on peut assister au rituel du Busójóras: un défilé de masques terrifiants en bois accompagné de musique symbolise à la fois l'expulsion de l'hiver et celle des Turcs. Au cours de cette fête populaire, on déguste une soupe de poisson épicée, accompagnée de boissons fortes, pour faire monter l'ambiance. De ce voyage, on peut rapporter des souvenirs: masques taillés dans le bois, ainsi que de la céramique noire.

L'été, les mordus de natation trouveront un lieu de vacances idéal sur l'île du Danube la plus vaste de toutes avec ses 380 km^2, qui s'étire entre le grand Danube et le bras de Baracska. Un bac fait la navette entre les rives.

Szekszárd, autre ville danubienne avant la régularisation des eaux du fleuve, est appelée «la ville aux sept collines». Le paysage ondulé et riant, ainsi que les forêts qui couvrent la zone d'inondation située à proximité font de Szekszárd une agglomération tranquille et calme où l'on trouve le repos, dans un milieu naturel divers.

Déjà du temps des Romains, cette région était réputée pour son vin. Après avoir conquis la ville en 1541, les Turcs arrachèrent tous les pieds de vigne par conviction religieuse. De nos jours, on y trouve surtout le *kadarka*, que les colons allemands et slaves ont planté au XVIIIe siècle. C'était le vin préféré de Franz Schubert. Franz Liszt l'appréciait aussi (il vint souvent dans cette région et y donna plusieurs concerts). En ville et dans les environs, des tavernes et des caves pleines d'animation invitent à la dégustation.

Tous les monuments intéressants de Szekszárd datent du XVIIIe siècle. La rage destructrice des Turcs n'a pas laissé pierre sur pierre de l'ancienne **Sagard**, érigée sur une colonie romaine. Sagard apparut dans les chroniques au XIe siècle en qualité de ville et de siège d'une abbaye bénédictine.

Ci-contre, l'hôtel Nádor, à Pécs.

La **forêt de Gemence** commence aux portes de la ville, dans l'ancien territoire d'inondation du Danube; c'est une des zones naturelles protégées les plus belles de Hongrie et aussi une grande réserve de gibier. Si l'on n'a pas envie de traverser cette région à pied, on peut emprunter le petit train qui parcourt une vingtaine de kilomètres à travers la forêt, ou encore jouir d'une promenade sur le Danube.

Les collines de Mecsek

En sortant de la ville par le nord, on rejoint au bout de 2 km la nationale 6, qui descend à Budapest et mène vers le sud-ouest du pays et Pécs, le long du massif de Mecsek.

Le trajet est long de 58 km; la route traverse les bourgades de **Bonyhád**, **Hidas** et Pécsvárad, blottie au pied du **Zengö**. Le point culminant du Zengö n'a que 682 m. Ce massif s'étend du sud-ouest au nord-est; il est couvert de forêts et de vallées profondes, parsemé de rochers granitiques et irrigué par d'innombrables cours d'eau; il sert de rempart contre les vents à la région qui s'étend à ses pieds, et celle-ci jouit par conséquent d'un climat authentiquement méditerranéen; amandiers et figuiers poussent au bord des routes et dans les jardins (les figuiers ont été importés par les Turcs). L'été y est agréable, jamais torride comme dans l'Alföld. Les hivers y sont rudes.

Il ne faut pas manquer de s'arrêter à **Pécsvárad** pour faire une randonnée dans la montagne. Les sentiers praticables sont marqués de jaune. Mais attention! On a pris l'habitude des vastes horizons, des étendues infinies entrecoupées uniquement de bosquets d'acacias, de forêts humides, de fermes isolées aux murs blanchis à la chaux et aux portes peintes en vert. Ici les yeux seront obligés de faire un effort d'adaptation.

Le **château** de Pécsvárad était à l'origine une abbaye bénédictine fondée par Étienne Ier. Aux XIVe et XVe siècles, on lui ajouta des donjons, un fossé et d'épaisses murailles, et on

L'ancienne mosquée et la colonne de la Trinité à Pécs.

l'agrandit. Lorsqu'il se rendit compte que même cette forteresse ne parviendrait pas à ralentir l'invasion des Turcs, l'abbé de l'époque, le frère Georgius, la fit démolir. L'archevêque de Cologne, Konrad Zinzendorfer, nouveau maître de l'abbaye, la fit reconstruire en style baroque. Par bonheur, on a conservé l'église romane bâtie contre les remparts de la forteresse, avec son abside couverte de fresques byzantines, ainsi que la tour massive qui servait de portail, qui date du XVe siècle, avec sa fontaine Renaissance.

Pécs, un parfum méditerranéen

A l'origine, **Pécs** fut colonisée par des Celtes, puis, sous Hadrien, elle devint une ville importante, Sopianae. Avant que les Magyars s'y établissent en 899, pendant une période germano-franconienne, elle s'appelait Quinque Ecclesiae (Cinq-Églises) à cause des cinq églises qui y furent édifiées au cours du IVe et du Ve siècle.

C'est en 1093, sous Ladislas Ier, qu'on trouve pour la première fois mention de Pécs, en qualité de ville épiscopale et centre du commerce avec Byzance. Louis Ier y fonda en 1367 la première université hongroise, la cinquième d'Europe. Les Turcs prirent la ville en 1543 mais, loin de la détruire, ils l'agrandirent. Ils y édifièrent des mosquées, des maisons de prières, des minarets et un monastère musulman. En 1686, la ville passa aux mains des Habsbourg. Le baroque autrichien fit alors son apparition. On n'a aucune peine à s'orienter dans la ville intérieure, de forme ovale (1,5 km sur 600 m) : la Rákóczi út, rue que prolongent d'un côté la Landler Jenö út et de l'autre la Felsö Malom utca, entoure la vieille ville. Ces rues suivent les anciens remparts de Pécs, érigés au XIIIe siècle, après l'invasion mongole. Une partie des rues étroites de la vieille ville suit cette forme circulaire. Là où l'Esze T. utca débouche dans la Landler Jenö út se trouve la barbacane, ouvrage médiéval qui se

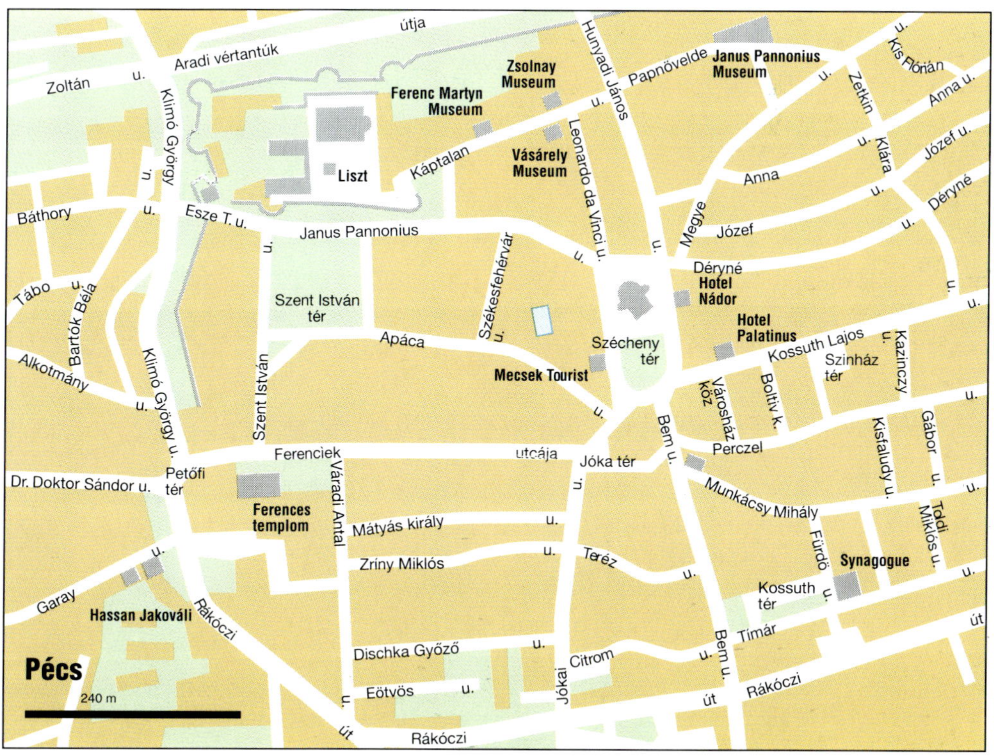

trouvait autrefois devant les portes de la ville et faisait partie des remparts. La **Széchenyi tér**, carrefour des axes est-ouest et nord-sud, est le cœur de la cité. Les rues orientées vers le nord sont en pente montante, parfois assez abruptes; elles traversent souvent des jardins pour se perdre ensuite dans le Mecsek. Le sommet le plus élevé en est la **Misina** (524 m), d'où l'on jouit d'une vue superbe sur la ville, sur les tours qui dominent une mer d'immeubles, sur la coupole verte de la mosquée et sur les toits des maisons.

Pécs est sans doute la plus belle ville de Hongrie. Non seulement parce qu'elle a su garder de nombreux témoignages de l'époque romaine, du Moyen Age, de l'occupation turque et de la domination des Habsbourg, mais parce qu'elle a su aussi créer une harmonie parfaite entre la culture, la tradition et l'industrie (le sous-sol est riche en charbon, en uranium et en thorium). C'est en partie à cette symbiose harmonieuse que ses habitants doivent leur caractère ouvert.

La mosquée

La Széchenyi tér, ancienne place du marché, est dominée par un édifice carré couronné d'une énorme coupole orientale, la Dchami du pacha Kassim Ghani. Cette mosquée a été érigée sur les remparts avec les pierres de l'église Saint-Barthélemy. C'est le plus important vestige du passage des Turcs qui soit resté debout.

En 1686, le margrave Louis de Bade l'offrit aux jésuites après avoir libéré la ville. On commença par détruire le minaret et décorer la mosquée dans le style baroque. Mais on l'a débarrassée au XXe siècle de ces éléments étrangers. Surtout, la coupole fut dégagée et recouverte de panneaux de cuivre. L'édifice, avec la croix et la demi-lune au sommet de la coupole, sert d'église paroissiale à la ville intérieure, et nul ne se sent gêné par les réminiscences d'une époque maudite — les grilles de pierre, le *mihrab* tourné vers le sud-est, la niche à prière et les versets du Coran gravés sur les murs.

La façade de la grande poste de Pécs.

Sur le côté nord de la Széchenyi tér, là où la rue Léonard de Vinci débouche sur la place, une maison du XVIIIe siècle en style rococo abrite le département d'archéologie du **musée Janus Pannonius**. Janus Pannonius naquit en 1434 à Csezlice, en Slavonie. En 1459, le roi Mathias Corvin le nomma évêque de Pécs et fit de lui son ambassadeur près le Saint-Siège. Ce qui ne l'empêcha pas d'ourdir un complot contre lui avec l'aide de son oncle, le primat de Hongrie, János Vitéz. Pannonius passe pour être un des plus grands poètes du XVe siècle. Comme il le dit dans une de ses œuvres, il a élevé la poésie lyrique hongroise au rang de la poésie européenne de son époque: *« Et voilà que la Pannonie compose aussi ses propres chants. »*

Céramique et arts

La rue Léonard de Vinci donne dans la Káptalan utca. Au n° 2 de cette rue, la plus vieille maison de la ville, se trouve aujourd'hui le **musée Zsolnay**. On pénètre dans l'immeuble par une porte gothique; on passe ensuite devant une niche gothique taillée en forme de siège dont, très probablement, se servaient jadis les cochers pour attendre leur maître. L'entourage des fenêtres, de style Renaissance, et les grilles de fer forgé néo-classiques témoignent que chaque époque a entrepris des rénovations. On passe un portail baroque en fer forgé pour se rendre à l'étage, où l'on peut suivre l'évolution de la **manufacture Zsolnay** grâce à une exposition bien conçue.

Le visiteur a certainement encore en mémoire les briques et les carreaux en provenance de cette fabrique qui ornent les maisons de style 1900 ainsi que le bâtiment de la poste de Pécs. La fontaine verte qui orne la Széchenyi tér, avec sa vasque en forme de tête de bœuf, vient également de la manufacture Zsolnay. Cette porcelaine, parfois « tape-à-l'œil » tant dans ses formes que dans ses couleurs, n'est pas du goût de tout le monde, mais elle est recherchée des collectionneurs.

Une scène du « Roi Lear » de Shakespeare.

De nombreux artistes hongrois exposent aussi leurs œuvres dans la Káptalan utca. Les plus connus sont sans doute Victor Vasarely et Tivadar Csontváry Kosztka. Vasarely, inventeur de l'art optique, est né à Pécs en 1908. Il partit pour Paris en 1930. Ses tapisseries à motifs géométriques sont certes séduisantes, mais on leur préférera les tapisseries de Bruxelles du XVIIe siècle qui sont exposées dans le **palais épiscopal**, place de la Cathédrale. Elles ont été offertes par Marie-Thérèse à l'évêché de Pécs. La cave du **musée Vasarely** donne accès à un **musée de la Mine** qui expose minéraux et équipements.

A l'opposé de Vasarely, Csontváry (1853-1919) ne connut pas le succès de son vivant. Personne ne devina le génie derrière sa nature de marginal, et on en fit à tort un naïf ou une sorte de surréaliste. Raillé par ses collègues et par les amateurs d'art, il finit par mourir dans la misère. Mais en 1958, son œuvre obtint le grand prix à l'exposition universelle de Bruxelles.

La cathédrale

On la rejoint par la János Pannonius utca, en passant devant de belles demeures baroques, parmi lesquelles la maison du chapitre, qui date de 1772. Puis on traverse la **Séta tér**, lieu de rencontre préféré des habitants de Pécs, le long de laquelle ils aiment flâner avant d'arriver place de la Cathédrale (Dóm tér).C'est alors qu'on découvre dans son intégralité cette imposante basilique à quatre tours que les Pécsois appellent « leur basilique Saint-Pierre », l'une des plus belles églises romanes de Hongrie.

La construction de cet édifice a commencé au XIe siècle, non loin des fondations d'une autre basilique du IVe siècle, et chaque siècle y a apporté sa contribution. La dernière étape fut celle du XVIe siècle, puis il y eut une remise à neuf au XIXe. Actuellement, la cathédrale se présente dans un style néo-roman. Les blocs de pierre taillée et gravée dégagés au cours des travaux de construction, qui datent de

Un marché aux puces.

l'époque romaine, ont été réunis dans le lapidarium du musée Janus Pannonius. Les tours ouest datent du XIe siècle; les tours est, du XIIe. Une partie de l'édifice servit de mosquée, et la crypte de dépôt d'armes. Après le départ des musulmans, la cathédrale redevint le foyer des catholiques et des objets d'art. L'autel Renaissance en marbre rouge de la chapelle du Corpus Christi mérite une place d'honneur, de même que la décoration en marbre du chœur. Les peintures des plafonds sont de Károly Lotz (1833-1904) et de Bertalan Székely (1835-1910). Mais on y trouve aussi des tableaux de Moritz von Beckerath (1838-1896), peintre historiciste allemand, élève de Moritz von Schwind.

La place de la Cathédrale, en plan légèrement incliné, avec ses escaliers et ses deux obélisques monolithiques, donne une impression de grandeur et jusqu'à présent aucune intervention malheureuse n'est venue la gâter. On a découvert des fresques et des mosaïques de pierre du XIe siècle dans la chapelle du cimetière, qui date du IVe siècle, mais au-dessous de cette couche on a réussi à dégager des œuvres qui datent de l'origine de la chapelle. Les chambres funéraires des débuts du christianisme (dont l'entrée se trouve près de l'obélisque est) ressemblent aux catacombes de Rome. Elles ont conservé une bonne partie des peintures de l'époque.

Les Turcs

A Pécs, leur centre religieux était la **mosquée du pacha Hassan Jakowali**, couronnée d'une coupole octogonale, Rákóczi út. Elle a elle aussi été débarrassée des éléments étrangers, y compris le *mihrab* et la niche à prière. De même, on a rendu sa tour pointue au minaret qui se trouve à l'intérieur du secteur de l'hôpital. Du haut de la galerie protégée par des grillages, le regard embrasse la ville. Derrière le portail orné de représentations de stalactites et de stalagmites se trouve le **Musée turc**.

Exploitation viticole près de Palkonya.

Randonnées en montagne

De Pécs, on peut faire de nombreuses promenades à travers les forêts de Mecsek. Le **mont Jakab** (603 m), à 8 km de la ville, est un but d'excursion apprécié. Le sentier forestier, balisé à partir d'**Egervölgy**, passe près des remparts dits des Illyriens, hauts de 3 m, d'où l'on embrasse un vaste panorama. Les ruines d'un monastère du XIIIe siècle ont été mises au jour après un sommeil de plusieurs siècles.

Autre but d'excursion, **Abaliget**, avec ses grottes, véritable forêt de stalactites et de stalagmites, à une vingtaine de kilomètres au nord de Pécs. Si l'on veut épargner cette fatigue à sa voiture, un autocar conduit en une demi-heure jusqu'à **Orfü**, sur une route sinueuse qui traverse le massif montagneux. De là, il reste 3 km à parcourir à pied pour arriver aux grottes calcaires; cette promenade de détente est facile. Mais il fait frais à l'intérieur des grottes, il ne faut donc pas oublier d'emporter un vêtement chaud. Le parcours souterrain, long de 466 m, est bordé des deux côtés de formations calcaires des plus bizarres. De retour à Orfü, on peut aller jusqu'au lac du même nom pour se baigner et se reposer. Malheureusement, avec le temps, cet endroit a perdu de son charme secret. Hôtels, terrains de camping, pavillons bâtis au bord du lac ont surgi de terre.

On s'éloigne maintenant de Pécs, et on prend la nationale 6, le long de **Mecsek**, en direction de **Szigetvár**, petite ville qui possède un **château fort** historique. C'est une construction carrée en brique qui date du XIVe siècle, avec des bastions aux quatre angles et plusieurs ouvrages défensifs.

En 1566, il fallut un siège de 33 jours à une armée turque forte de 100 000 hommes pour arriver à la conquérir. Le comte Miklós Zrínyi, général et poète baroque, arrière-petit-fils du capitaine commandant la forteresse, a immortalisé ces journées de combat héroïque dans une vaste épopée dans laquelle il en a décrit tous les épisodes par le menu. Les 2500 défenseurs de la forteresse, Hongrois et Croates, y trouvèrent la mort (les Zrínyi étaient une famille aristocratique originaire de Croatie). De l'autre côté, le Sultan Soliman II lui-même et 25000 soldats turcs périrent au cours de cette bataille mémorable.

Certes, les assaillants réussirent à s'emparer de la place, mais ils étaient tellement affaiblis qu'ils renoncèrent à aller plus loin, en direction de Vienne, comme ils en avaient l'intention. Ils rebâtirent la ville et la forteresse, car ils avaient payé cher pour connaître l'importance stratégique de ce château situé dans les marécages d'une rivière, l'Almás. La **mosquée** construite dans la cour abrite aujourd'hui un **musée** consacré à l'histoire du château et de la ville. Les grilles des fenêtres et la porte en fer forgé sont très belles.

L'**église paroissiale catholique**, Zrínyi tér, au cœur de la ville, a servi elle aussi de mosquée du temps des Turcs. Plus tard, elle a été transformée en église baroque à nef unique. Une fresque relate l'histoire de la résistance héroïque de la forteresse. De nom-

Musicien au cours d'une fête populaire.

breux éléments turcs ont été conservés, malgré les souvenirs qu'ils évoquent, entre autres une voûte recto-curviligne et deux bénitiers de marbre rouge (qui servaient de vasques aux Turcs pour leurs ablutions) attestent l'origine islamique de l'église. Dans la rue Bástya utca, une petite maison en brique cuite à un étage était autrefois un caravansérail.

Ormánság

Au sud de Szigetvár s'étend la région d'**Ormánság**, peu peuplée car les paysans qui l'habitaient n'avaient le droit d'avoir qu'un seul enfant. A **Vajszló**, un musée d'histoire locale occupe une ancienne ferme, non loin du carrefour principal.

Les plafonds à caissons peints sont typiques des églises de la région, comme à **Drávaivány** et à **Kovácshida**.

Plus à l'est, **Harkány** est une ville thermale d'une certaine importance. Dans cette partie du pays, le temps est en général très chaud et sec l'été, et il fait bon se rafraîchir et se reposer des mauvaises routes.

Siklós compte aussi un établissement de bains, mais se signale surtout pas son **château**, qui abrite plusieurs musées et un hôtel.

L'église de **Máriagyüd** attire les pèlerins, mais son architecture baroque banale est surchargée d'éléments kitsch.

Celle de **Nagyharsány** est plus intéressante, avec ses fresque gothiques et le jardin des Sculptures voisin, où par beau temps, on voit à l'occasion un sculpteur en plein travail.

Villány est connue pour ses vins, que les visiteurs sont invités à goûter : des couronnes de fleurs sont suspendues à l'entrée des caves qui offrent des dégustations. Un **musée** retrace l'histoire de la viticulture locale. Ce sont les « Souabes du Danube » qui ont introduit le vin dans cette région, où ils se sont installés au XVIIIe siècle, et où l'on parle beaucoup l'allemand. La route qui revient vers Pécs passe par d'autres villages viticoles, dont les

L'église paroissiale de Kaposvár.

caves sont des maisons à façade étroite alignées à flanc de coteau. **Palkonya** compte en outre un église intéressante qui est une ancienne mosquée.

Retour vers Szigetvár

La route 67 mène à Kaposvár au bout de 40 km à travers les **monts Zselic** (altitude maximale : 357 m), couverts d'immenses forêts de chênes dans lesquelles les gardiens de porcs conduisaient autrefois leurs troupeaux.

A 8 km avant Kaposvár, on traverse **Szenna**, bourg qui possède un village musée. On y trouve de vieilles maisons paysannes, des croix de tombes et tout un éventail d'instruments qui servaient aux travaux des champs. Mais c'est surtout l'église réformée, construite en style baroque en 1785, qui mérite une visite. A l'intérieur, c'est une véritable « église paysanne », avec des stalles peintes, un superbe autel en bois sculpté et un plafond à 117 caissons peints de fleurs de couleurs lumineuses. Tout est harmonieux et n'a rien de saint-sulpicien.

Kaposvár, noyée dans la végétation et entourée de collines, est une ville agricole spécialisée dans la culture du blé et des tournesols et l'élevage des bovins, avec ses moulins, qui a commencé à s'industrialiser après la Seconde Guerre mondiale (usines de transformation du coton et du bois, fabriques de machines) tout en se maintenant dans des dimensions humaines. Il faut reconnaître que l'essor du tourisme, mené de front avec l'industrialisation, ne s'en est pas trouvé gêné. Le cœur de la cité est la Kossuth Lajos tér, prolongement élargi de la Majus I út, avec, sur la place, une statue colossale de Kossuth.

Sur la Kossuth tér, l'**église paroissiale**, qui date du milieu du XVIIIe siècle, a été tellement recouverte par la suite d'éléments néo-gothiques qu'on a peine à reconnaître son origine baroque. Près de l'église se dresse une très belle colonne baroque de la Vierge : à l'origine, elle était la propriété de la grande famille Festetics.

Le **musée**, Táncsics tér, porte le nom du peintre József Rippl-Rónai (1861-1927) ; il comprend un département d'archéologie et d'histoire de la ville, une riche collection ethnographique et bien sûr un grand nombre d'œuvres de Rippl-Rónai, l'enfant du pays. Devant l'édifice (à sa construction, en 1828, il était destiné à servir de prison) se trouve le buste de ce peintre.

Épilogue

Au cours de promenades à travers les villes hongroises, on constate que ce pays manifeste un goût prononcé pour la construction de monuments commémoratifs, pour la grande joie des sculpteurs et des urbanistes.

En effet, surtout depuis les fêtes du millénaire, en 1896, on s'efforce de faire prendre conscience aux Hongrois de leur histoire — histoire d'un peuple qui, s'il vit dans un pays de taille modeste, n'en a pas moins joué un rôle en Europe et continuera à le faire. Il a prouvé que la prophétie pessimiste de Herder, au XVIIIe siècle, ne s'est pas réalisée : *« Voyez-moi ces Hongrois ; ils représentent la plus infime partie de la population de leur pays, derrière les Slaves, les Allemands, les Valaches et les autres. D'ici quelques siècles, on finira même par ne plus entendre leur langue nulle part ! »*

En 53 km sur la route 97, jusqu'au bord du **Balaton**, près de **Boglárlelle**, on traverse l'**Alföld** et un petit secteur de la Transdanubie. On fait connaissance surtout avec de vastes régions de la « Hongrie profonde », anciennes steppes incultes, en grande partie fertilisées sans être condamnées à devenir des déserts techniques : là où, aujourd'hui, on arrache le pétrole au sous-sol, on pourra demain cultiver de nouveau les champs. Les Hongrois ont en effet découvert un procédé qui permet d'assainir les terres imbibées de pétrole, à l'aide d'une bactérie, afin de les rendre à leur vocation agricole.

Les sources thermales ne sont pas près de se tarir. On peut se procurer toutes les eaux minérales hongroises en bouteilles, dans le parc de l'établissement thermal de **Gyula**. Quant au meilleur *barackpálinka*, c'est à **Kecskemét** qu'on le trouve.

Page de droite : le musée Hassan Jakowali.

L'ORIENT, L'OCCIDENT ET LA MÉDITERRANÉE

« Peuple oriental de l'Occident », c'est ainsi que les Hongrois ont l'habitude de se définir eux-mêmes, bien qu'ils soient toujours restés isolés en Europe du fait de leur langue. Le Danube scinde le pays en deux : à l'est, la Grande Plaine qui s'étend à l'infini, peuplée d'individus secs et rudes qui vivent dans des villages éloignés les uns des autres ; à l'ouest, une chaîne de collines douces, avec une population dense, exubérante et ouverte.

Il existe pourtant une ville dans laquelle s'harmonisent les caractères de l'Est, de l'Ouest et même du Midi : Pécs (Cinq-Églises), dans le Sud-Ouest. Le climat méditerranéen, la végétation abondante, les collines en pente douce avaient déjà séduit l'homme aux temps préhistoriques. Depuis qu'ils ont découvert l'Europe, les peuples les plus divers se sont établis dans cette région fertile. Vergers, vignobles, amandiers et figuiers formaient la base d'une prospérité solide ; à cela s'ajouta plus tard l'exploitation des mines d'uranium et de charbon du massif de Mecsek. Même si elle l'avait voulu, Cinq-Églises n'aurait pas réussi à s'isoler : la route commerciale entre les pays germaniques et l'Orient traversait cette ville, qui, soit dit en passant, possédait déjà plus de cinq églises à l'époque. Et tous les peuples qui y sont passés s'y sont arrêtés ; tous ont chanté les charmes du pays et de ses habitants et y ont laissé des traces de leur passage, tous sauf les Celtes. L'empereur Hadrien avait fait de cette localité appelée alors Sopianae la capitale de la province de la Pannonie. Au IVe siècle, les premiers chrétiens peignirent de merveilleuses fresques dans les catacombes. Par la suite, ils construisirent leurs églises non plus sous terre, mais à ciel ouvert. Ce sont les cinq chapelles funéraires romaines — *quinque basilicae* — découvertes par les Francs et les Moraves qui ont donné ce nom étrange à la ville. Puis les Magyars vinrent s'y établir à leur tour ; ils s'y plurent et y trouvèrent la sécurité. En 1009, le roi Étienne Ier fonda l'évêché de Pécs. En 1367, le roi Louis le Grand y fonda la première université hongroise, la cinquième d'Europe à l'époque. Après avoir conquis une grande partie de la Hongrie à la suite de la bataille de Mohács en 1526, les Turcs ne choisirent pas Buda pour en faire le centre spirituel de leur nouvelle colonie, mais Cinq-Églises. Soliman le Magnifique fit ériger des mosquées et des minarets, des bains et des palais ; malheureusement l'occupation turque a laissé peu de vestiges car les Habsbourg se sont empressés de détruire presque tous les édifices construits par leurs prédécesseurs. Parmi ceux qui ont été épargnés, on peut citer la mosquée du pacha Hassan Jakowali et son minaret ; aujourd'hui, elle abrite un musée tandis que celle du pacha Ghasi Kassim, érigée jadis avec les pierres de l'église Saint-Barthélemy, a été rendue au culte catholique.

La superbe cathédrale romane a servi de mosquée pendant cent cinquante ans, mais elle est intacte.

Pécs a donné naissance à deux grands peintres : Victor Vasarely (né en 1908) et Tivadar Csontváry Kosztka (1853-1919). Un musée est consacré à chacun d'eux : l'un habite Paris, où il vit de sa « magie géométrique ». L'autre n'est plus ; il s'était fait le chantre des vents, des couleurs et de la lumière de la Méditerranée.

INFORMATIONS PRATIQUES

PRÉPARATIFS ET FORMALITÉS DE DÉPART

Passeports, visas

Pour des séjours de moins de trois mois, les Français, Belges, Suisses et Luxembourgeois sont dispensés de visa. Il demeure nécessaire pour les ressortissants canadiens.

Les personnes qui voyagent en voiture sont en outre tenues de se munir de la carte verte.

Les mineurs qui voyagent avec leurs parents peuvent figurer sur le passeport de ceux-ci jusqu'à l'âge de quatorze ans. Au-delà de cet âge, il leur suffit d'une carte d'identité. S'ils voyagent sans leurs parents, ils doivent présenter une carte d'identité accompagnée d'une autorisation de sortie du territoire, ou un passeport en cours de validité qui les dispense de l'autorisation parentale.

Pour tous renseignements plus détaillés, le mieux est de s'adresser à l'ambassade de Hongrie à Paris.

Ambassades de Hongrie

Paris
7-9, square Vergemes, 75015 Paris
Tél. 01 53 36 07 54, fax 01 56 36 02 68

Belgique
41, rue Edmond-Picart, B-1150 Bruxelles
Tél. (2) 346 52 70, fax (2) 347 60 28

Suisse
31, Muristrasse, 3006 Berne
Tél. 313 52 85 72, fax 313 51 20 01

Canada : Consulat général à Montréal
1200, avenue McGill College, Bureau 2030
Montréal, Québec H3B 4G7
Tél. (514) 393 15 55, fax (514) 393 35 28

Organismes touristiques

Office du tourisme de Hongrie à Paris
140, avenue Victor Hugo, 75016 Paris
Tél. 01 53 70 67 17, othon@club-internet.fr
http://www.hongrietourisme.com
Ouvert de 9 h à 17 h.

Ibusz International
27, rue du 4-Septembre, 75002 Paris
Tél. 01 47 42 50 25, télécopie 01 47 42 58 56

Sites Internet
www.budapestinfo.hu
Le site officiel de la capitale hongroise.
www.hungarytourism.hu
Site complet avec bases de données hôtels, restaurants, musées.
http://perso.wanadoo.fr/ambassadedehongrie
Le site officiel de l'ambassade de Hongrie à Paris.

ALLER EN HONGRIE

Par le train

Les liaisons par le chemin de fer entre Paris et Budapest se font à partir de la gare de l'Est, à raison d'un train par jour au minimum. Correspondances à Munich et Vienne. Il faut compter 16 heures de trajet. Sans réduction un aller coûte environ 190 €.

Il existe également des liaisons directes par chemin de fer Bruxelles-Budapest, Zurich-Budapest et Zurich-Györ.

En provenance d'Europe occidentale, les trains arrivent à la gare de Keleti.

SNCF
Renseignements : tél. 08 36 35 35 35
Gare de l'Est
Keleti pályaudvar, Baross tér, Budapest VIII, Tél. (1) 333 6342
Gare du Sud
Déli pályaudvar, Krisztina körút, Budapest XII, tél. (1) 355 8657, fax (1) 375 6293
Gare de l'Ouest
Nyugati pályaudvar, Nyugati tér, Budapest XIII, tél. (1) 349 8503

Par avion

Il existe actuellement six vols par jour entre Paris et Budapest, aller et retour. Ce sont des vols à exploitation conjointe Air France et Malév, au départ de Roissy-Charles-de-Gaulle. Liaisons directes également entre Bruxelles et Budapest, Zurich et Budapest.

Les agences de voyages organisent des circuits très appréciés de la clientèle, appelés « Circuits des capitales européennes », qui passent évidemment par Budapest.

Un service de cars de la Direction du transport aérien et de l'aéroport fait la navette en 45 minutes entre le centre-ville (Budapest V, Erzsébet tér, gare routière) et les terminaux toutes les 30 minutes, de 5 h 30 à 21 h. Le prix du billet est de 200 Ft.

L'aéroport a aussi un service de minibus, qui fonctionne comme un taxi collectif, vers toutes adresses à Budapest. Le prix du billet est de 600 Ft.

Le métro bleu est de loin le plus économique jusqu'au terminus (Kóbánya-Kipest). Prendre ensuite l'autobus 93 : le rouge va jusqu'à Ferihegy 2 (50 Ft). Le taxi est beaucoup plus cher.

Air France à Paris
119, av. des Champs-Élysées, 75008 Paris
Tél. 08 820 820 820 (renseignements et réservations)

Air France à Budapest
Kristóf tér 6, 1052 Budapest
Tél. (1) 318 0411, fax (1) 267 6206

Malév à Paris
3, rue Scribe, 75009 Paris
Tél. 01 43 12 36 00, fax 01 42 66 04 41
Du lundi au vendredi de 9 h à 17 h 30.

Malév à Budapest
Budapest V, Apáczai Csere Janos utca 19
Tél. (1) 235 3570
Budapest V, Dorottya utca 2
Tél. (1) 235 3585, fax (1) 266 2784
Du lundi au vendredi de 8 h 30 à 17 h 30, le jeudi jusqu'à 18 h.

Malév Belgique
49, Cantersteen, Bruxelles 1000
Tél. (02) 511 18 78, fax (02) 514 5844

Malév Canada
175, Bloor Street East, Suite 909, Toronto, Ontario M4W 3R8, tél. (416) 944 00 93

Malév Suisse
76, Milidaerstrasse, 8040 Zurich
Tél. (1) 245 9090

Par la route

L'itinéraire le plus direct entre Paris et Budapest (1460 km) traverse l'Allemagne et l'Autriche. Sortir de Paris par l'autoroute A 4 jusqu'à Strasbourg, puis prendre l'autoroute A 8 jusqu'à Salzbourg, et l'autoroute A 1 jusqu'à Vienne. Il reste alors 300 km à parcourir jusqu'à Budapest, soit par Hegyeshalom et Györ, ou par Sopron plus au Sud. Le trajet est varié et très beau, surtout en Allemagne et en Autriche.

En Allemagne, en Autriche et en Hongrie, l'usage des autoroutes est gratuit.

Par autocar

Eurolines, Intercars et Ibusz France relient de nombreuses villes françaises à Budapest. Il faut compter au départ de Paris environ 24 heures pour environ 170 € aller-retour.

Eurolines
Gare routière internationale de Paris-Galliéni, 28, av. du Général-de-Gaulle, 93541 Bagnolet cedex
Tél. 08 36 35 35 35 ou 01 44 63 00 66
Ibusz France
27, rue du 4 Septembre, 75002 Paris
Tél. 01 47 42 50 25, fax 01 47 42 58 56
Intercars
Tél. 01 42 19 99 35, et www.intercars.fr
Sur le site Internet, les coordonnées des 12 agences Intercars de France.

À L'ARRIVÉE

Monnaie

1 forint (Ft) = 100 fillérs (f).
Billets: 100, 200, 500, 1 000, 5 000, 10 000 et 20 000 Ft.
Pièces de monnaie: 10, 20 et 50 f, et 1, 2, 5, 10, 20, 100, 200 Ft.
À titre indicatif :
1 € = 256,5 Ft et 1000 Ft = 3,906 €.

Devises

Les étrangers peuvent importer 10 000 Ft au maximum, à l'exception des monnaies en métal précieux. Les devises étrangères ne sont ni limitées, ni contrôlées. L'euro est souvent utilisé pour l'hébergement.

Il est vivement déconseillé de changer en dehors des organismes officiels, pour éviter toute arnaque (et pour ne pas être hors-la-loi).

L'argent liquide et les chèques de voyages peuvent être changés dans les banques, les points de change, les offices du tourisme, les agences de voyages et les hôtels.

Les chèques sont à libeller en forint.

La plupart des hôtels, restaurants, magasins et stations service de Budapest acceptent les principales cartes de crédit. Mais c'est plus rare dans les petites localités.

Les banques sont fermées le samedi et le dimanche. Elles sont ouvertes en général de 9 h à 16 h, mais les bureaux de change sont ouverts plus longtemps, y compris le samedi et le dimanche.

Il existe de plus en plus de distributeurs d'argent liquide ouverts jour et nuit. Certaines banques de Budapest disposent de distributeurs d'argent liquide à carte.

Office M.K.B.
Váci u 38, 1056 Budapest, tél. (1) 269 0922, fax (1) 269 0959, tél. (1) 373 3333 : 24 h sur 24 et 7 j sur 7.
American Express
Deák Ferenc utca 10

Douanes

Très nombreux sont les articles d'usage courant qui peuvent être importés et exportés sans qu'il soit nécessaire de les déclarer. Les articles suivants peuvent être importés en franchise de droits par les personnes âgées de plus de 16 ans : 1 l de vin, 1 l d'alcool ; 500 cigarettes ou 50 cigares ou 500 g de tabac.

Lors du premier voyage dans une année et par personne, on peut introduire dans le pays en franchise douanière des marchandises d'une valeur de 30 000 Ft. Dans le cas des autres entrées durant la même année, la valeur est fixée à 500 Ft. Une fois dans l'année, on peut importer sans droits à payer des cadeaux d'une valeur ne dépassant pas 13 000 Ft.

Il faut déclarer armes à feu, munitions et appareils de transmission. Outre les bagages personnels, on peut sortir par personne des objets achetés en Hongrie ou reçus en cadeau dont la valeur totale ne dépasse pas les 303 000 Ft. Il faut une autorisation pour les objets en or ou en argent, les antiquités, les objets à caractère historique ou archéologique. Conservez les factures en prévision d'un contrôle à la frontière. Renseignez-vous à la frontière ou auprès de Tourinform.

Tourinform
Sütó utca 2, 1052 Budapest V, tél. (1) 438 8080, fax (1) 356 1964, hungary@tourinform.hu. Ouvert 24 h sur 24.

Circulation routière

Le taux d'accident sur les routes hongroises est très élevé, particulièrement la nuit, où piétons, cyclistes et charrettes circulent sans lumière.

Il est déconseillé de conduire dans Budapest, à cause des embouteillages fréquents, et de la rareté des parkings. Mieux vaut utiliser les transports en commun qui sont efficaces et économiques.

Sauf indication spéciale, la vitesse des voitures de tourisme est limitée à 130 km/h sur les autoroutes, 110 km/h sur les routes nationales, 90 km/h sur les départementales, 50 km/h dans les agglomérations. Il faut rouler feux de croisement allumés, même en plein jour, hors agglomération pour les automobilistes, et partout pour les motards.

La consommation d'alcool est strictement interdite (la limite légale est 0 !). En cas d'infraction, l'amende peut aller jusqu'à 30 000 Ft.

La ceinture de sécurité est obligatoire à l'arrière comme à l'avant. Les enfants au-dessous de douze ans doivent toujours être assis à l'arrière.

POUR MIEUX CONNAITRE LA HONGRIE

Politique

Jusqu'à la fin de l'année 1989, la Hongrie était une république populaire. Depuis l'ouverture des frontières, elle est devenue la république de Hongrie. Son drapeau national comprend les trois couleurs rouge, blanc et vert, à l'horizontale.

En vertu de la modification du 23 octobre 1989 de la constitution, et par l'entrée en fonction du gouvernement en 1990, la Hongrie est devenue une république parlementaire. L'organisation suprême du pouvoir de l'État et de la représentation du peuple est le parlement à une chambre composée de 386 députés élus tous les quatre ans.

L'assemblée nationale élit le président de la République, le premier ministre, les membres de la cour constitutionnelle, les porte-parole des minorités nationales et ethniques, le président de la Cour. L'assemblée a un président, trois vice présidents, ainsi que huit secrétaires. En cas de modification de la Constitution ou lors de l'adoption de décisions plus importantes, une majorité des deux tiers des voix est requise.

Le chef de l'État est le président de la République (Ferenc Mádl Göncz, élu pour 5 ans en juin 2000).

Le gouvernement, dont le chef est Péter Medgyessy (MSZP, socialiste), qui a succédé à Viktor Orbán (FIDESZ, droite nationaliste), comprend une quinzaine de ministres.

Les organes de l'État, législatif et exécutif, ont tous leur siège dans le Parlement de Budapest.

La Hongrie est divisée en 19 départements plus Budapest. 47 % des représentants municipaux sont indépendants des partis nationaux.

En 2004 la Hongrie intègre l'Union européenne.

Population

En 2001, la population était de 10 005 000 habitants, contre plus de 10,2 millions en 1994. La densité est de 108 habitants en moyenne au kilomètre carré, mais tombe à 70 dans les campagnes, alors que 59 % de la population vit dans les villes. Plus de 1,8 millions de personnes vivent dans la capitale.

Environ 90 % de la population est hongroise de souche. Il y a dans le pays 500 à 700 000 Tziganes (autour de 6 %), 200 000 à 220 000 Allemands (un peu plus de 2 %), 110 000 Slovaques (1 %environ), 80 000 Croates (0,8 %), 5 000 Serbes (0,05 %) et 5 000 Slovènes (0,05 %), enfin 20 à 25 000 Roumains (environ 0,2 %).

Économie

Dans les années 1990, le passage à l'économie de marché a été difficile malgré la présence d'investisseurs étrangers.

L'inflation s'est manifestée et le chômage a augmenté nettement du fait de la fermeture des anciennes usines d'État ou de leur privatisation.

Depuis l'inflation tend à être maîtrisée (7,3 % en 2001), le chômage redescend (5,8 % fin 2001) et le déficit budgétaire se stabilise (3,8 % du PIB en 2001).

Budapest demeure le centre économique et industriel du pays. Production d'acier, industries mécanique, pharmaceutique et industrie automobile sont parmi les secteurs de pointe. Les principaux produits agricoles sont les céréales, les légumes et les fruits.

Climat

La Hongrie se situe pratiquement au centre de la zone tempérée nord de l'Europe, où trois sortes de climats se recoupent. Le climat continental de la plaine orientale de l'Europe, le climat océanique de l'Europe occidentale et le climat méditerranéen.

Dans l'ensemble, le climat continental tempéré du pays est davantage caractérisé par une variabilité et non par des différences régionales. La température moyenne annuelle à Budapest est de 12 °C. En juillet (le mois le plus chaud), elle est de 21,7 °C, et en janvier (le mois le plus froid), elle est de -1,2 °C.

Heure locale

La Hongrie vit à l'heure officielle de l'Europe centrale, y compris de mars à septembre, période à laquelle elle suit l'heure d'été des pays européens. Il n'y a pas de décalage horaire avec la France.

A SAVOIR UNE FOIS SUR PLACE

Heures d'ouverture

Les magasins d'alimentation et les supermarchés sont ouverts du lundi au vendredi de 7 h à 19 h, et le samedi de 7 h à 14 h. Le dimanche quelques grands supermarchés restent ouverts, et beaucoup de petites boutiques sont ouvertes jour et nuit.

Pour les produits d'art et d'artisanat populaires réputés : le centre principal du tissage de Sárköz, les broderies de la région de Mezőkövesd, la poterie de Nedudvár, les productions locales de la Grande Plaine (boutons, passementerie, broderies), les coffres de bois et la céramique de la Transdanubie.

Jours fériés

1er janvier : jour de l'an
15 mars : fête nationale, anniversaire de la révolution de 1848
Lundi de Pâques
Lundi de Pentecôte
1er mai : fête du Travail
20 août : fête de la Saint Étienne
23 octobre : anniversaire de la révolution d'octobre 1956 et de la proclamation de la République de Hongrie (1989)
1er novembre : Toussaint
25-26 décembre : fêtes de Noël
Si un jour de fête tombe un jeudi ou un mardi, le jour intermédiaire est en général inclus dans le «pont».

Calendrier des fêtes

De nombreuses festivités ont lieu toute l'année à Budapest. Se renseigner sur *www.budapestinfo.hu* ou *www.festivalcity.hu*

• Février

Budapest
13 février : commémoration de la libération de Budapest le 13 février 1945.
Mi-février : festival du film hongrois

Debrecen
Fêtes du carnaval, bals, gastronomie.

Mardi gras est fêté dans tout le pays. Particulièrement à :
Mohács
Les «Bouchots», portent des masques extraordinaires. Commémoration de l'expulsion des Turcs.

• Mars

Fêtes de la Révolution de 1848, défilés et carnavals. Festivals de printemps.

Budapest
Festival de printemps, quatre semaines de musique classique, ballets, opéras, de concerts rock ou jazz. Musiques et danses traditionnelles d'Europe, expositions... En 2004, hommage à Aztor Piazzolla.

• Avril

Pâques, fête de la résurrection du Christ, est très célébré.

Hollókö
Dans les collines du Cserhát, festival des régions de l'Est avec costumes traditionnels.

Magyarpolány
La montée au Golgotha. La Passion du Christ représentée dans les collines de Bakony.

• Mai

Balaton
Festival de musique classique. Ouverture de la saison.

Budapest
1er mai: Fête du Travail dans le parc de Tabán. Orchestres, musiques folkloriques, théâtre de marionnettes. Fin mai : foire commerciale. Dernière semaine de mai : foire internationale du livre.

Kecskemét-Borbápuszta
Fête du vin et bals de Hajós, à l'occasion de la Saint-Orban. Journées hippiques de la puszta de Borbá.

Szolnok
Festival de danses populaires.

• Juin

Budapest
Le Danube festival : musiques et danses traditionnelles le long du fleuve.

Gyula
Festival d'art dramatique dans un château.

Martonvásár
Festival Beethoven jusqu'à la fin du mois de juillet.

Miskolc-Diósgyör
Festival de jazz dans les vestiges du château.

Sopron
Musique ancienne et danse jusqu'au mois de juillet.

Zsámbék
Théâtre et concerts.

• Juillet

Apajpuszta
Journées des bergers et des cavaliers de Kiskunság, concours hippiques, rencontres de gardiens de troupeaux. Grand concours d'attelages, chasse, dressage, grillades.

Budapest
Représentations de théâtre en plein air.

Balatonfüred
Festival d'opérette.

Hortobágy
Journée internationale d'équitation. Saut, concours d'adresse des gardiens de troupeaux, manège de quadriges, gymnastique à cheval, programmes folkloriques, foire d'artisanat populaire.

Nyírbátor
Grand festival musical, nombreux concerts.

Szeged
Théâtre de plein air, opéra, musique classique, rock devant la cathédrale. Festival de musique classique.

Szentendre
Musique classique, folk et jazz.

Visegrád
Festival du Château ; scènes historiques et tournois équestres.

• Août

Fête nationale de la Constitution et de saint Étienne : parades, nombreux feux d'artifice.

Budapest
Représentations dans le théâtre en plein air de l'île Marguerite, concerts dans la cour des Dominicains de l'hôtel Hilton. Marché aux puces.
Mi-août : Grand prix de Formule 1 (Mogyoród).

Debrecen
20 août : carnaval de fleurs, gala folklorique international.

Eger
Festival de théâtre.

Fertöd
Festival dans le château des Esterházy. Opéra, ballets, théâtre.

Györ
Festival de musique, théâtre, danse, de la mi-juillet à la mi-août.

Gyula
Drames historiques, représentations folkloriques, concerts de musique classique dans l'ancien théâtre de la forteresse, musique et théâtre d'ambiance sur la scène en plein air.

Hortobágy
20 août : marché du Pont, démonstrations équestres, rencontres de bergers et de gardiens de troupeaux, foire et marché à l'ancienne. 20 août : joutes.

• Septembre

Budapest
25 septembre: journée anniversaire de Béla Bartók. Début du grand festival musical, nombreux concerts, théâtre, expositions.

Nyíregyháza
Festival d'automne de Nyíregy, manifestations gastronomiques, carnaval des fruits.

Pécs
Festival culturel durant tout le mois.

Siófok
Fêtes du vin dans les régions vinicoles. Fêtes d'automne du Balaton. Fête du vin et de la culture.

Sopron
Festival de Sopron : danse et musique ancienne.

Szekszárd
Vendanges. Festival de danse populaire. Marché aux objets d'art populaire, expositions.

Szombathely
Fêtes d'automne de Pannonie, festival culturel de Transdanubie.

• Octobre

Budapest
Deuxième moitié d'octobre : festival d'automne d'artistes expérimentaux. Danse, théâtre, photographies, films.
23 octobre : anniversaire de la Révolution de 1956. Festival de musique contemporaine.

Hódmezövásárhely
Festival des arts d'automne.

• Décembre

Les fêtes de Noël sont célébrées en tous lieux. N'oubliez pas de réserver vos places au restaurant assez à l'avance.

Budapest
Fêtes du nouvel an, gala de soirée à Vígado. Feux d'artifice.

COMMUNICATION ET INFORMATION

Poste

Dans les grandes villes, les bureaux de poste sont ouverts de 9 h à 18 h, et le samedi de 8 h à 14 h. Les bureaux de poste près des gares sont ouverts jour et nuit. Les boîtes à lettres, fixées aux murs ou sur un support, sont peintes en rouge.

On trouve des timbres dans les bureaux de poste et dans les tabacs.

Grande poste
Városház utca 9-11, Budapest V
Tél. (1) 118 5398
Ouvert de 8 h à 18 h.

Bureau de poste 62
Teréz körút 51-53, Budapest VI
Tél. (1) 312 1200
Près de la gare de l'Ouest. Ouvert de 7 h à 21 h du lundi au samedi et 8 h à 20 h le dimanche.

Grande poste
Baross tér 11/c, Budapest VIII
Tél. (1) 312 1496
Près de la gare de l'Est. Ouvert du lundi au samedi de 8 h à 21 h.

Poste restante
Petöfi Sándor utca 13-15, 1364 Budapest IV

Téléphone

Les cabines téléphoniques marchent avec des pièces de monnaie de 10, 20, 50 Ft ou 100 Ft ou avec des cartes de 800 ou 1800 Ft qu'on peut se procurer dans les bureaux de poste, les tabacs, les stations de métro, les stations d'essence, certains commerces et supermarchés...

L'indicatif de la Hongrie est le 36, celui de Budapest, le 1, les numéros comportent ensuite 7 chiffres à Budapest et 6 chiffres en dehors de la capitale. Pour obtenir l'international de Hongrie, faire le 00. Attendre le signal sonore avant de composer le numéro du pays (33 pour la France, 41 pour la Suisse, 32 pour la Belgique, 1 pour le Canada), l'indicatif de la ville (sans le 0 initial éventuel), et enfin le numéro du correspondant.

On peut aussi utiliser son téléphone portable en achetant une carte prépayée de Westel ou de Panonnia GSM, qui attribue un numéro hongrois pour la durée de la carte.

Renseignements internationaux
Tél. 199
De 7 h à 20 h.

Renseignements nationaux
Tél. 198
De 7 h à 20 h.

Information

Il n'y a pas d'émissions télévisées en français. En revanche, par le réseau câblé ou les satellites, on reçoit la télévision française internationale (T.V. 5).

L'été, la radio hongroise diffuse des informations en anglais et en allemand.

On trouve de nombreux titres de la presse française et internationale dans les grands hôtels, les gares et les kiosques.

Pour découvrir Budapest on lira Budapest In Your Pocket, qui propose des critiques impartiales sur les hôtels et restaurants de la ville.

EN CAS D'URGENCE

Police : *tél. 107*
Ambulance : *tél. 104*
Pompiers : *tél. 105*

Accidents de la circulation

Si l'on est victime d'un accident de la route (qu'on soit en tort ou pas), on est tenu de prévenir immédiatement la police (*tél. 107*) ou la faire prévenir ; il en est de même si votre voiture a subi des dommages pour quelque motif que ce soit. Conformément aux prescriptions internationales, les autoroutes sont équipées d'une borne d'appel tous les 2 km.

Si le propriétaire de la voiture endommagée réclame des dommages et intérêts, il faut qu'il s'adresse au plus tard le lendemain de l'accident (ou le premier jour ouvrable qui suit l'accident) à la succursale la plus proche de la Hungária, compagnie d'assurances d'État. On trouve une succursale de la Hungária dans toutes les localités d'une certaine importance.

Étant donné que l'assurance responsabilité aux tiers est obligatoire en Hongrie pour tous les conducteurs, la Hungária rembourse rapidement tout dommage causé par les automobilistes hongrois, parfois même immédiatement.

Si vous demandez le remboursement des dommages qu'on vous a occasionnés, il faut que l'auteur de l'accident soit présent ; à défaut, vous devez produire une déclaration écrite et signée par lui, qui donne tous les détails (lieu, heure, circonstances, etc.), et qui atteste qu'il reconnaît son entière responsabilité.

Si un conducteur étranger a causé un accident, il faut aussi qu'il produise cette déclaration écrite ou, le cas échéant, qu'il se présente en personne à la Hungária pour fournir toutes les précisions.

Hungária Assurance (service accident)
Kerepesi utca 15, 1087 Budapest
Numéro en cas d'urgence, *tél : (1) 345 1744*

Hungária Automobile club
Urgences : tél. *188*

Dépannage et remorquage

En cas de panne, prévenir ou faire prévenir la permanence locale ou régionale de l'Automobile-Club hongrois.
Magyar Autoklub
Rómer Flóris utca 4-6, 1026 Budapest
Tél. (1) 212 2938, fax (1) 212 3890
www.autoklub.hu
Ouvert 24 h sur 24.

Budapest dispose d'un service de dépannage disponible 24 h sur 24.
Service de secours international
Tél. (1) 212 3952

Les voitures du service technique de dépannage circulent sans interruption sur les routes les plus fréquentées du pays ; elles sont habilitées à dépanner aussi les automobilistes étrangers, moyennant paiement comptant. Le Magyar Autoklub accepte les lettres de crédit des automobile-clubs étrangers connus, en règlement de frais importants et imprévus (y compris l'achat de pièces de rechange).

Les membres des automobile-clubs étrangers n'ont à payer que les frais de déplacement de la voiture de secours et le prix des pièces de rechange.

En cas de panne, n'hésitez pas à demander à un autre automobiliste d'appeler un «ange jaune» (de la couleur des dépanneuses de l'Automobile Club).

Les Anges jaunes *: tél. 188*

Útinform donne 24 h sur 24 des informations sur les conditions de circulation sur les routes nationales.
Útinform
Tél. (1) 322 7052, (30) 932 2232
ou (60) 322 2322

Permanences médicales

Les services de secours d'urgence, ainsi que les ambulances qui vous transportent jusqu'à la base des premiers secours sont gratuits pour les étrangers ; les examens médicaux et les traitements qui s'ensuivent sont payants.

Flack SOS Hungary
Kapy utca 49b, Budapest III, tél. (1) 200 0100
SOS Személyi Orvosi Szolgálat
Csalogány utca 4b, Budapest I
Tél. (1) 318 8288, (1) 318 8212 ou (1) 318 8012

- **Urgences dentaires**

Super Dent
Dózsa György út 65, Budapest XIII
Tél. (1) 239 0569
SOS Dental Service
Király utca 14, Budapest VI
Tél. (1) 267 9602 ou (1) 269 6010

- **Hôpitaux**

Hôpital Saint-Étienne
Nagyvárad tér 1, Budapest VIII
Tél. (1) 216 035
Hôpital Saint-Jean
Diósárok köz, Budapest XII
Tél. (1) 356 1122

Pharmacies de garde

Les pharmacies sont ouvertes en général de 8 h à 18 h, le samedi de 8 h à 14 h. Chaque pharmacie indique l'officine de garde la plus proche. Actionner la sonnette en dehors des heures d'ouverture classique.

Frankel Leó út 22, Budapest II
Tél. (1) 315 8290
Szentendrei út 2A, Budapest III
Tél. (1) 188 6528
Pozsonyi utca 19, Budapest IV
Tél. (1) 189 4079
Rákóczi út 86, Budapest VIII
Tél. (1) 322 9613
Szigony út 2, Budapest VIII
Tél. (1) 113 5870
Üllöi út 121, Budapest IX
Tél. (1) 133 8947
Alkotás utca 1B, Budapest XII
Tél. (1) 355 4727
Széna tér 1, Budapest I, tél. (1) 202 1582 ou (1) 202 1816
Bosnyák utca 1A, Budapest XIV
Tél. (1) 383 0391
Teréz körút 41, Budapest VI
Tél. (1) 311 4439

OÙ LOGER

La quasi totalité des hébergements en Hongrie (hôtels, campings, chambres d'hôte) est listée sur le site : *www.budapestinfo.hu.*

Les hôtels hongrois sont répartis en cinq catégories. Seule la capitale compte des hôtels cinq étoiles. Les caractéristiques principales des autres catégories sont les suivantes.

**** Chaque chambre a une salle de bains. Il y a le téléphone, la radio ou des haut-parleurs, parfois un téléviseur et un réfrigérateur. Autres prestations proposées: service de chambre 24 h sur 24, blanchissage et repassage, plusieurs salles de séjour, bureau de change.

*** Les trois quarts des chambres ont une salle de bains. Téléphone ou sonnerie dans chaque chambre. Service de chambre dans la journée, blanchissage et repassage, plusieurs salles de séjour, bureau de change.

** Au tiers des chambres au moins est adjointe une salle de bains ou une douche, les autres ont un lavabo avec l'eau chaude, et on trouve douches et toilettes à l'étage. Ces hôtels ont souvent un charme qui compense les imperfections du confort.

* Les chambres ont l'eau chaude, les toilettes sont sur le palier.

Budapest est l'une des villes d'Europe les plus visitées. Cela se ressent évidemment dans les tarifs des hôtels, et les prix sont comparables à ceux des hôtels français.

En revanche, les hôtels de province offrent un éventail de prix plus large, y compris des tarifs très bon marché. Tous ne sont pas classés.

Gamme des prix

€€€€	= 50 000-80 000 Ft
€€€	= 35 000-50 000 Ft
€€	= 20 000-35 000 Ft
€	= 10 000-20 000 Ft

Les prix s'entendent pour une chambre double en haute saison (d'avril à octobre).

• Budapest

Corinthia Aquincum Hotel *****
Árpád fejedelem útja 94, 1036 Budapest
Tél. (1) 436 4100, fax (1) 436 4156,
car.resv@aqu.hu
Établissement moderne sur le Danube. €€€€

Hôtel Hilton *****
Hess András tér 1-3, 1914 Budapest I
Tél. (1) 889 6600, fax (1) 889 6644,
hiltonhu@hungary.net
Les murs de verre, auxquels les murs du couvent des Dominicains ont été intégrés, reflètent le bastion des Pêcheurs et l'église Saint Mathias. Il comprend un casino (323 chambres). €€€€

Hôtel Intercontinental € *****
Apáczai Csere János utca 12-14,
1368 Budapest V
Tél. (1) 327 6333, fax (1) 327 63 56,
budapest@interconti.com
Le mieux tenu des grands hôtels de la rive du Danube du côté Pest (400 chambres). €€€€

Hôtel Mariott *****
Apáczai Csere János utca 4, 1052 Budapest
Tél. (1) 266 7000, fax (1) 266 5000,
mariott.budapest@pronet.hu
Sur la promenade du Danube récemment réhabilitée, près de l'embarcadère (340 chambres). €€€€

Hyatt Regency Budapest *****
Roosevelt tér 2, 1051 Budapest
Tél. (1) 266 1234, fax (1) 266 9101,
reservation@budapest.hyatt.hu
Situé le long du Danube, sur la rive du côté Pest, avec jardin d'hiver (353 chambres). Parking, restaurant, piscine couverte et sauna. €€€€

Best Western Grand Hôtel Hungária ****
Rákóczi út 90, 1074 Budapest
Tél. (1) 889 4400, fax (1) 889 4411, grand-hungaria.reservation@danubiusgroup.com
Cet établissement proche de la gare de l'Est est le plus grand hôtel touristique de Budapest (582 chambres). €€

Danubius Grand Hôtel Margitsziget ****
Margitsziget, 1138 Budapest XIII, tél. (1) 452 6200 ou (1) 111 1000, fax (1) 452 6272
Construit en 1873 et rénové en 1987, cet hôtel est situé sur l'île Marguerite (163 chambres). €€€

Hôtel Astoria ****
Kossuth Lajos utca 19-21, 1053 Budapest
Tél. (1) 889 6000, fax (1) 889 6091,
astoria.reservation@danubiusgroup.com
Dans le centre, établissement de tradition (192 chambres). Restaurant, piscine, sauna. €€€

Hôtel Béke-Radisson ****
Teréz körút 43, 1067 Budapest
Tél. (1) 889 3900, fax (1) 889 3915
Sales.Budapest@RadissonSAS.com
Style début du XXe siècle. Entièrement rénové (238 chambres doubles, 8 suites), restaurant, piscine, sauna. €€€

Hôtel Budapest ****
Szilágyi Erzsébet fasor 47, 1026 Budapest
Tél. (1) 889 4200, fax (1) 889 4203,
budapest.reservation@danubiusgroup.com
Cet hôtel est une tour cylindrique (280 chambres). €€€

Hôtel Gellért ****
Szent Gellért tér 1, 1111 Budapest
Tél. (1) 889 5500, fax (1) 889 5505,
gellert.reservation@danubiusgroup.com
C'est le plus célèbre des hôtels de Budapest, sans doute à cause de sa piscine de style baroque et Art nouveau. Il se trouve à Buda, près du pont de la Libération (235 chambres). €€€

Hôtel Taverna ****
Váci utca 20, 1052 Budapest, tél. (1) 485 3100, fax (1) 485 3111, hotel@hoteltaverna.hu
Excellent rapport qualité-prix. Donne sur la zone piétonne (224 chambres). €€€

Mercure Budapest Nemzeti ****
József körút 4, 1088 Budapest
Tél. (1) 477 2000, fax (1) 477 2001,
h1686@accor-hotels.com
Cet hôtel a un charme certain (76 chambres). €€

Thermal Hotel Margitsziget****
Margitsziget, 1138 Budapest
Tél. (1) 889 4700, fax (1) 889 4988,
resind@margitsziget.danubiusgroup.com
Établissement moderne et spacieux. Partage bains et salles de soins avec l'établissement voisin, le Ramada. €€€

Hôtel Benczúr ***
Benczúr utca 35, 1068 Budapest
Tél. (1) 479 5650, fax (1) 342 1558,
hotel@hotelbenczur.hu
Atmosphère familiale (91 chambres). €€

Hôtel Erzsébet ***
Károlyi Mihály utca 11, 1053 Budapest
Tél. (1) 889 3710, fax (1) 889 3763,
erzsebet.reservation@danubiusgroup.com
Hôtel moderne du centre de la ville (123 chambres). €€

Budai **
Rácz Aladár 45-47, Budapest XII, tél. (1) 249 0208 ou 249 2187, fax (1) 249 2186,
budaihot@freemail.hu
L'oasis rêvée pour ceux qui privilégient calme et vues. Tout proche du centre-ville. €€

Burg **
Szentháróság tér, Budapest I
Tél. (1) 212 0269, fax (1) 212 3970,
hotel.burg@mail.datanet.hu
Charmant petit hôtel dont la majorité des chambres donnent sur la colline du Château. Petit déjeuner servit dans la cour sous les remparts. €€

Fortuna **
Szent István Park, Alsó rakpart, Budapest XIII, tél. (1) 270 0352, fax (1) 270 0351,
fortuna@chello.hu
Amarré à quai en face de l'île de Margaret, cet hôtel flottant assure – avec ses 46 cabines, petites mais confortables –, un dépaysement radical. €€

Kulturinnov **
Szentháromság tér 6, Budapest I, tél. (1) 355 0122 ou (1) 320 5726, fax (1) 375 1886,
mka3@mail.matav.hu
En plein cœur du quartier de la colline du Château, cet édifice datant de la période des Habsbourg dispose de 16 petites chambres – un peu austères – mais à prix avantageux. €€

Normafa **
Eötvös út 52-54, Budapest XII
Tél. (1) 395 6505, fax (1) 395 6504,
hotel2000@matavnet.hu
Les calmes collines de Buda abritent ce havre de paix avec piscine pour les beaux jours d'été. €€

Buda Center *
Csalogány utca 23, Budapest II, tél. (1) 201 6333, fax (1) 201 7843, hotelbch@euroweb.hu
37 chambres propres et contemporaines à petits prix, situées dans l'une des rues les plus animées de la ville. €

Citadella *
Citadella sétány, Budapest XI
Tél. (1) 466 5794, fax (1) 386 0505
Hôtel et auberge de jeunesse (dortoir de 14 lits et 12 chambres), logé dans une forteresse au sommet d'une colline d'où la vue embrasse la ville et le Danube. €

Hôtel Margitsziget
Margitsziget, 1138 Budapest
Tél. (1) 329 2949, fax (1) 340 4846
Petit hôtel sur l'île Marguerite. Moins de €

• Debrecen

Civis Grand Hôtel Aranybika ****
Piac utca 11-15, 4025 Debrecen
Tél.(52) 508 600, fax (52) 421 834
Le seul hôtel de la ville qui dépasse 220 chambres (460 lits). €€€

Civis Hôtel Kálvin
Kálvin tér 4, 4025 Debrecen
Tél/fax (52) 418 522
Petit hôtel moderne au cœur de la ville. €€

Play Pub House Pension **
Batthyány utca 26, 4024 Debrecen
Tél. (52) 411 252, fax (52) 452 738, www.hotels.hu/playpubinn
Agréable et bien aménagé. Moins de €

• Eger

Hungest Hotel Flóra***
Fürdö utca 5, 3300 Eger, tél. (36) 320 211, fax (36) 320 815
reserve@hotelflora.hunguesthotels.hu
Spacieux, bonnes prestations. Sources thermales dans l'hôtel. €

Senátor House Hotel ***
Dobó tér 11, 3300 Eger, tél. (36) 320 466, fax (36) 411 711, senator@enternet.hu
Petit hôtel plein de charme dans la vieille ville, rénové avec goût. €€ - €€

• Györ

Hôtel Klastrom ***
Zechmeister út 1, 9021 Györ, tél. (96) 516 910, fax (96) 327 030, sales@klastrom.hu
Hôtel dont les chambres sont petites, car il est installé dans un ancien monastère (104 lits). €€

Pension Kertész
Iskola utca 11, 9022 Györ, tél. (96) 317 461
Petite pension fort agréable. €€

• Hajdúszoboszló

Hôtel Béké ***
Mátyás Király sétány 19, 4200 Hajdúszoboszló, tél. (52) 361 411
Hôtel spacieux et traditionnel. €€€€

Hôtel Tóparti
József A. utca 16, 4200 Hajdúszoboszló
Tél. (52) 361 964
Petite pension aux prix raisonnables.

• Kaposvár

Éva Pension **
Szántó utca 6, 7400 Kaposvár, tél./fax (82) 414 467, www.hotels.hu/evapanzio
Parking, TV, jardin privé. Moins de €

• Kecskemét

Hôtel Harom Gunar***
Batthyány utca 1-7, 6000 Kecskemét
Tél. (76) 505 785, fax (76) 481 253, haromgunar@ms.hu
Hôtel de style restauré, près du centre. €€€

Fábián Pension
Kápolna utca 14, 6000 Kecskemét
Tél. (76) 477 677, fax (76) 477 175
Pension familiale. Parking, jardin, français parlé. Moins de €

• Keszthely

Bacchus ***
Erzsébet királyné utca 18, 8360 Keszthely
Tél. (83) 314 096, bacchus@mail.matavnet.hu
Petit, mais confortable, hôtel contemporain avec musée du vin et restaurant attenants. €€€

Abbazia Club **
Erzsébet királyné utca 23, 8360 Keszthely
Tél. (83) 314 42
60 chambres dans un hôtel contemporain bien géré. €€

Paris Hof Pension & Restaurant **
Kastély utca 5, 8360 Keszthely, tél./fax (83) 311 202, www.hotels.hu/parizsi_udvar
Parking, TV, jardin privé. Les animaux domestiques sont acceptés. Au restaurant, cuisine diététique et végétarienne. Organisation de partie de chasse.
Moins de €

• Miskolc

Hôtel Pannónia ***
Kossuth Lajos utca 2, 3525 Miskolc
Tél. (46) 504 980, fax (46) 504 984, hotelpannonia@chello.hu
Bien situé dans le centre de la ville (70 lits). €€

• Pécs

Hôtel Palatinus ***
Király utca 5, 7621 Pécs, tél. (72) 889 400, fax (72) 889 438, palatinuspatria.reservation @danubiusgroup.com
Hôtel traditionnel dans la vieille ville, 1900 avec des éléments Art nouveau. €€€

Berg Toboz Pension ***
Fenyves sor 5, 7635 Pécs, tél. (72) 510 555, fax (72) 510 556, toboz@dravanet.hu
Petite pension de qualité. Animaux domestiques acceptés. €

• Siófok

Hôtel Aranypart ***
Beszédes sétány 82, 8600 Siófok, tél. (84) 519 450, fax (84) 312 049, hotel@aranypart.hu
Bon hôtel situé en ville. €€€€

• Szeged

Hôtel Forrás***
Szent-György A. utca 16-24, 6726 Szeged
Tél. (62) 430 130, fax (62) 430 866, reserve@hotelsforras.hunguesthotels.hu
Établissement bien aménagé. €€€

Joó **
Móra utca 10/B, 6725 Szeged
Tél. (62) 329 564
Petite pension respectable. 8 chambres. €€

• Székesfehérvár

Hôtel Rév
József A. utca 42, 8000 Székesfehérvár
Tél. (22) 341 441, fax (22) 327 061
www.hotels.hu/rev
Hôtel moyen de 42 chambres.

• Szentendre

Hôtel Kentaur ***
Marx tér 3, 2000 Szentendre, tél/fax (26) 312 125, www.hotels.hu/kentaur
Petit, bien aménagé. Situé près du centre avec une belle vue sur la vieille ville. €€€

• Szolnok

Hôtel Tisza ***
Hrsz 096/6, 5081 Szolnok, tél. (56) 371 892, fax (56) 599 398, nairam@externet.hu
Superbe édifice néogothique avec thermes, sur un bras de la Tisza (72 lits). €€€

• Velence

Hôtel Juventus ***
Kissköz 6, 2481 Velence, tél. (22) 472 159, fax (22) 589 334, h.juventus.velence@axelero.hu
Hôtel moderne près d'un lac avec plage privée (35 chambres). €€ - €€€

Camping

Le camping sauvage est interdit en Hongrie. Les terrains de camping sont divisés en trois catégories de confort. Il existe de nombreux emplacements pour caravane. Pour une nuit dans un camping, il faut compter de 60 à 550 Ft pour l'emplacement de la tente, et de 50 à 100 Ft par personne. En dehors de la pleine saison, des réductions importantes sont accordées.

• À Budapest

Caravanes

En haute saison (juillet-août), le centre d'exposition de Budapest met à disposition ses 30 000 m² de terrain, prestations de service incluses.

Les campings cités ci-dessous disposent tous d'eau chaude, de prises de courant électrique, de restaurants et de bureaux de change.

Csillebérci Autóscamping
Konkoly-Thege utca 21, Budapest XII
Tél. (1) 275 4033, fax (1) 395 7327
Ouvert toute l'année. Bungalows.

Metro Tenisz Camping
Csömöri út 158, Budapest XVI, tél. (1) 406 5584, fax (1) 405 1050
Ouvert de mai à septembre.

Mini Camping
Királyok út 307, Budapest III
Tél. (0630) 210 178
Ouvert de mai à septembre. Pêche. Accès à la rivière.

Római Camping
Szentendrei út 189, Budapest III
Tél. (1) 368 6260, fax (1) 250 0426
Ouvert toute l'année.

Római-Parti Camping
Királuok út 19-21/Kossuth Lajos dülopart 1-3, Budapest III, tél. (1) 368 4008
Ouvert de mai à septembre.

Zugligeti "Niche" Camping
Zugligeti út 101, Budapest XII, tél. (1) 200 8346
Ouvert toute l'année. Accès handicapés.

Camping-caravaning

Pour tout renseignement, s'adresser au :
Club de camping caravaning hongrois
Üllöi út 6, Budapest VIII, tél. (1) 133 6536
Ou sur Internet : *www.budapestinfo.hu*

Auberges de jeunesse

Les auberges de jeunesse sont regroupées en :
Association des auberges de jeunesse hongroise
Almassy tér 6, 1077 Budapest,
Tél/fax (1) 343 5167, hostels@elender.hu,
www.youthhostels.hu

La carte d'adhérent coûte 1900 Ft. Elle donne accès à des réductions de 10 à 15 % dans les auberges et à une carte téléphonique d'une valeur de 300 Ft. On peut aussi acheter une carte internationale en France, tél. 01 48 04 70 40.

Il est aussi possible pour les jeunes voyageurs de loger à faible coût dans les résidences étudiantes qui se libèrent pendant juillet et août.

Chambres d'hôte

Ces dernières années, le nombre de particuliers qui accueillent des vacanciers n'a fait que croître ; ils figurent à la rubrique «logement» dans les prospectus des syndicats d'initiative régionaux et des agences de voyages. C'est un moyen de logement peu cher, et il n'est pas interdit de marchander.

Renseignements pour les chambres :
Bureau central de Budapest Tourist
Roosevelt tér 5, tél. (1) 117 3555
Ibusz
Ferenciek tér 10, Budapest V
Tél. (1) 485 2767, fax (1) 337 1205
Ou à la gare de Keleti (Budapest VIII)
Tél. (1) 342 9572
Les prix varient de 4 500 à 8 000 Ft par jour pour une chambre, et de 8 000 à 25 000 Ft pour un appartement.

Chez Maria & István
Ferenc Körút 39, Budapest IX
Tél/fax (1) 216 0768

OÙ SE RESTAURER

La cuisine hongroise est en général épicée. Paprika veut dire «piment» en hongrois. Les plats les plus représentatifs sont la goulache (traditionnellement faite en plein air dans un chaudron avec des morceaux de bœuf, des pommes de terre et des gnocchis), le poulet à la sauce de paprika servi avec des gnocchis, et le chou farci. Les soupes de poissons sont délicieuses, les tartes au fromage blanc arrosées de crème fraîche et garnies de lardons valent aussi le détour, tout comme les strudels aux griottes ou aux pommes, au fromage blanc ou au pavot.

Les bières ont pour noms Dreher, Aranyászok, Köbanyai, Soproni, Bak.

Le plus célèbre des vins hongrois est le tokay, appelé «vin des rois et le roi des vins». Le tokaj aszú est de qualité supérieure, son goût particulier lui vient des raisins doux récoltés tard qu'on ajoute au vin. Les tokaj szmorodni sec, demi-sec et doux sont également très appréciés. Parmi les meilleurs rouges: egri bikavér, médoc noir, villányi burgundi, villányi oportó. Parmi les meilleurs blancs, le badacsonyi rizling, le badacsonyi szürkebarát et le kéknyelü. Le plus connu des vins mousseux est le törley.

Gamme des prix
€€€ = plus de 11 euros
€€ = entre 6 et 11 euros
€ = moins de 6 euros
Tarifs indicatifs pour une personne, sans vin.

• Baja

Véndió Vendéglö
Petöfi-sziget 4, Baja, tél. (79) 325 195
Situation idéale : tout à côté du pont, une terrasse qui surplombe la rive – où sont alignés tous les bars. La foule qui se presse à l'heure du déjeuner dans cette jolie bâtisse contemporaine témoigne de la qualité des mets : poissons, notamment la carpe, salades et quelques plats végétariens. €-€€

• Budapest

Fuji Japan
Csatárka utca 54/b, Budapest II, tél. (1) 325 7111
Pour déguster les meilleurs sushi de la ville, il faut grimper sur les hauteurs de Buda. €€€

Gundel
Allatkerti körút 2, Budapest XIV
Tél. (1) 321 3550
Le meilleur restaurant de la capitale, rénové dans un style extravagant par un Américain d'origine hongroise. Les hommes doivent porter une veste.

Petit restaurant avec terrasse-jardin juste à la sortie de la ville. Réservation indispensable. €€€

Hemingway
Kosztolánui Dezso tér 2 (sur le lac Feneketlen), tél. (1) 381 0522
Dans un décor ultra contemporain, les photos aux murs et de l'espadon au menu rendent à leur manière hommage au célèbre personnage. Site enchanteur, service parfait et choix incroyable de cigares pour célébrer toute occasion. €€€

Kacsa
Fö utca 75, Budapest I, tél. (1) 201 9992
Seul le bruit du cliquetis de l'argenterie sur la faïence et des murmures des conversations susurrées s'élève dans ce repaire émérite de la cuisine hongroise. Déguster un «kacsa» (canard), la spécialité maison, ou tout autre délicieux mets, au son d'une sérénade au violon. €€€

Robinson
Városligeti-tó, Budapest XIV, tél. (1) 422 0222
Déguster une cuisine hongroise revue et corrigée façon contemporaine soit *al fresco* en terrasse soit derrière les baies vitrées tout en regardant voguer les cygnes… €€€

Tchaikovsky
Október 6 utca 5, Budapest V, tél. (1) 317 2987
Un décor grandiose rappelant l'époque des Tsars, des mets rares et délicats, tel que l'esturgeon d'Astrakan, et une clientèle d'habitués, des expatriés russes, font de ce restaurant le meilleur de la ville. €€€

Trattoria Toscana
Belgrád rakpart 13, Budapest V, tél. (1) 327 0045
Cuisine toscane authentique malgré un manque de soleil dans le service. €€€

Bombay Palace
Andrássy utca 44, Budapest VI, tél. (1) 332 8363
Ouvert en 1989, ce restaurant indien haut de gamme prouve qu'il y avait (quand même) une vie avant la chute du communisme. Malgré une carte des vins restreinte, Bombay Palace sert la meilleure cuisine indienne de la capitale hongroise. €€

Buena Vista
Liszt Ferenc tér 5, Budapest V, tél. (1) 344 6303
Une excellente cuisine internationale servie au choix dans la salle à l'étage, au bar en cave ou en extérieur. €€

Carmel Prince
Kazinczy utca 31, Budapest VII, tél. (1) 342 4585
Dans un cadre évocateur plus des années 1970 que d'Israël, ce restaurant juif – mais pas casher – propose des plats traditionnels merveilleusement préparés. Service des plus courtois. €€

Chapter One
Nador utca 29, budapest V, tél. (1) 354 0113
Pour varier du goulasch et du paprika, voici le havre contemporain de la cuisine en fusion, rendez-vous couru du tout Budapest. Service informel mais attentif. €€

Empire
Kossuth Lajos utca 19, Budapest V, tél. (1) 317 3411
Monstre sacré de l'âge d'or, ancré dans l'hôtel Astoria. Gibiers recommandés. €€

Iguana
Zoltán utca 16, Budapest V, tél. (1) 331 4352
Un restaurant mexicain comme on en trouve à Paris ou à Québec. Il fut pendant un temps le QG officieux des expatriés… pour une simple raison : il n'y a pas meilleurs *huevos rancheros* dans tout Budapest. €€

Karpatia
Ferenciek tere 7-8, Budapest V, tél. (1) 317 3596
Un voyage en Transylvanie sans même quitter Pest : décor byzantin aux murs lambrissés et musique tsigane le temps de prendre un verre ; mets de volailles, veau, agneau et gibier en festive abondance le temps fête médiévale. €€

La Fontaine
Mérlag utca 10, budapest V, tél. (1) 317 3715
Budapest ne manque pas de bons restaurants français, mais La Fontaine se distingue par un décor convivial, des prix raisonnables

et un service sans prétention aucune. Sur le menu – en français, anglais et hongrois – figure même des sandwichs toastés ! €€

Müvészinas
Bajcsy-Zsilinszky út 9, Budapest VI
Tél. (1) 268 1439
Échappant au décor de pavillon de chasse des établissements du quartier, ce restaurant hongrois haut de gamme affiche un cadre flamboyant du Budapest du XIXe siècle. Même au plus complet, l'ambiance – aidée par les chandeliers – demeure intime. €€

Rosenstein
Mosonyi utca 3, Budapest VIII
Tél. (1) 333 3492
Une adresse qui mérite le détour, tant pour sa situation géographique au cœur de ce sombre et mystérieux quartier que pour l'élégance du cadre et de la cuisine. €€

Sir Lancelot
1. Podmanczky utca 14, Budapest V
Tél. (1) 302 4456
Avis aux amateurs de festins médiévaux : s'abreuver goulûment de l'hydromel versé par de girondes serveuses, jeter les restes copieux aux hordes sauvages, tel est le thème médiéval de ce restaurant. €€

Gandhi
Vigyázó Ferenc utca 4, Budapest V
Tél. (1) 269 1625
Excellente adresse pour les végétariens, un peu moins pour les aficionados de la cuisine du pays de gandhi. €

Hong Kong Pearl Garden
Margit körút 2, Budapest II, tél. (1) 212 3131
Des tables installées parmi des aquariums dans cet établissement considéré depuis toujours comme le meilleur restaurant chinois de la ville. À déguster : le poulet au citron ou le canard laqué. €

Premier
Andrássy út 101, Budapest VI
Tél. (1) 342 1768
Les restaurants se font rares dans le quartier diplomatique et celui-ci, logé dans l'ancien Club de Journalistes, sert une bonne cuisine hongroise à une clientèle très médiatique. Une bonne adresse pour voir et être vu. €

Resti
Deák Ferenc utca 2, Budapest V
Tél. (1) 266 6210
Un antre tout à fait surprenant ! À la fois l'excellence des spécialités d'Europe Centrale, leurs petits prix et l'incroyable décor aux murs recouverts de texte propagandistes pour revivre les jours du socialisme goulasch. €

Stex Ház
József körút 55-57, Budapest VIII
Tél. (1) 318 5716
Immense et aéré, ce restaurant-pub demeure une véritable institution. Pratiquement tous les plats sont en dessous de 1 000 Ft. Fermé entre 6 h et 8 h pour le nettoyage. €

• Debrecen

Csokonai
Kossuth Lajos utca 21, tél. (52) 410 802
Ce restaurant réputé situé en sous-sol sert une nourriture typiquement hongroise. €

Sörpince a Flaskához
Miklós utca 2, tél. (52) 314 582
Bonne cuisine du terroir, copieusement servie à une clientèle locale. Salle en sous-sol. €

• Eger

Talismán
Kossuth Lajos utca 19, tél. (36) 410 883
Petit restaurant en sous-sol dans le centre, assez difficile à trouver. Ses spécialités régionales et traditionnelles valent la peine d'être essayées. €€

Szépasszony Fogadó
Szépasszony völgy, tél. (36) 310 777
Situé dans la "vallée des Belles Femmes", au cœur des vignes, une adresse idéale pour goûter les mets et les vins du cru. €-€€

HBH Bajor Sörház
Bajcsy-Zsilinszky utca 19, tél. (36) 316 312
Bière pour l'ambiance brasserie bavaroise et excellente cuisine pour un festin hongrois. €

• Györ

Sárkánylyuk Étterem
Arany János utca 27, tél. (96) 317 116
Restaurant tout simple. Spécialités régionales. €

• Gyula

Nosztalgia Étterem
Vákert utca 1, tél. (66) 463 555

Outre la spécialité maison, les viandes sur pierrade, les petits plats du chef mijotent pour la majorité dans un wok. €

• **Hortobágy**

Hortobágy Csárda
Petôofi tér 2, tél. (52) 369 139
Malgré les nombreux groupes qui viennent s'y restaurer, la qualité est au rendez-vous de cette authentique *csárda* (relais). €

• **Kecskemét**

Dióhéj-Dreher Sörözö
Rákóczi út 30, tél. (76) 322 174
Bonnes cuisine et bières hongroises dans cette petite brasserie située à quelques pas du centre-ville. €€€

Liberté kávéház Étterem
Szabadság tér 2, tél. (76) 480 350
Il se dégage de ce vieux café sombre du centre-ville une atmosphère de bien-être ; et sa terrasse dominant la place attire une foule jeune et branchée. €€€

• **Keszthely**

Park Vendéglö
Vörösmarty utca 1a, tél. (83) 311 654
Plats hongrois, simples mais bons, servis dans un décor sans prétention. Possibilité de déjeuner à l'extérieur en été. €€

• **Miskolc**

Alabardos Étterem
Kisvas-Eslösor, 15, tél. (46) 353 462
Lieu de rencontre favori des habitants dans le meilleur restaurant de cette ville industrielle. €€

• **Pécs**

Aranykacsa
Teréz utca 4, tél. (72) 211 018
Le soin qu'il apporte au renouveau de la cuisine régionale élève le "Canard doré" au rang des meilleurs établissements de la ville. €€

Dóm
Kiraly utca 3
Annexe urbaine d'Aranykacsa, le Dóm mérite une visite au moins pour son décor monumental : la reconstitution miniature de la basilique de Pécs. €€

Halászcsárda
Budapesti utca, tél. (62) 480 117
Restaurant de poissons. Il faut essayer le halászlé, soupe de poissons chaude, typiquement hongroise. €€

Noé Étterem
Váradi utca 8, tél. (72) 213 314
Endroit sympathique qui propose, entre autres plats, des spécialités de Baranya. À la belle saison, possibilité de manger sur une belle terrasse. €€

Bagolyvár
Felsöhavi dülö 6/1, tél. (72) 211 333
Surplombant les vignes au-dessus du centre-ville, un cadre contemporain pour une cuisine tout aussi moderne. €

• **Parádfürö**

Freskó Étterem
Kossuth Lajos utca 221, tél. (36) 364 109
Une bonne adresse pour se revigorer avec un copieux repas, particulièrement pendant le Palot en juillet, lorsque les spécialités régionales sont de mise. Beau jardin avec terrasse. Un hôtel à petit prix est adjacent au restaurant. €€

• **Sopron**

Corvinus
Fö tér 7, tél. (99) 314 2841
Jouissant d'un bel emplacement sur la vieille place du village, Corvinus occupe une salle voûtée de la magnifique demeure de la maison Storno. €€€

• **Szeged**

Alabárdos
Oskola utca 13, tél. (62) 312 914
Réputé le restaurant le plus chic de la ville : service impeccable et plats flambés de façon spectaculaire. €€€

Halászcsárda
Roosevelt tér 14, tél. (62) 480 117
Restaurant de poissons. Il faut essayer le *halászlé*, la fameuse soupe de poissons hongroise. €€

Öreg Körössy Halászkert
Felsö Tisza-part, tél. (62) 327 410
Autre bonne adresse de la ville pour déguster les spécialités de poissons de la rivière Tisza. €

• **Székesfehérvár**

John Bull Étterem
Szent Istvan tér 14, tél. (22) 316 505
Chaîne de pub aux humeurs britanniques : bières anglaises et irlandaises et menu hongrois ou internationaux. Idéal pour une plaisante soirée. €€

• **Szentendre**

Régimodi
Dumtsa Jenö utca3, tél. (26) 311 105
Restaurant plaisant avec une terrasse donnant sur les toits de cette jolie petite ville. €€

• **Tihany**

Kolostor
Kossuth Lajos utca 14, tél. (87) 448 408
Le “Monastère”, installé au pied des escaliers menant à l'abbatiale, est en fait une micro brasserie doublée d'un restaurant toujours bondé. €-€€

Tihany Csárda
Kossuth Lajos utca 55, tél. (87) 448 503
Planté sur le promontoire de Tihany, un établissement très couru au décor folklorique, agrémenté d'une large terrasse. €-€€

• **Tolcsva (Tokaj)**

Ös Kaján
Kossuth Lajos utca 16, tél. (47) 384 195
Logé dans une charmante maison traditionnelle, cet excellent restaurant prépare des spécialités hongroises – gibier et poissons du jour –, le tout arrosé de crus locaux. €

• **Veszprém**

Betyár Csárda
Nemesvámos,sur la route principale au sud-ouest de Veszprém, tél. (88) 365 087
En retrait de la rive nord du lac Balaton se dresse cette vieille auberge, jadis fameux repaire de brigands. €€

• **Villány**

Fülemüle Csárda
À la sortie nord du village, sur la route principale pour Pécs, tél. (72) 492 939
Auberge en bord de route, joliment rénovée, pour y déguster la meilleure cuisine de cette région viticole. €

• **Visegrád**

Nagyvillám Vadászcsárda
Nagyvillám utca 20-25, tél. (26) 398 070
La meilleure adresse pour se rassasier de gibier parmi le choix limité de restaurants situé sur cette rive du Danube. $$

EXCURSIONS

• **Békéscsaba**

Békéstourist
Andrássy utca 10, 5600 Békéscsaba
Tél./fax (66) 323 4480
(Succursales à Jósvalö, Mezökövesd, Miskolc-Tapolca, Sárospatak, Tokaj.) Festival de théâtre en été dans la forteresse de Gyula. Cures thermales à Gyula. Concerts d'été dans l'église protestante de Békéscsaba.

• **Budapest**

Il existe de très nombreuses agences de voyages en ville, ainsi que dans les gares et les aéroports. Les agences organisent des circuits d'un, deux, trois ou quatre jours qui vous permettront de découvrir le quartier du Château, l'église Mathias, les bains Gellért, le bastion des Pêcheurs, les vieux quartiers de la Budapest médiévale, le Château royal, le pont des Chaînes, et bien d'autres monuments et sites.

Outre les circuits organisés, il est également possible de visiter la ville en calèche durant trois ou quatre heures.

Tourinform
Sütö utca 2, 1052 Budapest, tél. (1) 438 8080, fax (1) 356 1964, hungary@tourinform.hu
Ouvert de 8 h à 20 h. Toutes les informations dans presque toutes les langues.
Vista Travel Center
Andrássy út 1, Budapest V, tél. (1) 269 6032 ou (1) 269 6033, fax (1) 267 5568
L'attente au téléphone est un peu longue, mais il s'agit de l'agence de voyage la plus réputée pour visiter Budapest.
Carlsson Wagonlit Travel
Dorottya utca 3, Budapest V
Tél. (1) 483 3384 ou (1) 483 3382, fax (1) 266 2585
Services de haute qualité, billets de train et d'avion.

Expressz
Zoltan utca 10, Budapest V
Tél. (1) 317 8600 ou (1) 317 6634, fax (1) 317 6823
Agence spécialisée pour étudiant.
Ibusz
Ferenciek tere 10, Budapest V
Tél. (1) 485 2700
L'agence de voyage la plus répandue dans le pays.

• Debrecen

Hajdútourist
Kálvin tér 2, 4024 Debrecen
Tél. (52) 412 588, fax (52) 319 616
(Succursales à Hajdúöbszörmény, Hajdúnánas, Hajdúszobozló, Hortobágy.) Debrecen, appelée la «Rome protestante». Hajdúszobozló : thermes. Puszta de Hortobágy. Programmes équestres dans la puszta de Hortobágy. Séjours et cures à Debrecen et à Hajdúszobozló. Programmes folkloriques. Marché du Pont, les 19 et 20 août à Hortobágy. Carnaval des Fleurs le 20 août à Debrecen.

• Eger

Tourinform
Dobo tér 2, tél. (36) 321 807, fax (36) 321 304, eger@tourinform.hu
Eger: minaret, églises. Parc national de Bükk. Gyöngyös : musée. Monts Mátra. Visite de la ville d'Eger. Noces villageoises (programmes spéciaux à l'époque des vendanges). Randonnées à cheval et en calèche à Eger et Szilvásvárad. Chasse et pêche dans le parc national de Bükk.

• Györ et Sopron

Ciklámen Tourist
Jókai utca 12, Györ, tél. (96) 318 857, fax (96) 316 050
(Succursales à Csorna, Kapuvár, Moson-Magyaróvár, Pannonhalma.) Fertöd : château Esterházy. Pannonhalma : abbaye bénédictine. Sopron : vieille ville médiévale. Visites de Györ et de Sopron. Visite des châteaux de Fertöd et de Nagycenk. Abbaye de Pannonhalma (avec concert d'orgues sur demande). Chaque premier samedi du mois pendant la saison d'été, concert dans l'abbaye de Pannonhalma. Excursions sur l'île de Schütt, paradis aquatique. Chasses sur tous les terrains réservés de la région, avec évaluation des trophées.

• Kecskemét

Piroska Tours
Szabadság tér 2, tél. (76) 328 636, fax (76) 328 863, pirtours@mail.matava.hu
(Succursales à Baja, Kalocsa, Kiskunhalas, Tiszakecske.) Kecskemét : vieille ville. Baja : musée de la Pêche. Puszta de Bugac. Kalocsa : église archiépiscopale. Kiskunfélegyháza : moulins à vent. Kiskunmajsa : thermes, manège. Visite de la ville de Kecskemét. Spectacles et démonstrations équestres à Bugac, dans la puszta de Borbás, à Magony-Tanya, à Solt. Programmes folkloriques à Kalocsa et à Hajós. Noces à Szeremle. Vacances à la ferme à Kiskunság.

• Miskolc

Borsod Tourist
Széchenyi utca 35, Miskolc
Tél. (46) 350 666, fax (46) 350 617
(Succursales à Jósvalö, Mezökövesd, Miskolc-Tapolca, Sárospatak, Tokaj.) Grottes d'Aggtelek. Mezökövesd : établissement thermal. Sárospatak : forteresse. Tokaj : musée du Vignoble. Excursions dans les monts de Zemplén (Tokaj et Sárospatak). Excursions dans les monts de Bükk, avec visite de la ville d'Eger. Excursions dans la région karstique : grottes d'Aggtelek. Établissements thermaux de Miskolc-Tapolca et Mezökövesd.

• Nyíregyháza

Nyírtourist
Dózsa György utca 3, 440 Nyíregyháza
Tél. (42) 409 344, fax (42) 411 354, nyirtourist@mail.matav.hu
(Succursales à Kisvárda, Nyírbátor, Vásarosnamény, Mátészálka.) Nyíregyháza-Sóstó : eaux thermales salées. Mátészálka: musée régional. Nyírbátor: deux églises gothiques du XVe siècle. Circuits dans la Nyírség. Circuits à Bereg et dans la région. Circuits littéraires à Szátmar. Vacances à la ferme à Tanpa.

• Pécs

Tourinform
Széchenyi tér 9, tél. (72) 213 315, fax (72) 212 632, baranya-m@tourinform.hu
Pécs : mosquée et vieille ville. Harkány : thermes. Mohács-Sátorhely : bataille de 1526. Siklós : musée du Château. Szigetvár :

musée du Château. Visite de la ville de Pécs. Cures à Harkány-les-Bains. Marchés aux antiquités et à la brocante de Pécs. Excursions dans les communes habitées par des Allemands hongrois. Sites commémoratifs de Sátorhely. Cortège de Mardi gras. Busójóras. A Mohács, dernier dimanche du carnaval.

• Székesfehérvár

Albatours
Városház tér 1, tél. (22) 312 494, fax (22) 327 082
Székesfehérvár, autrefois ville du couronnement. Gorsium: fouilles romaines. Lac de Velence. Visites de la ville. Programme hippique à Seregélyes (hôtel Taurus). Concerts Beethoven à Martonvásár l'été.

• Szekszárd

Tolna Tourist
Széchenyi utca 38, 7100 Szekszárd
Tél. (74) 412 144, fax 315 252
(Succursales à Bonyhád, Dombovár, Dunaföldvár, Simontornya, Tamási.) Szekszárd : synagogue. Décs : musée d'Art populaire. Forêt de Gemence: train à voie étroite. Grábóc : église serbe orthodoxe et son monastère. Réserve de gibier de Gemence. Randonnées équestres dans la forêt de Gemence. Dégustation de vin à Szekszárd. Soirées folkloriques données par les Allemands de Hongrie à Mórágy. Fête des vendanges à Györköny. Noces à Váralja. Vacances équestres à Szekszárd.

• Szolnok

Tiszatour
Verseghy park 8, 5000 Szolnok
Tél. (56) 422 506, fax (56) 341 441, szolnok@tourinform.hu
Szolnok : rives de la Tisza. Jászberény : musée. Karcag : musée. Mezötur : musée de la Poterie. Concerts dans l'ancienne synagogue de Szolnok. Festival d'orchestres tziganes. Croisières sur la Tisza.

• Szombathely

Savaria Tourist
Mártirok tere 1
Tél. (94) 325 831, fax (1) 325 830
(Succursales à Bükfürdö, Celldömölk, Ják, Körmend, Köszeg, Öriszentpéter, Sárvár, Szentgotthárd, Velem.) Szombathely : centre ville et musées. Bük : thermes. Ják : église romane. Körmend : château. Köszeg : la ville. Szentgotthárd : église baroque et son monastère. Visite de la ville de Szombathely. Visite du château de Sárvár (l'été, la visite est agrémentée d'un programme musical). Festival d'automne Savaria, dans diverses localités du comitat. Vacances dans des établissements thermaux, dans d'anciens châteaux pour les chasseurs, les pêcheurs, les cavaliers. Randonnées équestres, chasse, pêche.

• Salgótarján

Nógrád Tourist
Erzsébet tér 5
Tél. (32) 316 940, fax(32) 316 789
(Succursales à Balassagyarmat et Hollókö.) Balassagyarmat : musée des Palozes. Région montagneuse de Karancs-Medves. Programmes folkloriques à Hollókö : noces palozes, fêtes de Pâques, « dans l'atelier de tissage », maison de la danse. Cours à Hollókö : initiation à l'art de la filature, à la sculpture sur bois et à la danse folklorique. Séjours de vacances à l'hôtel du Château à Szirák.

• Siófok

Siótour
Szabadság tér 6, tél.(84) 310 900, fax (84) 310 009, siotour@mail.datane.hu
(Succursales à Balatonberény, Balatonfenyves, Balatonföldvár, Balatonkeresztúr, Balatonszárszó, Balatonszemes, Boglárlelle, Fonyód, Siófokfürdö, Siófok-Sóstó, Siófok-Széplak-felsö, Szántód, Szántód-Puszta, Zamardi.) Balatonszentgyörgy : visite de la forteresse et du musée. Kaposvár : musées. Kaposszentjakab : ruines du château. Szántód : puszta, village musée. Igal : établissement thermal. Zala : musée Mihály Zichy. Soirées de danses populaires à Balatonboglár. Semaines de la pêche à Balatonszemes et à Fonyód-Bélatelep. Fêtes des vendanges.

• Szeged

Szeged Tourist
Klauzál tér 7, tél/fax (62) 420 428
(Succursales à Csongrád, Hódmezövásárhely, Makó.) Szeged : centre ville. Csongrád : musées, établissement thermal. Hódmezövásárhely: églises. Opusztaszer : site national commémoratif. Makó : églises.

Visite de la ville de Szeged. Festival en plein air devant la cathédrale de Szeged, en juillet et en août. Croisière sur la Tisza avec préparation et dégustation de la soupe de poissons. Programme Piroshka : voyage en petit train romantique à travers la puszta de Kutasi. Représentation d'un mariage populaire. Dégustation de fruits et de vin dans une coopérative agricole.

- **Tata**

Komtourist
Ady Endre utca 9, tél/fax (34) 487 805
(Succursales à Dorog, Esztergom, Kisbér, Komárom, Tatabánya.) Komárom : musée régional. Bábolna : haras. Esztergom : musée du château, basilique et musée d'Art chrétien. Programme culturel : chroniques en vers d'Esztergom, concerts de musique baroque en plein air dans la forteresse de Tata. Kermesse de Csatka en automne. Folklore tzigane à Porcinkule. Randonnées équestres à Kisbér. Dégustation de vin à Azsar. Dîner à Majk avec gibier au menu.

- **Veszprém**

Balatontourist Nord
Kossuth Lajos utca 21, tél. (88) 591 141,
fax (88) 427 062,
veszprem@tbalatontourist.hu
(Succursales à Ajka, Badacsony, Balatonalmádi, Balatonfüred, Nagyvázsony, Pápa, Révfülöp, Sümeg, Tapolca, Tihany, Várpalota, Zirc.) Veszprém : vieille ville, presqu'île de Tihany. Pápa : musée d'Histoire religieuse. Zirc : musée des Sciences naturelles. Herend : musée de la Manufacture de Porcelaine. Visite des caves à vin de Badacsony. Noces paysannes à Nemesvámos, ancienne csárda. Spectacle hippique à Nagyvázsony. Festival d'automne, programmes spéciaux à l'époque des vendanges au lac Balaton.

- **Zalaegerszeg**

Zalatour
Kovács Károly tér 1, 8900 Zalaegerszeg
Tél. (92) 311 443, fax (92) 311 469
(Succursales à Balatongyörök, Hévíz, Keszthely, Lenti, Nagykanizsa, Zalakaros.) Zalaegerszeg : musées, églises. Hévíz : le plus grand lac thermal d'Europe. Kápolnáspuszta : réserve de buffles. Keszthely : musées, château et parc du château. Nagykanizsa : musée. Zalakaros: établissement thermal. Visite guidée du château de Keszthely. Concerts d'été au château Festetics à Keszthely. Festival de Hélicon à Keszthely. Visite du jardin botanique de Budafapuszta. Visite du musée Göcsej à Zalaegerszeg. Programme folklorique sur le lac Balaton. Fêtes des vendanges.

COMMENT SE DÉPLACER

À Budapest, on peut faire à pied le tour des monuments et des quartiers importants.

Taxi

Les taxis sont reconnaissables à leur plaque d'immatriculation jaune. Ils possèdent un taximètre et sont tenus de donner la facture au client. Ils coûtent 240 Ft par km le jour et 336 Ft la nuit (plus le tarif de base à la montée dans le taxi). Il est souvent moins cher d'appeler un taxi par téléphone que de le héler dans la rue.

Airport Taxi
Tél. (1) 282 22 22
Réservation en anglais et en allemand.
Budataxi
Tél. (1) 233 33 33
Réservation en anglais.
City Taxi
Tél. (1) 211 11 11
Réservation en anglais et en allemand.
Fö taxi
Tél. (1) 222 22 22
Réservation en anglais.
Volántaxi
Tél. (1) 433 33 22
Réservation en anglais.
Ràdiótaxi
Tél. (1) 377 77 77
Réservation en anglais et en allemand.
Taxi 2000
Tél. (1) 200 00 00
Réservation en anglais.
Tele 5 Taxi
Tél. (1) 155 55 55
Réservation en anglais et en allemand.

Transports en commun

Il y a trois lignes de métro, M1 (ligne jaune), train souterrain du millénaire : de Vörösmarty tér à Mexikói út. M2 (ligne bleue) : de la gare du Sud à Örs vezér tér. M3 (ligne rouge) : de Újpest, centre-ville à

Kóbánya-Kipest. Les trois lignes se joignent Deák tér. Il y a un train toutes les 2 à 5 mn. Des trains électriques rapides (H.E.V.) desservent l'île de Csepel, au sud de Budapest, et les villes de Szentendre, Gödöllö et Ráckeve.

Autobus, tramways et trolleybus roulent de 4 h 30 à 23 h et le métro jusqu'à 23 h 10. Le prix du ticket est de 125 Ft. Ticket valable pour la journée : 975 Ft ; pour 3 jours : 1 950 Ft. Un même ticket est valable sur l'ensemble des lignes de bus, de tramway et de métro ainsi que sur la partie intramuros du réseau H.E.V. La carte Budapest (3 950 Ft pour 2 jours ; 4 950 Ft pour 3 jours) permet d'utiliser sans limite l'ensemble des transports en commun et donne droit à des entrées gratuites dans 60 musées ainsi qu'à de multiples réductions.

Il est possible de se procurer les titres de transports dans toutes les stations de métro, dont certaines sont équipées de distributeurs automatiques, dans de nombreux débits de tabacs et kiosques à journaux ainsi que dans certains hôtels et agences de voyages.

Le funiculaire, le chemin de fer à crémaillère, le téléphérique, le chemin de fer des enfants sont aussi des moyens amusants de découvrir Budapest.

Navettes sur le Danube

Les navettes circulent de mai à septembre entre les extrémités nord et sud de Budapest, entre la place Boráros et Pünkösfürdö. Pour plus de détails, contacter le service public de transport fluvial B.K.V.
Du mardi au dimanche, de 9 h à 16 h 20.
B.K.V.
Jászai Mari tér
Tél. (1) 342 2335

Mahart organise également des excursions sur le Danube.
Mahart
Apáczai Csere János utca 11
Tél. (1) 318 1743

Train

Vingt-six trains *intercity* et trains rapides relient Budapest aux grandes villes du pays. Il existe une communication par voie ferrée entre les chefs-lieux de départements et les grandes villes.

Des trains rapides desservent les différentes régions touristiques de Hongrie. La Hongrie du Nord, la Grande Plaine, la Transdanubie, le lac Balaton, où circulent également les « trains de nostalgie ».

Les renseignements sur les trains intérieurs peuvent être obtenus dans les trois gares de Budapest.

Renseignements
Tél. (1) 461 5500 (réseau national)
Tél. (1) 461 5400 (réseau international)

Location de voitures

À Budapest et dans certaines grandes villes, il est possible de louer des voitures des grandes marques occidentales dans des agences spécialisées.

Avis
Szervita tér 8, 1052 Budapest
Tél. (1) 318 4240 ou (1) 318 4158,
fax (1) 318 4859
À l'aéroport, *Ferihegy 2, tél. (1) 296 6421*

Hertz
Marriott Hotel, Apáczai Csere János utca 4,
1052 Budapest, tél/fax (1) 266 4061
À l'aéroport, *Ferihegy 2, tél. (1) 296 0987 ou (1) 296 7171, fax (1) 296 0988*

Budget
Krisztina körút 41-43, 1013 Budapest
Tél/fax (1) 214 0420
À l'aéroport, *Ferihegy 2, tél. (1) 296 9481*

Europcar
1238, Szentlörinci út, tél. 421 8333,
fax 421 8301, europcar@europcar.hu
À l'aéroport, *Ferihegy 2, tél. (1) 421 8370*
apt@europcar.hu

La compagnie **Fö taxi** propose également des locations de limousines avec ou sans chauffeur (voir p. 283).

Petit glossaire des cartes routières

Ce petit vocabulaire vous aidera à vous repérer sur les cartes et plans, ou même dans la rue.

alsó	sous
belsö	à l'intérieur
csárda	auberge, taverne
csatorna	canal
domb	colline, hauteur
erdö	forêt
falu	village

felsö	au-dessus
föld	champ, terre
forrás	source
halom	colline
ház (a)	maison
hegy	mont, montagne
hegység	massif (montagneux)
híd	pont
kert	jardin
kilátó	panorama
kolostor	monastère
korhaz	hôpital
körút	boulevard circulaire
külsö	au-dehors
kút	puits, fontaine
liget	bosquet, terre en friche
mezö	prairie
müemlek	monument
nemzeti	national
országút	route nationale
pályaudvar (pu)	gare
patak	ruisseau
rakpart	quai, rive
rét	prairie
rom (ok)	ruine(s)
síkság	plaine
szálloda	hôtel
szent	saint
sziget	île
telep	habitat, lotissement
templom	église
tér, tere	place
tó	lac, étang
utca, út	rue
vár	château, forteresse
város	ville
volgy	vallée

Croisières sur le Balaton

De début juin à fin août, les bateaux circulent tous les jours de 7 h à 00 h 30, à raison d'un toutes les 20 mn. D'octobre à avril, la circulation est interrompue de 18 h 40 à 7 h.

La société Mahart (Siófok) gère la navigation sur le lac. Elle possède une flotte de plus de 30 bateaux et de 4 bacs qui transporte, en haute saison, plus de 50 000 passagers par jour, soit plus de 3 millions par an! Durant les grandes vacances scolaires, fin juin à fin août, les paquebots assurent plus de 100 traversées régulières par jour. Des bateaux et des bacs circulent à brefs intervalles entre les ports de Siófok, Balatonfüred et Tihany. Malgré la densité de la circulation, en pleine saison, il faut souvent faire preuve de patience et se munir de rafraîchissements pour tromper l'attente !

Trajet qui longe la rive nord du lac : Balatonkenese, Balatonalmádi, Alsóörs, Csopak, Balatonfüred, Tihany-mólo (môle), Tihany-rév (port), Kilian-telep, Balatonakali, Révfülöp, Badacsony, Szigliget, Balatongyörök, Keszthely (durée 7 h 15).

Autre trajet plein de charme, dit du «long itinéraire», de Siófok à Keszthely, en longeant de nombreux ports d'escale sur les rives nord et sud du lac : Balatonfüred, Tihany-mólo (môle), Tihany-rév (port), Balatonföldvár, Balatonszemes, Balatonlelle, Balatonboglár, Badacsony, Szigliget, Balatongyörök, Keszthely (durée 6 h).

Un autre itinéraire va de Siófok à Badacsony, en passant par Balatonfüred, Tihany-mólo (môle), Tihany-rév (port), Balatonföldvár, Balatonszemes, Balatonlelle, Balatonboglár, Révfülöp, Badacsony (durée 4 h).

Il est possible d'obtenir des traversées spéciales et des voyages de groupes en s'adressant à la société Mahart à Siófok, ainsi qu'aux bureaux régionaux de Siótour à Siófok (Batthyány utca 2 B), à Balatonföldvár et à Fonyód (sur la rive sud), ainsi qu'aux bureaux de Balatontourist nord à Balatonfüred et Keszthely. De mi-juin à début septembre circulent aussi sur le lac des bateaux de plaisance avec programmes musicaux et service de restauration.

Mahart Balatoni Hajózási Kft
Sétany 2, tél. (84) 312 144, fax (84) 312 904

EAUX THERMALES

La Hongrie est le pays d'Europe qui compte le plus grand nombre de sources minérales et thermales, 600 000 au total. Ses eaux célèbres dans le monde entier pour leurs vertus thérapeutiques ont été analysées par les géologues et les médecins. Parmi ces sources, nombreuses sont celles qui ont été mises en valeur artificiellement. On peut les classer suivant leur composition : sources riches en dioxyde de carbone, en alcali, en soufre ou en calcium, en eaux salées et eaux acidulées, eaux riches en fer, en iode, en bromure et en radium.

Eaux contenant du dioxyde de carbone
Dans la majorité des cas, les sources riches en dioxyde de carbone proviennent d'une activité post-volcanique. On les trouve dans la région du lac Balaton et dans les monts

Mátra. Les sources de Balatonfüred sont recommandées pour le traitement des maladies cardiaques. L'effet thérapeutique de ces bains est fondé sur l'absorption de dioxyde de carbone par l'épiderme : la tension artérielle baisse, le pouls bat plus lentement, le cœur est plus résistant.

Eaux alcalines
Leur contenance en sels précieux découle en général de la désagrégation des roches volcaniques sous l'action de sources profondes riches en dioxyde de carbone. Les eaux alcalines contiennent aussi une proportion importante d'acide carbonique et de sodium. Les sources les plus efficaces se situent dans la Grande Plaine et en Transdanubie. L'eau minérale Salvus, de Bükkszék, contient beaucoup de bicarbonate de soude.

Eaux sulfureuses
Nombre de sources d'eau sulfureuse, comme celles des monts Mátra et des monts de Zemplén, sont d'origine post-volcanique. À d'autres endroits (à Dunaalmás), le soufre provient de la décomposition de la pyrite. Sous forme de boisson, l'eau sulfureuse favorise le transit intestinal et tout le métabolisme en général. En bains, elle apporte aux rhumatisants guérison et régénération. Les deux bains sulfureux les plus célèbres sont ceux de Hévíz et d'Harkány.

Eaux riches en calcium
Elles forment la plus grande partie des sources tièdes et chaudes de Hongrie, celles de Budapest par exemple, qui sont en général des solutions riches en hydrocarbones et en calcium parce que l'eau absorbe le calcium des roches calcaires facilement solubles et des dolomites. En outre, ces eaux chaudes sont légèrement radioactives.

Eaux acidulées
On les trouve dans les bassins aux sols argileux dont les nappes phréatiques n'ont pas de courant, ou en ont peu. Elles sont le résultat de la décomposition de la pyrite contenue dans l'argile. Les solutions apportent un remède aux maladies des organes digestifs. Plusieurs de ces eaux jouissent d'une solide réputation.

Eaux contenant du sodium
Les eaux artésiennes qui jaillissent à 65 °C dans le Grand Bois de Ville de Debrecen et la source à 75 °C de Hajdúszoboszló sont les plus célèbres. On peut y inclure des sources isolées riches en sodium et en chlorures.

Eaux riches en iode, en fer et en alcali
C'est aussi dans les stations balnéaires de la Grande Plaine qu'on trouve la plus grande quantité d'eaux enrichies de sel iodé séché. L'iode provient des organismes en décomposition dans la mer. Ces sources sont en premier lieu efficaces dans les cas d'artériosclérose et d'hypertension. Parád, à la lisière est des monts Mátra, est l'une des stations balnéaires alimentées par des eaux ferrugineuses et alunifères. On s'en sert entre autres pour traiter l'anémie.

À Budapest

La capitale de la Hongrie compte une douzaine de bains.

40 millions de litres d'eau chaude (de 40 °C à 76 °C) et 30 millions de litres d'eau tiède jaillissent tous les jours à la surface sur le territoire de la capitale, et offrent à des milliers de personnes la possibilité de se baigner et de se soigner.

Bien des établissements reçoivent séparément hommes et femmes. Ils alternent donc les jours, parfois même les heures, ou bien ont des salles séparées.

En Hongrie et surtout à Budapest, le bain est une véritable science. Les travaux des balnéologues hongrois sont considérés comme les plus avancés du monde.

Les noms de lieux dont le suffixe est füred ou fürdö indiquent une station ou un établissement thermal.

Császárfürdö
Frankel Leó utca 17-19, Budapest II
Tél. 115 4680
L'eau provient de 12 sources déjà connues des Romains. Arthrite, maladies dégénératives des articulations et de la colonne vertébrale, goutte, traitements postopératoires, affections des voies respiratoires, maladies des gencives.

Gellértfürdö
Kelenhegyi út 2-4, Budapest XI, tél. 366 6166
Le plus ancien et le plus respectable des hôtels de cure hongrois. Les sources en sont connues depuis deux mille ans. Maladies des articulations et de la colonne vertébrale, affections du ménisque, goutte, traitements postopératoires, névralgies, constriction vasculaire, affections gynécologiques, troubles du métabolisme.

Királyfürdö
Fö utca 82-86, Budapest II, tél. 201 4392
Construit en 1565-1570 par Arslan pacha, gouverneur de Buda. Maladies dégénératives des articulations et de la colonne vertébrale, traitements postopératoires, névralgies, inflammation des organes moteurs.

Lukácsfürdö
Frankel Leó utca 25-29, Budapest II
Tél. 326 1695
Près des sources qui alimentent les bains ont été retrouvés des objets de l'âge du bronze. Maladies dégénératives des articulations et de la colonne vertébrale, traitements postopératoires, névralgies, inflammation des organes moteurs.

Ráczfürdö
Hadnagy utca 8-10, Budapest I
Tél. 356 1010
Blotti au pied du mont Gellért, non loin du pont Élisabeth. Maladies des articulations, maladies consécutives à la décalcification du système osseux, hernies discales.

Rudasfürdö
Döbrentei tér 9, Budapest I, tél. 375 8373
Célèbre pour son Bain aux colonnes vertes des Turcs. Traitements postopératoires, dégénérescence de l'appareil moteur, cures en cas de goutte, de coliques néphrétiques, d'inflammation de la vésicule biliaire, de gastrite chronique, de troubles intestinaux.

Széchenyifürdö
Allatkerti körút 11, Budapest XIV
Tél. 321 0310
Bâtiment de style néo-baroque situé dans la zone verte de Pest. Bains thermaux à vapeur, piscines, bains, bassins de plein air. Maladies des articulations, déformations orthopédiques consécutives à une lésion, affections gynécologiques, cures d'eau minérale en cas de maladie de l'estomac et des intestins, ainsi que d'affections de la vésicule biliaire.

Hôtel Thermal Margitsziget
Margitsziget, Budapest XIII, tél. (1) 329 2300
Situé sur le Danube dans un très joli site. Maladies des articulations et du système moteur, affections gynécologiques, goutte, traitements postopératoires.

De nombreux autres hôtels proposent des bains thermaux, notamment, à Budapest, avec entre autres, les établissements Hyatt Regency, Corinthia Aquincum, avec le Hungest Hotel Flora à Eger… (se reporter aux pages 274-275 pour les adresses).

Autres stations thermales

Balatonfüred
Hypertension artérielle, affections cardiaques.

Balf
Symptômes de dégénérescence des organes moteurs, cures d'eau minérale en cas de maladies de l'estomac et de l'intestin.

Bük
Affections du système digestif, rhumatismes.

Csongrád
Maladies et lésions du système moteur, traitement complémentaire des paralysies, thérapie des organes respiratoires, affections gynécologiques.

Debrecen
Lésions consécutives à la poliomyélite, traitements postopératoires, paralysie, affections des voies respiratoires.

Dombovár
Troubles de l'appareil digestif, affections gynécologiques, affections des gencives, maladies de l'appareil moteur.

Eger
Troubles nerveux, anémie, fatigue, goutte.

Györ
Rhumatismes, affections gynécologiques, maladies des organes moteurs et des voies respiratoires.

Gyula
Maladies des organes moteurs, du cœur, du système vasculaire, inflammations.

Hajdiszoboszló
Maladies des organes moteurs, maladies de peau, affections gynécologiques, cures d'eau minérale en cas de troubles de l'estomac et de l'intestin, inhalations en cas de maladie chronique des voies respiratoires.

Harkány
Troubles moteurs, des articulations et des cartilages, rhumatismes, troubles de la circulation, psoriasis, affections gynécologiques,

stérilité, cures d'eau minérale en cas d'ulcère à l'estomac et au duodénum.

Hévíz
Maladies des organes moteurs, maladies nerveuses et musculaires, surmenage.

Kisvárda
Inflammation et maladies des organes moteurs, traitements complémentaires à la suite d'accidents.

Mezökövesd
Affections des articulations et des organes moteurs.

Miskolc-Tapolca
Troubles de la circulation, maladies cardio-vasculaires, affections du système nerveux.

Moson-Magyaróvár
Maladies des organes respiratoires, de l'estomac et des intestins.

Nyíregyháza
Maladies de peau, affections gynécologiques, troubles du système nerveux.

Parád
Troubles de l'estomac et des intestins, affections gynécologiques, anémie, décalcification, surmenage.

Szolnok
Maladies des articulations et des organes moteurs.
Sárvár
Rhumatismes, affections gynécologiques, maladies des organes moteurs.

Zalakaros
Affections gynécologiques chroniques, rhumatismes, maladies des organes moteurs, déchaussement des dents.

MUSÉES

La plupart des musées sont ouverts du mardi au dimanche de 10 h à 18 h en pleine saison, de 10 h à 16 h en basse saison, le samedi de 9 h ou 10 h à 13 h; certains musées de province ferment une heure plus tôt. Pour la liste exhaustive des musées hongrois avec leur description, consulter le site officiel :
www.museum.hu

• Abony

Musée Abony Lajos
Vasút utca 16, tél. (53) 360 096
Ethnographie locale.

• Badacsony

Musée Egry József
Objets légués par le peintre.

• Baja

Musée István Türr
Deák Ferenc utca 1
Histoire régionale, ethnographie.

• Bakonybél

House of the bakony woodlands

• Balassagyarmat

Musée Palóc
Paloze liget 1
Archéologie, armes, céramiques.

• Balatonfüred

Musée Jókai
Musée littéraire à la mémoire du conteur que fut Mór Jókai (1825-1904).

• Balatonszárszó

Musée József Attila
La vie et l'œuvre du poète «prolétarien». Fermé entre 12 h et 13 h.

• Balatonszemes

Musée de la Poste
Tél. (84) 345 160
Histoire du téléphone, de la poste et des timbres en Hongrie.

• Balatonszentgyörgy

Csillagvár hunters' house
Csillagvár, Irtasi dülö, tél. (85) 377 532
La vie dans les postes fortifiés au XVIIe siècle. En hiver, fermé l'après-midi.

• Barcs

Musée de la Drave
Széchenyi utca 22
Passé et présent de la ville de Barcs.

• Békéscsaba

Musée Mihály Munkácsy
Széchenyi utca 9, tél. (66) 323 377
Histoire régionale, archéologie, ethnographie.

• Balatonboglár

Galerie des chapelles
Expositions d'art temporaires dans la chapelle bleue et la chapelle rouge, exposition de sculptures dans le parc.
Musée Usine des producteurs de vin
Comme son nom l'indique, consacré à la fabrication du vin.

• Budapest

Musée d'Histoire de la ville
Palais Royal, aile E, Szent György tér 2
Tél. (1) 375 8849
Du 1er mars au 15 mai du mercredi au dimanche de 10 h à 18 h ; du 16 mai au 15 septembre de 10 h à 18 h sauf le mardi ; du 16 septembre au 31 octobre de 10 h à 18 h ; du 1er novembre au 28 février de 10 h à 16 h sauf le mardi. On descend dans le souterrain pour voir les murs de la prison et de l'église, d'une épaisseur à couper le souffle (de même, le sanctuaire de la chapelle du château, qui date du XIVe siècle). Statues gothiques de la ville médiévale de Buda, céramiques découvertes au cours des fouilles, parmi lesquelles des carreaux de poêle qui permettent d'imaginer la beauté des poêles du château aux XIVe et XVe siècles.
Galerie nationale
Disz tér 17, Budapest I, tél. (1) 375 7992
Palais Royal, ailes B, C et D. De 10 h à 18 h sauf le lundi. Œuvres des peintres, graveurs et sculpteurs hongrois du Moyen Age à nos jours. A ne pas manquer, les retables gothiques.
Musée national
Múzeum körút 14-16, Budapest VIII
Tél. (1) 338 2122
Du 15 avril au 15 octobre de 10 h à 18 h, du 16 octobre au 14 avril de 10 h à 17 h, fermé le lundi et le mardi. Fondé en 1802 par Ferenc Széchenyi. Son immense salle à colonnes, ses lustres monumentaux et ses vastes escaliers méritent un coup d'œil. Histoire de la Hongrie et de sa capitale depuis l'âge de la pierre. Parmi les principales curiosités, le sol en mosaïque d'une maison romaine, conservé intact, la fameuse couronne de saint Étienne, et le piano de Beethoven, qui fut par la suite offert à Franz Liszt.
Musée de la Pharmacie
Tárnok utca 18, Budapest I, tél. (1) 375 9772
De 10 h 30 à 17 h 30, fermé le lundi. Pharmacie «À l'Aigle d'Or».
Musée d'Aquincum
Szentendrei út 139, Budapest III
Tél. (1) 368 8241
Du 15 avril au 30 mars et du 1er au 31 octobre de 9 h à 17 h ; du 1er mai au 30 septembre de 9 h à 18 h. Fouilles romaines, avec en particulier les fragments en bronze d'un orgue à eau.
Tombe de Baba Gül
Turbán utca 11, Budapest II, tél. (1) 355 8764
Du 1er juillet au 30 septembre de 10 h à 18 h ; du 1er au 31 octobre de 10 h à 16 h.
Musée ethnographique
Kossuth Lajos tér 12, Budapest V
Tél. (1) 312 4878
Du 1er mars au 30 octobre de 10 h à 18 h ; du 1er novembre au 28 février de 10 h à 16 h. L'architecture vaut le coup d'œil : salle à colonnes de plusieurs étages, vitraux multicolores, peintures des plafonds.
Musée Ferenc Hopp
Andrássy út 103, Budapest VI
Tél. (1) 322 8476
Du 1er avril au 31 octobre de 10 h à 18 h ; du 1er novembre au 31 mars de 10 h à 17 h. Collection de 20 000 objets d'art d'Asie (Inde, Tibet, Népal, Mongolie) rapportés par Ferenc Hopp.
Collection d'art religieux
Mátyás templom, Szentháromság tér 2, Budapest I, tél. (1) 355 5657
Du 18 février au 12 janvier de 9 h 30 à 17 h, le dimanche de 11 h 30 à 17 h.
Musée Kiscelli
Kiscelli utca 108, Budapest III
Tél. (1) 388 8560
Du 1er avril au 31 octobre de 10 h à 18 h sauf le lundi ; du 1er novembre au 31 mars de 10 h à 16 h sauf le lundi. Pinacothèque municipale.
Musée des Arts décoratifs
Üllöi út 33-37, Budapest IX, tél. (1) 217 5222 et (1) 217 5171
De 10 h à 18 h sauf le lundi. Dans un immeuble 1900 tout de verre et de faïence. Faïences, céramiques, matériel de typographie, broderie, objets en cuir repoussé, meubles marquetés, etc.
Musée d'Histoire militaire
Tóth Arpád sétány 40, Budapest I
Tél. (1) 356 9586
Du 1er avril au 30 septembre de 10 h à 18 h.

Musée des Beaux-Arts
Dózsa György út 41, Budapest XIV
Tél. (1) 343 9759
Du 1er novembre au 15 mars de 10 h à 16 h; du 16 mars au 31 octobre de 10 h à 18 h; fermé le lundi. L'un des plus importants du monde, dans un édifice néoclassique éclectique dû à Albert Schickedanz et Fülöp Herzog. Riches collections égyptienne, grecque et romaine, sculptures et gravures modernes. La galerie de tableaux du premier étage est fournie d'œuvres des XIXe et XXe siècles, ainsi que de nombreuses peintures espagnoles.
Maison de Béla Bartók
Csalán út 29, Budapest II, tél. (1) 276 2100
De 10 h à 17 h sauf le lundi. Maison où vécut le compositeur de 1932 à 1940. Concerts en été.
Musée d'Histoire de la musique
Táncsics Mihály út 7, Budapest I
Tél. (1) 214 6770
Du 15 mars au 31 octobre de 10 h à 18 h ; du 1er novembre au 14 mars de 10 h à 17 h. Dans le palais Erdödy. Outre de nombreux instruments anciens (parmi lesquels une précieuse harpe à pédale de Paris datant de 1760, ornée de motifs gravés et peints), salle consacrée à Béla Bartók et cabinet des médailles.
Musée des Sciences naturelles
Ludovika tér 2, Budapest VIII
Tél. (1) 333 0655
De 10 h à 18 h sauf le mardi.
Musée Pétöfi de la Littérature
Károlyi Mihály utca 16, Budapest V
Tél. (1) 317 3611
Du 1er mars au 31 octobre de 10 h à 18 h, du 1er novembre au 29 février de 10 h à 16 h, fermé le lundi. Consacré aux grands auteurs hongrois, dont Petöfi, Móricz et Attila József.
Musée de la Philatélie
Harsfa utca 47, Budapest VII
Tél. (1) 341 5526
Musée du château de Nagyteteny
Csokasy P. utca 9-11
Meubles du XVe au XIXe siècle, tapis, céramiques.
Musée Semmelweis
Apród utca 1-3, Budapest I, tél. (1) 375 3533
De 10 h 30 à 18 h sauf le lundi. Maison natale d'Ignác Semmelweis, histoire de la médecine.
Musée du Métro
Deák tér, Budapest V, tél. (1) 317 2411
ou (1) 317 4103
De 10 h à 18 h sauf le lundi.
Musée du Commerce et de l'Hôtellerie
Fortuna utca 4, Budapest I, tél. 375 6249
De 10 h à 17 h, le samedi et le dimanche jusqu'à 18 h.
Musée du rail
Városligeti körút 11, Budapest XIV
Dans un vaste parc très agréable, plus de 100 modèles de machines à vapeurs et autres.

• Bugac

Musée du parc national de Kiskunság
Traditions et folklores régionaux.

• Debrecen

Musée Déri
Déri tér 1
Fouilles préhistoriques, antiquités égyptiennes, grecques, romaines et d'Extrême-Orient. Collection de minéraux. Gratuit.
Collège réformé
Kálvin tér 16
Musée d'art sacré, histoire du protestantisme en Hongrie, bibliothèque avec une bible annotée de la main de Luther.

• Dunaföldvár

Musée du Château
Tél. (75) 342 618
Dit aussi tour des Turcs.

• Eger

Musée Dobó István, musée du Château
Vár 1
Archéologie, histoire de la ville, du château. Collections ethnographique et artistique.
Musée d'Astronomie
Szabadság tér 2
Dans le bâtiment de la faculté de pédagogie. Observatoire, bibliothèque comprenant des ouvrages très rares.

• Esztergom

Musée Ballasi Balint
Bajcsy Zsilinsky út 28
La plus ancienne bibliothèque de Hongrie.
Musée du Château
Szent István tér, tél. (33) 317 243
ou (33) 315 986
Il s'agit du château des Arpád ; œuvres des tailleurs de pierre, fragments de fresques, céramiques, statuettes en céramique à glaçure.

Musée d'Art chrétien
Berényi utca 2
Exceptionnelle collection d'art du XVe et XVIe siècle.
Trésor de la basilique
Szent István tér 1

• **Fertöd**

Musée du Château
Bartók Béla utca 2, tél. (99) 537 640
Le «Versailles hongrois». Exposition permanente sur Haydn.

• **Fonyód**

Musée Huszka Jenö
À la mémoire du compositeur d'opérettes (1875-1960) très populaire en Hongrie. Dans sa résidence d'été.

• **Gödöllö**

Musée du palais
Tél. (28) 410 124 ou (28) 410 402
Du 1er avril au 31 octobre de 10 h à 17 h ; du 1er novembre au 31 mars de 10 h à 16 h ; fermé le lundi. C'était la résidence d'été de François-Joseph et Élisabeth.

• **Györ**

Musée Xantus János
Széchenyi tér 5
Collection préhistorique et collection ethnographique ; fouilles romaines ; histoire des corporations.

• **Gyula**

Musée du Château
Varfürdö utca
Musée Erkel Ferenc
Kossuth utca 15
Archéologie et ethnographie. Salle consacrée à Dürer.

• **Hajdúböszörmeny**

Musée des Haïdouks
Hajdú Székhaz, Kossuth utca 1

• **Herend**

Musée de la Porcelaine
Kossuth utca 140
Les plus belles pièces de la production de la célèbre manufacture de Herend.

• **Hódmezövásárhely**

Musée Tornyai János
Szanto-Kovács János utca 16-18
Préhistoire, archéologie et arts populaires.

• **Hollókö**

Musée local
Kossuth utca 82
Histoire de l'ethnie des Palozes.

• **Hortobágy**

Musée des Bergers de la puszta
Petöfi tér

• **Kalocsa**

Musée du Paprika
Fö tér 6

• **Kaposvár**

Musée Rippl-Rónai
Rippl-Rónai tér 1
Œuvres de ce peintre (1861-1927) et sa collection personnelle. Archéologie, histoire régionale, ethnographie, sciences naturelles .

• **Karcag**

Musée Györffy István
Kálvin utca 4
Chronique des tribus coumanes.

• **Keszthely**

Musée du Balaton
Múzeum utca 2
Arts et sciences. Fouilles romaines de Fenékpuszta. Ethnographie du Balaton.
Musée Ferme Georgikon
Histoire d'un des premiers instituts agricoles. Outils d'antan.

• **Kecskemét**

Musée Katona József
Bethlenvárós utca 75
Collection d'archéologie.
Musée des arts populaires et de l'artisanat
Gáspár A utca 11
Château Festetics
Szabadság utca 1
Histoire du château Festetics, aux XVIIIe et XIXe siècles. La bibliothèque Hélicon compte 50 000 volumes. on y donne des concerts.

• Komárom

Musée Klapka György
Igmandi eröd
Lapidarium romain, histoire locale, ethnographie régionale.

• Kisnána

Château
Béke utca 22
Ruines du château et monument à la gloire de l'art populaire.

• Köszeg

Musée Jurisics Miklós
Rajnis utca 9
Château, histoire de la ville.

• Martonvásár

Exposition Beethoven de l'Institut scientifique de musique
Dans l'ancien château de la famille de Brunswick, dans lequel le musicien a séjourné en tant que professeur de musique.

• Mátészálka

Musée de Szatmár
Kossuth utca 54
Histoire régionale.

• Meczeknádasd

Musée de la Minorité allemande
Munkácsy Mihály utca 45-47

• Mezökövesd

Musée Matyo
Béke tér 20
Folklore de l'ethnie des Matyos.

• Mezötúr

Musée de poterie
Art populaire, objets en céramique noire, spécialité des potiers locaux.

• Miskolc

Musée du château de Diósgyör
Vár utca 24
Musée Hermann Otto
Felszabaditok utja 28
Histoire locale et régionale.

• Nagyvázsony

Musée Kinizsi
Kinizsi út
Histoire et archéologie, mais surtout armes et meubles médiévaux.
Musée de la Poste
Principalement la poste pendant l'occupation turque. Exposition ethnographique.

• Nagycenk

Musée Széchenyi István
Château Széchenyi
Musée des transports, calèches, uniformes.

• Nagykanizsa

Musée Thury György
Szabadság tér 11
Collection d'archéologie.

• Nikla

Musée Berzsényi Dániel
Souvenirs du poète (1776-1836).

• Nyírbátor

Musée Báthory István
Károlyi utca 15
Histoire naturelle et géographie locale.

• Nyíregyháza

Musée Jósa András
Benczúr tér 21
Archéologie.
Village-musée
Sóstó-fürdö

• Oroshaza

Musée Szanto-Kovács János
Dózsa György utca 5
Collection ethnographique.

• Pannonhalma

Collections de l'abbaye des bénédictins
Vár utca 1
Histoire de l'art, numismatique, bibliothèque, antiquités.

• Pápa

Musée d'Art sacré de l'Église calviniste
Fö utca 6

• Pécs

Musée Csontvary
Janus Pannonius utca, 11
Œuvres du peintre Csontvary.
Musée Jakovali Hassan
Rákóczi utca 2
Histoire des Turcs en Hongrie.
Musée Janus Pannonius
Kulich Gyuka utca 5
Histoire de la région avant l'établissement des Magyars sur le territoire hongrois.
Galerie hongroise de Peinture moderne
Kulich Gyula utca 4
Musée Victor Vasarely
Kaptalan utca 13
150 œuvres de l'artiste.
Manufacture de Zsolnay
Kaptalan utca 2
Exposition de céramique.

• Pécsvárad

Musée du Château

• Salgótarján

Musée de la Mine
Bajcsy Zsilinsky utca

• Sárospatak

Musée Rákóczi
Kádár Kata utca 21
Histoire du château et de la vigne à Tokaj.
Musée du Collège réformé
Rákóczi utca 1
Exposition Comenius, art sacré, bibliothèque.
Collection d'art sacré de l'Église catholique
Kádár Kata utca 17

• Sárvár

Musée Nadasdy Ferenc
Vár 1
Histoire locale, exposition de balnéologie.

• Siklós

Musée du Château
Vajda tér
Histoire du château, lapidarium.

• Simontornya

Musée du Château
Vár tér 10

• Siófok

Musée Imre Kálmán
À la mémoire du compositeur d'opérettes.

• Sopron

Maison Fabricius
Beloiannisz tér 6
Archéologie, lapidarium romain.
Synagogue médiévale
Új utca 11
Musée historique de la ville
Beloiannisz tér 6
Maison aux Arcades
Labashaz, Orsolya tér 5
Histoire des corporations, expositions temporaires.
Musée de la Pharmacie
Beloiannisz tér 2
Musée central de la Mine
Palais Esterházy, Templom utca 2-4
Histoire des mines en Hongrie.

• Sümeg

Musée du Château
Dans les écuries classées monument historique, selles et harnais anciens.
Village-musée
Batthyány utca 36
Maisons de paysans et de pêcheurs.

• Szalafö

Village-musée
Pityeszer 12

• Szécsény

Musée Kubinyi Ferenc
Ady Endre utca 7
Château, exposition de trophées de chasse.

• Szeged

Musée Móra Ferenc
Roosevelt tér 1-3
Archéologie, collection de tableaux.

• Székesfehérvár

Maison Budenz
Arany J. utca 12
Histoire de la ville et travaux de l'architecte Ybl.
Galerie de tableaux Csok István
Bartók Béla tér 1

• Szekszárd

Musée Mör Wosinsky
Archéologie

• Szenna

Village-musée
Rákóczi utca 2

• Szentendre

Village-musée
Szabadság forrás
Musée Ferenczy
Fö tér 6
Du 1er mars au 31 octobre de 10 h à 16 h, du 1er novembre au 29 février de 10 h à 18 h, fermé le lundi. Peintures impressionnistes de Károly Ferenczy.
Collection Margit Kovács
Vastagh György utca 1
Ouvert de 10 h à 18 h sauf le lundi. Céramiques.
Collection d'objets sacrés serbes orthodoxes
Engels utca 6
Objets liturgiques. Exposition de cinq siècles d'icônes.
Galerie de peinture
Fö tér 2
Collection de pierres romaines
Római Sanc utca 7

• Szerencs

Musée de la région de Zemplén
Rákóczi vár
Cartes postales, collection d'ex-libris.

• Szigetvár

Musée Zrínyi Miklós
Château, Vár utca 1
Histoire du château.

• Szilvásvárad

Musée des Lipizzans
Szalajka völgy
Dans le fameux hara des Lipizzans. Histoire des chevaux qui ont fait la renommée de l'école espagnole de Vienne.

• Szolnok

Musée Damjanich János
Kossuth tér
Expositions d'archéologie, d'art populaire, de peintres locaux.

• Szombathely

Village-musée du département de Vas
Arpád utca 30
Pour revivre l'atmosphère d'un village des XVIIIe et XIXe siècles.
Jardin des Ruines Iseum
Rákóczi Ferenc utca 21
Fouilles romaines.
Musée Savaria
Kisfaludy utca 9
Collection romaine et médiévale.
Musée Smidt
Hollán E. utca 2
Collection en provenance de la succession du Dr Lajos Smidt, l'une des plus riches et des plus belles du pays, qui se trouve dans l'ancien lycée baroque datant de 1773.

• Tac

Village-musée Gorsium
Fouilles romaines.

• Tata

Musée Kuny Domokos
Öregvar
Dans les ruines du château des XIVe et XVe siècle, fouilles romaines, collection médiévale, faïences.

• Tihany

Musée historique de Tihany
Pisky sétany 1
Histoire du haut pays du Balaton. Lapidarium avec monuments commémoratifs de l'époque romaine et du Moyen Age. Expositions temporaires d'objets d'art.
Village-musée
Maisons de paysans reconstituées, instruments de pêche et appareils utilisés par les intendants, art populaire.

• Tokaj

Musée de Tokaj
Bethlen Gabor utca 7
Histoire régionale, et, en ce pays de vin, la viticulture à Tokaj.

• Várpalota

Musée de la Chimie
Convient parfaitement aux brumes qui enveloppent la ville. Chimie et industrie chimique en Hongrie.

• **Vác**

Musée Tragor Ignác
Múzeum utca 6
Musée médiéval.

• **Vértesszölös**

Musée national hongrois
Ancienne carrière de pierre, cité datant du début de l'âge de pierre.

• **Veszprém**

Musée Bakony
Lenin liget 5
Retrace l'histoire du comitat depuis l'âge du bronze, avec fouilles romaines. Exposition ethnographique et expositions temporaires.
Maison Bakony
Maison paysanne reconstituée de manière strictement fidèle à l'original, en provenance des monts Bakony.
Musée du Château
Tolbuchin utca 2
Objets trouvés dans les fouilles datant de l'époque romaine. Fresques et monuments commémoratifs médiévaux. Exposition sur l'histoire du château.
Musée d'Art sacré
Ce musée se trouve dans le palais épiscopal. La visite nécessite une autorisation spéciale (il faut s'adresser à Balaton Tourist Nord, Münich Ferenc tér).
Chapelle Gizella
Tolbuchin utca 16
Cette chapelle est remarquable pour ses fresques du XIIIe siècle.

• **Veszprémfajsz**

Fouilles romaines
Puszta de Balaca

• **Visegrád**

Musée Mátyás Király
Tö utca 27-29
Objets d'art gothiques et Renaissance.

• **Zala**

Musée Zichy Mihály
Zichy Mihály utca 20
La maison dans laquelle a habité ce peintre et dessinateur populaire (1827-1906) conserve une collection de livres et d'objets qui ont appartenu à l'artiste (armes anciennes, cuirasses, harnais), ainsi que des œuvres d'art des XVIIIe et XIXe siècles.

• **Zalaegerszeg**

Musée Göcsej
Batthyány utca 2
Retrace l'histoire du comitat de Zala.
Musée local de Göcsej
Falumúzeum utca 5
Art populaire.

• **Zamardi**

Centre Szántód puszta
Agriculture, traditions régionales, fabrication du vin. Travaux du poète Adam Paloczi.

• **Zirc**

Musée des Monts Bakony
Rákóczi tér 1
Musée des sciences naturelles, bibliothèque scientifique Antal Reguly.
Bibliothèque Reguly Antal
Elle doit son nom au chercheur linguiste spécialisé dans le finno-ougrien qui entreprit au milieu du XIXe siècle un voyage dans l'Oural, en Scandinavie et dans la région baltique. La bibliothèque, qui compte plus de 40 000 volumes, est installée dans l'ancienne abbaye cistercienne, dans un cadre précieux.

SPORTS

Chasse

Les Hongrois, soucieux de l'équilibre de la nature, ont ouvert de nombreuses zones de chasse dans des sites protégés.

À côté de la petite vénerie, le nombre des trophées dans les réserves de chasse est élevé. Chevreuils, cerfs et sangliers en provenance des forêts hongroises sont particulièrement recherchés dans les cercles de chasseurs.

Il existe des possibilités de logement sur les zones de chasse, dans des maisons forestières dotées de tout le confort.

Les étrangers doivent être munis d'un permis de chasse de leur pays et d'un permis de port d'armes.

La Mavad fournit des permis, des rabatteurs et des compagnons expérimentés. Elle organise pour le reste de la famille des séjours à proximité des territoires de chasse.

Mavad
Úri utca 39, 1525 Budapest, tél. (4) 201 6645, fax (4) 201 6371, mavad.com

Pêche

Les cours d'eau de Hongrie sont un paradis pour les pêcheurs. Il faut cependant veiller à respecter les règlements.

Tout pêcheur a le droit de prendre jusqu'à cinq poissons par jour, en tenant compte des dimensions autorisées. En ce qui concerne les sandres, on ne doit pas dépasser 3 kg au total, et pour les espèces non limitées en taille, 5 kg au total. Les jeunes de moins de dix-huit ans peuvent garder pour eux au maximum trois poissons, dans les limites des tailles autorisées. Quoi qu'il en soit, ce sont toujours les arrêtés locaux qui font autorité.

En Hongrie, les adultes sont en général autorisés à pêcher avec deux cannes, les jeunes avec une seule. Néanmoins, dans certaines eaux, les adultes aussi sont limités à une seule canne.

Pour pêcher en Hongrie, les étrangers peuvent demander un permis spécial délivré par l'État, sur simple présentation de leur passeport ou carte d'identité. Dans toutes les régions, on peut obtenir les permis de pêche à très bref délai par les organisations touristiques, parfois aussi par la réception de l'hôtel ou du terrain de camping. Pour tout renseignement, adressez-vous à la Fédération des pêcheurs à la ligne.

Fédération hongroise des pêcheurs à la ligne
Oktober 6 utca, Budapest V
Tél. 319 9794

Il faut respecter les époques auxquelles la pêche est interdite, les dimensions minimales des poissons et leur poids. Voici quelques indications utiles.
Anguilles (50 cm) : du 1er mars au 30 avril
Truites (22 cm) : du 15 octobre au 30 avril
Brochets (40 cm) : du 1er au 31 mars
Carpes (30 cm) : du 2 mai au 15 juin
Sterlets (40 cm) : du 1er mars au 30 juin
Silures (50 cm) : du 2 mai au 15 juin
Sandres (20 cm) : du 1er mars au 30 avril

• Lac Balaton

C'est l'endroit idéal. On peut y pêcher toute l'année, sauf du 20 avril au 20 mai. La zone la plus poissonneuse est la rive nord (carpes, silures, sandres) ; mais il est difficile d'y pêcher sans bateau. Or il n'est pas toujours facile d'en louer un. Sinon on trouve partout des ablettes et des gardons. Le lac intérieur (Belsö tó) fermé par la presqu'île de Tihany est l'endroit le plus riche de Hongrie en carpes et en brèmes. La rive sud est facilement accessible, mais la pêche y est moins bonne.

• Sur la Tisza

Près de la centrale de Tiszalökk : on y trouve surtout des poissons carnivores. Au confluent de la Körös : poissons carnivores et carpes. L'immense lac de retenue de la Tisza à Kisköre (brochets), qui finira par atteindre, dit-on, la superficie du lac Balaton.

• Sur le Danube

Au niveau du tronçon compris entre Kulcs et Rácalmás, non loin de Dunaújváros : on y trouve des carpes, des sandres, des brochets. Autour de Baja et de Mohács : carpes, sandres, brochets, gardons et silures. Près de Ráckeve, au sud de Budapest : carpes et gardons.

• Transdanubie

Lac de Velence : carpes, sandres. Au nord de Székesfehérvár, les lacs artificiels de Zámoly et de Fehérvárcsurgo. À Szekszárd, l'ancien bras de Fadd-Dombori et le lac de Szalka. Non loin de Pécs, les lacs artificiels (vestiges de mines) d'Orfü et de Kovácsszánája. À la lisière de la ville de Kaposvár : l'étang de Deseda.

• À l'est du Danube

Carrières de Délegyháza, à 30 km au sud de Budapest. Lac de Szélid, près de Kalocsa. Au nord de Miskolc, le lac artificiel de la vallée de Rakaca, ainsi que les carrières de Mályi et de Nyékládháza. Lac artificiel de Francsika, près de Debrecen. En bordure de Szolnok, le bras d'Alcsisziget. Près de Szeged, le bras de l'Atka. Dans la ville de Szarvas, le bras de Kakafoki.

En outre, on trouve des carpes, des sandres, des silures et des gardons à Tass. Les connaisseurs ne dédaignent pas non plus la Rába et la Körös.

Sports nautiques

La planche à voile est un sport libre, sauf près des zones réservées aux baigneurs.

En revanche, le bateau à voile n'est autorisé que sur les grands lacs naturels (lac Balaton et lac de Velence) ou certains lacs artificiels. On trouve des locations de voiliers de plusieurs tailles sur les rives des deux lacs cités ci-dessus.

Des cours de voile sont dispensés dans plusieurs localités de ces deux grands secteurs. Quant aux bateaux à moteur, leur utilisation est très limitée sur les lacs.

Il est utile de connaître aussi certaines réglementations : sur le lac Balaton et sur le lac de Velence, les barques à rames et les petits voiliers ne doivent pas s'éloigner de plus d'un kilomètre des rives. Il est impossible de traverser le lac, quelle que soit la chasse de l'embarcation. Il est interdit de plonger des bateaux.

Sur des lacs aussi capricieux que le lac Balaton et le lac de Velence, il faut respecter les consignes de sécurité.

Randonnées pédestres

Association des amis de la nature
Bajcsy-Zsilinsky út 31, Budapest VI
Tél. (1) 319 9289, www.fsz.hu/mtsz

Golf

Le golf devient un sport de plus en plus populaire en Hongrie. On peut trouver de nombreux parcours à 9 ou 18 trous.
Hungarian golf association
Dózsa György út 1/3, Budapest XIV
Tél. 221 5923, hun.golf.fed@matavnet.hu

Il existe des terrains près de :
Bük
Tél. (94) 358 060, fax (94) 359 000, golfclub@mail.elender.hu
Hencse
Tél. (82) 481 245, fax (82) 581 010
Kisoroszi
Tél. (26) 392 465
Ouvert du 1er avril au 31 octobre.
Tata
Tél/fax (34) 485 914
Ouvert du 15 mars au 15 novembre.

Équitation

La Hongrie est le pays idéal pour les amateurs de chevaux. Les nombreuses écoles et les clubs proposent toutes sortes de formules d'hébergement et d'excursions.

Association d'équitation de Hongrie
Budapest VIII, Kerepesi út 7
Tél. (1) 313 0415
Budapest Equestrian Club
Kerepesi út 7, tél. (1) 313 5210
École d'équitation Penteházi
Budapest II, Feketefej utca 2
Tél. (1) 396 5048
Association for hungarian horseback tourism
Ferenciek tere 4, tél. (1) 266 8697,
fax (1) 267 0171, www.gak.hu/equi

Certaines agences de voyages organisent des excursions d'un à quinze jours.
Pegazus Tours
Budapest V, Károlyi Mihály utca 5
Tél. (1) 117 1644
Ibusz
Budapest V, Ferenciek tere 5
Tél. (1) 118 9109 ou (1) 118 6236

Patin à glace

Vélodrome et patinoire
Budapest XIV, József Szabó utca 3

Patinoire de plein air
Budapest XIV, Népstadion út
Tél. (1) 122 8211
Ouverte du 5 novembre au 8 mars, de 10 h à 14 h et de 16 h à 20 h.

Tennis

Hungarian Tennis Association
Dósza György út 1-3, tél. (1) 252 6687
Édite un annuaire des clubs et des courts.
Római Teniszakadémia
Királyok útja 105, Budapest III
Tél. (1) 240 9123
Dix courts extérieurs et dix courts couverts.
Városmajor Teniszakadémia
Városmajor utca 63-69, Budapest XII
Tél. (1) 202 5337
École de tennis avec entraîneurs qualifiés.

LA LANGUE

De par son appartenance au petit groupe des langues finno-ougriennes, la langue hongroise est impossible à comprendre d'emblée.

Dans la plupart des hébergements, dans de très nombreux magasins, restaurants, cafés de la capitale et de la province, on comprend l'allemand et on le parle assez bien. Quant aux agents de police, malheureusement, il est rare qu'ils parlent une autre langue que la leur !

Prononciation

Il est utile de donner ici quelques indications phonétiques (l'accent tonique est toujours sur la première syllabe).

a	e, de ensemble
á	a (long), de pâle
c	ts, de tsé-tsé
cs	tch, de Tchékhov
é	un peu plus long que dans été
gy	dieu, comme dans adieu
í	i long, comme idylle
ly	ill, comme fille
ny	gn, comme cognac
ó	o fermé, comme colombe
s	ch
ss	ch, comme chou
sz	s, comme soleil
ty	tieu, comme dans tiare
ö	e, de peureux
ü	u, de pur
u	ou, de tout
zs	j, comme dans journal

Glossaire

Lexique hongrois-français

ajándek (bolt)	cadeau (boutique)
állómás	arrêt, station
ár	prix
áruház	magasin
ásványvíz	eau minérale
asszony	femme
autopálya	autoroute
bal ; balra	gauche ; à gauche
barack	abricot
bejárat	entrée
benzinkút	station service
bolt	magasin, boutique
bor	vin
csütörtök	jeudi
cukrászda	pâtisserie
dél	midi
dohány (bolt)	tabac (débit de)
ebéd	déjeuner
egy	un
emlékmü	monument
étel	nourriture, plat
étlap	carte (ou menu)
étterem	restaurant
ezer	mille
fagylalt, fagyi	glace
férfiak	hommes
fizetövendég fodrasz	coiffeur
fürdö	bain
fürödni tilos !	baignade interdite
gyógyszertár	pharmacie
hajó	bateau
hal	poisson
halászlé	soupe de poissons
három	trois
ház	maison
hétfö	lundi
híd	pont
hús	viande
húsz	vingt
idö	temps
igen	oui
indulás	départ
iroda	bureau
ital	boisson
jegy	billet
jó	bon, bien
jobb; jobbra	droite, à droite
jó napot	bonjour
kápolna	chapelle
kastély	château
kedd	mardi
kelet	est
kenyér	pain
kérem	je vous prie
kettö	deux
kijarát	sortie
kórház	hôpital
könyv (esbolt)	livre (librairie)
lángos	crêpe
levél	lettre
levelezölap	carte postale
leves (ek)	soupe(s)
ma	aujourd'hui
marhahús	viande de bœuf
mégállóhely	arrêt
meleg	chaud
melegételek	plat chaud
menetrend	horaire
mosdó	cabinet de toilette
nagy	grand
négy	quatre
nem	non
nyitva	ouvert
nyolc	huit
nyugat	ouest
ó	vieux
óra	heure
orvos	médecin
öt	cinq

pályaudvar(pu)	gare
pecsenye	rôti
péntek	vendredi
pénz	argent
pénztár	caisse
perc	minute
posta	poste
reggeli	petit déjeuner
rendör ; redörség	policier ; police
ruhatár	vestiaire
sajt	fromage
segítség	secours, aide
só	sel
sonka	jambon
sör	bière
sült	rôti, grillé
sütemény	biscuit
szabad	libre
száz	cent
szerda	mercredi
színház	théâtre
szoba(k)	chambre(s)
szombat	samedi
szölö	raisin (grappes de)
tej	lait
tessék	s'il vous plaît
tilos	interdit
tilos a dohanyzas!	il est interdit de fumer
tíz	dix
trafik	débit de tabac
új	nouveau
újság	journal
úr	monsieur
uszoda	piscine
utazás	voyage
vacsora	dîner
vaj	beurre
vám	douane
vasárnap	dimanche
vasútállómás	gare
vendéglö	auberge
veszélyes	dangereux
vigyázz !	attention !
villamos	tramway
viszontlátásra	au revoir
víz	eau
zárva	fermé
zene	musique

Lexique français-hongrois

• Généralités

je sais	*tudom*
je ne sais pas	*nem tudon*
qu'est-ce que c'est ?	*mi az ?*
pourquoi ?	*miért ?*
acheter	*venni*
combien coûte ceci ?	*mennyibe kerül az ?*
où y a-t-il ?	*hol van ?*
gratuit	*díjtalan*
libre, autorisé	*szabad*
interdit	*tilos*
attention !	*vigyázz !*
dangereux	*veszélyes*
ouvert	*nyitva*
fermé	*zárva*
fumer	*dohányzás*
grand	*nagy*
petit	*kis*
chaud	*meleg*
froid	*hideg*
beau	*szép*
rouge	*piros, vörös*
blanc	*fehér*
vert	*zöld*
bleu	*kék*
brun	*barna*
gris	*szürke*
noir	*fekete*
violet	*lila*

• Temps et chiffres

temps	*idö*
heure	*óra*
quelle heure est-il ?	*hány ora van ?*
minute	*perc*
matin	*reggel*
jour	*nap*
midi	*dél*
après-midi	*délután*
soir	*este*
aujourd'hui	*ma*
hier	*tegnap*
demain	*holnap*
semaine	*hét*
mois	*hónap*
année	*év*
jour de fête	*í ünnep*
dimanche	*vasárnap*
lundi	*hétfö*
mardi	*kedd*
mercredi	*szerda*
jeudi	*csütörtök*
vendredi	*péntek*
samedi	*szombat*
printemps	*tavasz*
été	*nyár*
automne	*ösz*
hiver	*tél*
zéro	*nulla*
un	*egy*
deux	*kettö, két*
trois	*három*
quatre	*négy*

cinq	*öt*
six	*hat*
sept	*hét*
huit	*nyolc*
neuf	*kilenc*
dix	*tíz*
vingt	*húsz*
trente	*harminc*
quarante	*negyven*
cinquante	*ötven*
soixante	*hatvan*
soixante-dix	*hetven*
quatre-vingts	*nyolcvan*
quatre-vingt-dix	*kilencven*
cent	*száz*
mille	*ezer*

● **Formules de politesse**

s'il vous plaît	*tessek*
merci	*köszönöm*
pardon	*bocsánat*
excusez-moi	*elnézést kérem*
oui	*igen*
non	*nem*
bon, bien	*jó*
bonjour	*jó reggelt* (le matin)
bonjour	*jó napot* (dans la journée)
bonsoir	*jó estét*
bonne nuit	*jó északát*
au revoir	*viszontlátásra*
femme	*nö*
madame	*asszony*
madame X	*né X*
mademoiselle	*kissasszony*
monsieur	*úr*
jeune	*fiú*
jeune fille	*léány*
homme	*férfi*

● **Alimentation**

manger	*enni*
boire	*inni*
pain	*kenyér*
gâteau	*kalács*
viande	*hús*
viande de mouton	*birka, juh*
viande de veau	*borjúhús*
viande de bœuf	*marhahús*
viande de porc	*sertéshús*
jambon	*sonka*
saucisse	*kolbász*
gibier	*vad*
volaille	*szárnyas*
poisson	*hal*
bouilli	*fött*
frit	*sült*
fumé	*füstölt*
cru	*nyers*
sel	*só*
poivre	*bors*
huile	*alaj*
vinaigre	*ecet*
épices	*füszer*
légumes	*fözelék*
pomme de terre	*burgonya*
salade	*saláta*
oignon	*hagyma*
ail	*fokhagyma*
fruits	*gyümölcs*
raisin	*szöllö*
petit déjeuner	*reggeli*
œuf	*tojás*
beurre	*vaj*
fromage	*sajt*
lait	*tej*
thé	*tea*
café	*kávé*
sucre	*cukor*
gâteau	*sütemény*
croissant	*kifli*
déjeuner	*ebéd*
dîner	*vacsora*
soupe	*leves*
sauce	*mártás*
eau	*víz*
eau minérale	*ásvány víz*
bière	*sör*
bouteille	*üveg*
vin blanc	*fehérbor*
vin rouge	*vörösbor*
champagne	*pezsgö*
glace	*fagyhalt*
sucré	*édes*
salé	*sós*
serviette	*szalvéta*
carte, menu	*étlap*
pourboire	*borravaló*
addition	*szálma*

● **Logement**

dormir	*aludni*
hôtel	*szálloda*
lit	*ágy*
baignoire	*fürdökád*
savon	*szappan*
cabinet de toilette	*mosdóhelyiség*
cathédrale	*székesegykáz*
château	*kastély*
monument	*emlékmü*
hôtel de ville	*városháza*
marché	*piac*
argent	*pénz*

occupé	*foglalt*
femme de chambre	*szobalány*
serveur	*pincér*

- **Transports**

aller	*menni*
passeport	*útlevél*
déclarer	*bejelenteni*
déclaration	*bejelentés*
douane	*vám*
autobus	*busz*
automobile	*személy kocsi*
tramway	*villamos*
arrêt (d'autobus)	*megállóhely*
station service	*benzinkút*
pneu	*abroncs*
chemin de fer	*vasút*
voiture restaurant	*étkezökocsi*
voiture lits	*hálókocsi*
place assise	*ülöhely*
billet	*menetjegy*
entrée	*bejárat*
sortie	*kijárat*
lumière	*fény*
police	*rendörség*
se baigner	*fürödni*
baignade	*fürdés*
bateau	*csónak*
bac	*komp*
port	*kikötö*
navire	*hajó*
poste	*pósta*
carte postale	*levelezölap*
lettre	*levél*
timbre	*bélyeg*
poste restante	*póstan maradó*
télégramme	*távirat*

- **Lieux**

où est-ce ?	*hol van as ?*
à droite	*jobbra*
à gauche	*balra*
ici	*itt*
là	*ott*
où ?	*hol ?*
où ? (mouvement)	*hová ?*
piscine	*úszoda*
café	*kavéház*
auberge, café	*vendéglö*
auberge	*csárda*
pâtisserie	*cukrászda*
grand magasin	*áruház*
magasin, boutique	*üzlet*
livre	*könyv*
pharmacie	*gyógyszertar*
boulanger	*pék*
coiffeur	*fodrász*
théâtre	*színház*
cinéma	*mozi*
médecin	*orvos*
ferme	*tanya*
montagne, mont	*hégy*
fleuve	*folyó*
lac	*tó*

ADRESSES UTILES

- **En France**

Ambassade de Hongrie
7-9 square Vergemes, 75015 Paris,
Tél. 01 56 36 07 54, fax 01 56 36 02 68

Institut culturel hongrois
92, rue Bonaparte, 75006 Paris,
Tél. 01 43 54 06 44, fax 01 43 26 89 92
www.instituthongrois.org

- **En Hongrie**

Ambassade de France et consulat
Lenvay utca 27, 1062 Budapest,
Tél. (1) 374 1100, fax (1) 374 1140
24 h sur 24 et 7 j sur 7.

Institut français
Fö utca 17, 1011 Budapest,
Tél. (1) 489 4200, fax (1) 489 4272

Ambassade et consulat de Belgique
Toldy Ferenc utca 13, 1015 Budapest
Tél. (1) 201 1762, (1) 201 1571
ou (1) 201 3934, fax (1) 375 1566

Ambassade et consulat de Suisse
Stefánia út, 107, 1143 Budapest,
Tél. (1) 460 7040, fax (1) 384 94 92
vertretung@bud.rep.admin.ch
Urgences week-end et jours fériés :
(06 30) 949 2385 (10 h à 17 h)

Ambassade et consulat du Canada
Zugligeti 51-53, 1121 Budapest,
Tél. (1) 392 3360
(numéro disponible hors des heures d'ouverture de l'ambassade)
Fax (1) 392 3390

Les ressortissants du Luxembourg peuvent s'adresser à l'ambassade de Belgique, ou à celle des Pays-Bas.

BIBLIOGRAPHIE

Histoire

Béranger (Jean)
L'Europe danubienne de 1848 à nos jours, Presses universitaires de France (coll. Que sais-je?), Paris
Lexique historique de l'Europe danubienne, XVIe-XXe siècle, Armand Colin (coll. Lexique U), Paris, 1976
L'Autriche-Hongrie de 1815 à 1918, Armand Colin, Paris, 1994

Béhar (Pierre)
L'Autriche-Hongrie, idée d'avenir, Desjonquières, Paris, 1991

Cars (Jean des)
Élisabeth d'Autriche ou la fatalité, Librairie académique Perrin, Paris, 1983

Clot (André)
Soliman le Magnifique, Fayard (coll. Prismes), Paris, 1983

Crankshaw (Edward)
La Chute des Habsbourg, Gallimard, Paris, 1966

Droz (Jacques)
L'Europe centrale, évolution historique de l'idée de Mitteleuropa, Payot, Paris, 1960

Fetjö (F.), **Major** (I.), **Zombory-Nagy** (P.)
Budapest entre l'Est et l'Ouest, Critique, Paris, 1990

Fejtö (François)
Budapest l'insurrection, 1956 : la première révolution antitotalitaire, Complexe (coll. la Mémoire du siècle), 1981
Requiem pour un empire défunt, Lieu commun, Paris, 1988

George (P.), **Tricart** (J.)
Europe centrale (coll. Que sais-je ?), Presses universitaires de France, Paris

Heller (H.-P.)
Histoire de la Hongrie, Horvath, Roanne, 1974

Kornai (János)
Du socialisme au capitalisme, Gallimard, Paris, 1990

Luckacs (László), **Bozsony** (Pál-Géréon)
L'Église en Hongrie (1945-1992), de l'oppression à la liberté, Beauchesne, Paris, 1993

Mahan (Alexandre)
Marie-Thérèse d'Autriche, Payot, Paris, 1933

Molnár (Miklós)
Histoire de la Hongrie, Hatier, Paris, 1996

Pierre (Bernard)
Le Roman du Danube, Plon, Paris, 1987

Ritter (Jean)
Le Danube, Presses universitaires de France (coll. Que sais-je ?), Paris, 1976

Tapié (Victor-Lucien)
Monarchie et peuples du Danube, Fayard, 1971, Paris
L'Europe de Marie-Thérèse, Fayard, Paris, 1973

Arts

Charpentrat
L'Art baroque, Presses universitaires de France, Paris, 1967
Le Mirage baroque, éditions de Minuit, Paris, 1967

Dercsényi (Balazs et Deszö)
Guide artistique de la Hongrie, Corvina Kiado, Budapest, 1979

Pourtalès (Guy de)
La Vie de Franz Liszt, Gallimard (coll. Folio), Paris

Tapié (Victor-Lucien)
Le Baroque, Presses universitaires de France, Paris, 1968

Littérature

Illyes (G.)
La Vie de Petöfi, Gallimard, Paris, 1962

Magris (Claudio)
Danube, L'Arpenteur, Paris, 1988

Verne (Jules)
Le Pilote du Danube, Union générale d'Éditions (coll. 10-18), Paris, 1979
Mathias Sandorf, le Livre de Poche, Paris

CRÉDITS PHOTOGRAPHIQUES

Couverture
Paprika © Bertrand Gardel/Hémisphères

A.K.G. Bilderdienst, Berlin
33
Archives de Jürgens, Cologne
194-195
Archives municipales d'Augsbourg
20, 25, 26, 30
Ferenc Bodor
82
Helene Hartl
18, 27, 40, 41, 76g., 84, 88g., 147, 150d., 151, 158, 173g., 190g., 190d.,196, 248, 256, 261, 297
Hans Hoefer
139, 141, 146, 153
Institut hongrois de Munich
98g., 99
Marton Radkai
64, 65, 85, 86, 89, 95, 104, 141, 161, 212-213, 221, 239, 250
Paul László Radkai
38, 116-117, 148, 152, 204, 205, 214, 220, 242
Mark Read-Apa
143, 148g., 148d., 149, 150, 152, 218
Hans Horst Skupy
1, 2, 9, 10-11, 12-13, 14-15, 16-17, 22, 23, 24, 31, 34g., 34d., 35, 36, 37, 43, 45, 47, 48, 58, 60, 62, 63, 66-67, 68-69, 70-71, 72, 73, 74, 75, 76d., 77, 79, 80, 83, 87, 88d., 90, 91, 92, 93, 94, 96, 97g., 97d., 98d., 100, 101, 105, 109, 110, 112-113, 114-115, 120-121, 128, 134, 135d., 145, 147, 150g., 153, 154, 156, 159, 160, 162, 163, 164-165, 168, 169g., 169d., 170, 171, 172, 173d., 175, 176, 177, 178, 179, 180-181, 183, 184, 185, 186, 187, 188, 189, 191, 192, 193, 200, 201, 202, 203, 206, 207d., 209, 210, 217, 219, 223, 224, 225, 226-227, 230g., 231, 232, 233, 234, 235d., 236-237, 238, 240, 241, 243, 244, 245, 246, 247, 249, 251, 252, 254, 257, 258, 259, 260, 263, 264
Joan Baernard Sohiez
107, 108, 111
László Vámos
137, 155, 211, 230d., 235g.
Jürgend Zilla
28, 32, 102, 103-104, 106, 122-123, 124-125, 132, 135g., 144, 146, 174

Avec la collaboration de **V. Barl**

Cartes : **Berndtson & Berndtson**

INDEX